陕西师范大学优秀著作出版基金资助

陕西师范大学国家教育体制改革试点项目研究成果

教育部人文社科项目研究成果

教师专业成长力研究

Jiaoshi Zhuanye Chengzhangli Yanjiu

龙宝新 著

中国社会科学出版社

图书在版编目（CIP）数据

教师专业成长力研究／龙宝新著 . —北京：中国社会科学出版社，
2014. 8

ISBN 978 - 7 - 5161 - 4470 - 1

Ⅰ. ①教…　Ⅱ. ①龙…　Ⅲ. ①师资培养—研究　Ⅳ. ①G451. 2

中国版本图书馆 CIP 数据核字（2014）第 143643 号

出 版 人	赵剑英	
选题策划	罗　莉	
责任编辑	刘　艳	
责任校对	吕　宏	
责任印制	戴　宽	

出　　版	中国社会科学出版社	
社　　址	北京鼓楼西大街甲 158 号（邮编 100720）	
网　　址	http://www.csspw.cn	
	中文域名:中国社科网　010 - 64070619	
发 行 部	010 - 84083685	
门 市 部	010 - 84029450	
经　　销	新华书店及其他书店	

印　　刷	北京君升印刷有限公司	
装　　订	廊坊市广阳区广增装订厂	
版　　次	2014 年 8 月第 1 版	
印　　次	2014 年 8 月第 1 次印刷	

开　　本	710 × 1000　1/16	
印　　张	18. 5	
插　　页	2	
字　　数	313 千字	
定　　价	56. 00 元	

目　录

自序 …………………………………………………………………… （1）

第一章　教师专业成长力研究的理论背景 ……………………… （1）

第一节　教师学习时代的教师教育理论困扰 ………………… （1）

　　一　教师学习时代的来临与隐忧 ……………………… （2）

　　二　重估教师教育系统的"三要素"：未来教师教育改革的

　　　　"第一关" …………………………………………… （3）

第二节　职前教师教育功能局限的暴露 ……………………… （12）

　　一　不能承受之重：从"无限"到"有限" ……………… （12）

　　二　走出神话，回归本真：职前教师教育缘何有限 ……… （14）

　　三　有限与超越并存：职前教师教育观的合理构建 ……… （17）

第二章　教师专业成长力的理论基础 ………………………… （21）

第一节　科学理解教师专业成长 ……………………………… （22）

　　一　教师专业成长是生长与发展的统一 ……………… （22）

　　二　教师专业成长是水平与态势的复合 ……………… （23）

　　三　教师专业成长是自我与环境的对话 ……………… （24）

　　四　教师专业成长是意识与图式的创生 ……………… （25）

第二节　第三种教师专业成长观的诞生 ……………………… （26）

　　一　自然迁移观：专业成长即专业知能的增长 ……… （27）

　　二　自觉训练观：专业成长即指导力的增强 ………… （29）

　　三　自我调适观：专业成长即专业自我的策略性调适 …… （30）

第三节　自我调适型教师专业成长观的环节及其构架 …………（32）

一　教育情境 …………………………………………（33）

二　实践环流 …………………………………………（34）

三　实践性理论 ………………………………………（37）

第四节　教师专业成长的新逻辑 ………………………………（39）

一　教师专业成长的逻辑困境 ………………………（39）

二　实践逻辑：教师专业成长的新逻辑 ……………（41）

第三章　教师专业成长力的理论框架 …………………………（50）

第一节　从企业成长力到教师专业成长力 ……………………（51）

第二节　教师专业成长力的多维考察 …………………………（53）

一　企业成长力的启示：如何理解教师专业成长力 …（53）

二　生态学的启示：教师专业成长力的另类考察 …（57）

第三节　教师专业成长力的科学内涵 …………………………（66）

一　生发层：专业成长驱策力 ………………………（67）

二　操作层：专业成长操作力 ………………………（68）

三　实践层：专业成长聚合力 ………………………（70）

第四节　教师专业成长力的特点 ………………………………（71）

一　累积性与延展性 …………………………………（71）

二　波动性与高峰期 …………………………………（72）

三　持续性与阶段性 …………………………………（73）

四　潜隐性与综合性 …………………………………（75）

第五节　教师专业成长力的构成要素 …………………………（77）

一　人格精神力 ………………………………………（79）

二　知识学习力 ………………………………………（82）

三　转化创造力 ………………………………………（88）

四　优势整合力 ………………………………………（94）

五　环境作用力 ………………………………………（97）

第六节　教师专业成长力的培育思路与提升路径 ……………（101）

一　教师专业成长力的一般培育思路 ………………（101）

二　教师专业成长力提升的理论路径 ………………（109）

第四章　教师专业成长力发展的实践研究 ……………………（123）

　第一节　免费师范生专业成长力的测定 …………………（123）

　　一　免费师范生专业成长力测量量表的设计 …………（123）

　　二　免费师范生专业成长力测量量表的研发 …………（126）

　第二节　免费师范生专业成长力发展跟踪研究报告 ……（126）

　　一　调研整体设计 ………………………………………（127）

　　二　调研结果分析 ………………………………………（128）

　　三　免费师范生专业成长力提升的政策建议 …………（134）

第五章　面向教师专业成长力培育的教师教育课程建设 ……（136）

　第一节　教师教育课程建设的理论基础——核心教育

　　　　　知识理论 ………………………………………（136）

　　一　教师专业成长对核心教育知识的需求 ……………（137）

　　二　新教育时代对教育知识的选择——核心教育知识 …（149）

　　三　当代教师核心教育知识抽取的四种模式 …………（161）

　第二节　我国教师教育课程体系的改革 …………………（169）

　　一　我国师范院校教育学课程改革面临的问题与挑战 …（170）

　　二　我国教师教育课程体系改革的方向 ………………（186）

　第三节　教师教育实践课程体系的合理框架 ……………（199）

　　一　教师教育实践课程及其特征 ………………………（200）

　　二　改进教育实践课程：打造有效教师教育的出路 ……（202）

　　三　教师教育实践课程体系的合理架构 ………………（205）

　　四　教师教育实践课程体系的基本构成 ………………（207）

第六章　教师专业成长力培育的实践路径研究 ……………（212）

　第一节　教师学习：教师专业成长力形成的基础途径 ……（212）

　　一　科学理解教师学习 …………………………………（213）

　　二　教师学习之路的实践框架 …………………………（215）

　第二节　专业成长力培育的理想专业组织——"PLC" …（224）

　　一　从共同体到专业学习共同体：审视教师专业学习

　　　　共同体的特质 ………………………………………（225）

二 教师专业学习共同体的实践基模 ……………………（228）

三 本土化教师专业学习共同体的培育 ……………………（235）

第三节 教师教育者的角色转变——教师专业发展指导者 ……（240）

一 必然的转变:从"教师教育者"到"教师专业

发展指导者" ………………………………………（241）

二 教师专业发展指导者的功能定位:从"教育"教师走向

"促进"教师 ……………………………………（247）

第四节 教师专业成长力培育的特殊路径——在职读研 ………（251）

一 免费师范生"在职读研"的理想与现实纠葛 …………（251）

二 免费师范生"在职读研"模式的基本特点 ……………（258）

三 免费师范生职后教育模式的实践突破点 ……………（263）

四 "一核三极"式教师教育:免费师范生在职读研的

理想模式 ………………………………………（270）

附录 教师专业成长力调研问卷(测量表) ……………………（278）

参考文献 …………………………………………………（283）

后记 ………………………………………………………（288）

自　序

　　教师发展是职前教育与职后教育、自育与他育的联动与一体过程，它不仅表现为一种现实的发展状态，更表现为一种良性发展的势头和潜力。这就是教师的"专业成长力"。进而言之，"专业成长力"是指教师在教育实践中利用一切外在资源、有效途径方式来提升自己专业品位与实践效果的能力和潜力，是确保教师专业持续、积极、快速发展的内在支撑力和促动力。专业成长力是一种促使教师专业成熟的内在驱动力，是师范生成就名师，走向事业成功的关键性因素之一。教师专业成长是由三个阶段组成的连续过程，即职前专业发展阶段（即师范教育阶段）、入职专业发展阶段与职后继续专业成长阶段，三阶段环环紧扣、有序衔接，勾画出了新教师由成长到成熟，由成熟到成名的序列化过程。在这三个阶段中，一以贯之的是教师专业成长力的持续提升，教师专业成长力的发展变化构成了整个教师专业成长过程的主题与主线。笔者认为：对教师而言，发展的内驱力比助推发展的方式更重要，发展的引擎装置问题比推进发展的体制机制更重要！应该说，师范生在接受完大学师范教育后，其迈向教育家、迈向名师的道路刚刚起步，职后的持续提升才是其专业成长力孕生、专业成熟实现的枢纽环节。为此，如何构架一套以促使师范生职后自主发展为中心的教师教育服务体系，促使师范生的专业成长力持续增强，是我国教师教育系统肩负的一项重任。总之，教师专业成长力是当代教师教育改革与发展中提出的一个新命题，是关联我国各个教师教育子系统的一道红线，是创建有效教师教育实践中必须认真思考且难以绕开的枢纽性话题之一。

第一章

教师专业成长力研究的理论背景

　　教师专业成长力命题的提出绝非一个主观的臆想，而是在教师教育改革实践背景中自然而然地衍生出来的一个课题。在当代，教师教育改革始终处在艰难的摸索期，教师教育如何科学采取对教育理论的态度问题，如何科学对待职前教师教育的功能阈限问题，如何理解教师专业发展问题，等等。这些问题的产生都与人们对教师教育的核心使命认识不足有关。客观地讲，整个教师教育体系的核心任务就是发展教师的专业成长力，增强教师的自主发展能力。严格按照是否有助于教师专业成长力提升这一原则来认识教师职前教育的功能，建构教育理论与教育实践间的关系，思考教师专业发展问题，是当代教师教育改革者应有的教育睿智。教师专业成长力理论就是在这一复杂的教育改革环境中产生的。

第一节　教师学习时代的教师教育理论困扰

　　当前，教师专业成长的实践路径是多元化的，其中最为根本的路径就是开展教师学习活动。从类型上看，教师学习总是在两个层面上展开的：其一是作为教师个体的学习行为；其二是作为教师群体的学习行为。无论是哪种专业成长路径，都需要一种实践构架来推动。与之相应，基于教师教育资源平台建设的教师学习与基于教师专业学习共同体的教师学习就成为实现教师专业成长的两条基本路径。然而，在当今教师教育实践中，许多学者非但没有被形形色色的教育理论所"绑架"，反而陷入了吹捧实践、盲目实践、夸大实践的旋涡中，非常值得我们警惕。由此，当代教师教育改革的新误区迅速形成，教师教育理论面临着新教师教育时代的考验与困扰。

一 教师学习时代的来临与隐忧

世纪之交，世界教师教育步入了激变期，各种新理念、新思维次第登场，教师教育的核心理念一直处在嬗变之中。概而观之，这一演变历程中的三个里程碑是：培训、教育、学习。从培训到教育，从教育再到学习，基本上可以勾画出当代世界教师教育演变的轮廓和主线，而不同时期教师教育改革的主题词则成了昭示这一进程的活化石：从 20 世纪初期的"training"（培训）到 20 世纪中期的"education"（教育），直至当前的"learning"（学习）[1]，教师教育核心理念的演进线路昭然若揭。在目前，一种单向度的教师学习观已经席卷华夏大地，整个教师教育领域几近为"学习"的话语所占领，"实践、对话、经验、建构、校本、合作……已成为教师教育中的流行用语"[2]。尤其是在教师教育实践领域，那些被冠以"学习"之名的教师发展路径备受尊崇，自主学习、经验学习、情境学习、合作学习、工作学习、行动学习、建构学习、案例学习、反思学习、问题导向学习、自我导向学习等，似已成为"现代教师教育样式"的典型样板和法定代言人。在这一情势下，教师教育重心"下移"的势头日趋明显：教师自身、教育实践、个体知识、教育情境、教育经验、"关键事件"（critical incidents）[3] 等已成为教师学习活动的基本元素，其轴心化的态势已成定局。相比而言，教师教育者、教育理论、教育规律、公共知识、培训课程则门庭冷落，教师对之不

---

① 1985 年，在美国密执根州立大学教育学院成立的"全国教师学习研究中心"（NCRTL）取代了原来"全国教师教育研究中心"。参见李志厚《西方国家教师学习研究动态及其启示》，《外国教育研究》2005 年第 8 期。

② 周成海：《客观主义—主观主义连续统观点下的教师教育范式：理论基础与结构特征》，博士学位论文，东北师范大学，2007 年。

③ 陈振华：《论教师成为教育知识的建构者》，博士学位论文，华东师范大学，2003 年。

信任感增加①，甚至将之当作导致教师教育效能低下的主要根源之一来归因②。这些迹象足以表明：我国教师教育领域中发生"钟摆"现象的征兆已经出现，教师个体盲目自恃的教师教育观、徒重实践的成就教师之道、理论与实践相隔离的二元论思维范式日渐抬头，且大有主导教师教育主流之势。可以说，这种漠视教师教育者、教育理论、接受学习之地位的教师教育观是导致我国教师教育品质堕落、效能低迷的关键原因所在。完整意义上的"学习"是双向的，是学习者围绕发展这一目的对一切外在经验、信息、观念的吞吐、消化和整合活动，也是创造与接受、输出与输入、建构与继承的统一，更是学习者与外界情景之间发生的双向、多维的互动、对流过程。教师的学习活动过程亦应如此。在过去，传统教师教育观尤其强调教师向专家、书本、理论的学习（一般通过外向学习途径来进行）而忽视了教师向自己、经验、实践的学习（一般通过教师的内向反思活动来进行）。进而，教师教育活动的经典样式就演变为：教师在专门教师教育机构中接受教师教育者的理论教导，教师个体及其教育经验被漠视、被矮化，教师教育活动走向了偏向教师教育者及其理论的一极。当今，统领我国教师教育实践的"学习观"则将教师教育活动推向了另一个极端，即偏重教师个体及其经验的一极。轻视教师的外向学习活动，忽视理论成就教师之道，就是其潜在隐患所在。为此，笔者认为，研究者必须以健全的教师学习观为指导来对教师教育实践进行新一轮的纠偏。在本书中，我们期待借助于对当代教师教育理念的误区——畸形教师学习观的反省和校正来及时警示教师教育改革者，以期他们能用科学、完善的教师学习观来统领教师教育实践，用冷静的头脑来打造稳健的教师教育改革。

二 重估教师教育系统的"三要素"：未来教师教育改革的"第一关"

其实，过度反对传统教师教育的"三要素"——教育理论、教师教

① 王建政：《教师专业培训中的"去专业性"》，《上海教育科研》2005年第5期；李允：《理想化、文本化、指令化：新课程教师培训低效的综合症》，《继续教育研究》2006年第6期，等等。
② 郭法奇：《论教育观念转变中的"观念传授"现象》，《教育理论与实践》2006年第4期。

育者、教师接受学习的行径与过度痴迷于教育实践、教师自身与探索性学习的后果是一样的，都值得教师教育改革者警示。科学的教师学习观一定是不拒绝教育理论、不否定教师教育者的地位、不拒绝探索性教师学习的。

（一）教师教育需要教育理论的引领

在当前流行的教师教育样式，如校本研究、带徒弟式、经验学习、基于问题的学习等之中内蕴的一个危险性就是抹煞教育理论的学习、藐视教育理论的功能、怀疑教育理论的可靠性，这是导致教师教育系统蜕变降格、实践效能萎靡不振的实在原因之一。何为理论？理，即理性、理智；论，即结论、论断、认识。理论就是一种理性的论断，理性的认识。这正是"理论"的一般含义所在。理论来自经验，但又不同于经验，理论当中融入了人的思维、思想、思路。正是这种思维活动的加入，使理论深化了人的经验，拓展了人的视域，升华了人的感性，延伸了人的器官，减少了人的盲目，增进了人行动的效率，提升了人生活的深度和广度。总之，理性、理智是人与动物的根本差异所在，它建构着人的本质属性，是人之为人的天然标识，而理性、理智在实践中运用的主观成果就表现为形形色色的理论。同时，理论的获得绝非凭空而降、无中生有的过程，它需要研究者艰苦的探索、缜密的思考、深入的求证、反复的修正，否则，理论就难以成形，难以征服群众，难以成为一种有前瞻力、应变力、解释力和生命力的认识。因此，在一定的情景、时空中，理论的可靠性、效能性是毋庸置疑的，不坚守这些理论的人是迂腐的、愚昧的。而今，受后现代主义思潮的影响，一切平面化、片段化、境遇化、镜像化，理论被扣上了一顶"宏大叙事"、"理论神话"的帽子，进而走上了被祛魅、被渎贬的道路。尽管这种批评在一定程度上击中理论的要害，但笔者认为，任何理论都是一种有缺陷的存在，理论的发展过程是其缺陷被正视、被修正的过程，与这种"修正"同步发展的是理论的生命力日趋强劲。所以，漠视理论、贬低理论的价值、阻碍理论的进程，将人类长期积累起来的理论打入死牢绝非人类文明进步的标志。尽管理性、理智是有缺陷的，理论是有"射程"（即适用范围）的，但理论的积极性一面是恒在的、客观的。正是由此，人类永远都不可能放弃对理论的执着追求。应该说，我们需要的是改变对待理论的态度，而非将它连盆带水地泼掉。在教师教育领域亦是如此。没有教育理论的教育实践是短视的、无意义的，甚至根本就不能称之为教育实践，教育实践所要实践的就是实践者头脑中存在的理念和理论；理论含量欠缺、理论"浓度"偏低的教育实践是不健全的、规格低下的实践。制约教师教育实践的瓶颈不是理论"包袱"的拖累，不是教育理论的"过剩"、"超重"，而是我们没有引导教师学会用一种科学的态度来筛选理论、善待理论，没有彻底根除理论与实践间的缺位、越位、错位等现象的发生。故此，我们也无须对教育理论的存留问题进行画蛇添足式的讨论。教师对待教育理论的正确做法应是：选择而非抛弃，正视而非崇拜，将之视为实践的"引子"而非"框子"。只有这样，教师才能将其对教育理论的"收"与"放"有机地统一起来，实现对教育理论的融会贯通、转识成智，实现教育理论与教育实践间的恰当"对接"。在此，所谓"收"，是指教师对教育理论的吸收、吸纳，理解、同化；所谓"放"，是指教师将大脑中暂存的教育理论"适用"①、植入、渗透、体现到教育实践中去。在教师发展中，处理好对教育理论的"收"与"放"的关系需要教师给教育理论一个合适的位置：它只是教师影响实践的一个工具，其效能如何取决于其驾驭者——教师的实践智慧和应用方式。在过去的教师教育中，教师教育者只关注了教师对教育理论的"收"而无视其对教育理论的"放"，这就使教师教育工作只完成了一半。可以说，这才是导致教师教育实践效能低下的真正原因所在。在教师教育中，教师最需要的是对既定教育理论的"创读"能力、"适用"①能力、"释放"（或表现）能力，而非对教育理论的"同化"能力、"理解"能力、"吸收"能力。教育理论是教育专家"提"出来的，而教育实践是教师自己"做"出来的；教师教育者"只需要扮演一个战略家的角色，然后期待教师能够达成他们所设想的作战计划"即可，而教师"必须要站在第一线去面对实际的

---

　　①　所谓"适用"，丸山高司是这样解释的：正如法官断案，"判决诚然是以普遍性的规则为尺度的，但不是机械地适用那个尺度，通过自始至终按照个别性思考个别事例，每次都重新规定法律这个尺度，有时还要修正法律"。由此，"个别参照普遍被规定，而普遍又按照个别被重新规定"。参见丸山高司《迦达莫尔——视野融合》，刘文柱等译，河北教育出版社 2002 年版，第 164 页。

问题，好比在最前线的战士们一样，要承担死伤的后果"①。因此，教师完全可以根据自己的判断、实践的逻辑来选择、修正、发展理论，让教育理论永葆青春活力。在一定程度上说，教师教育的品质与教育理论的水平是呈正相关的。教师教育效能低下不全是教育理论的局限及其冗余所致，而是和优质教育理论供应不足、教师的教育理论修养欠缺及其对待教育理论的态度不当直接相关的。可以说，一种高效能的教师教育实践样式是建基于高水平的教育理论及教育实践工作者的正确理论态度之上的。在教师学习之路中，教育理论是教师发展的重要依托，是教师学习的重要对象，是打破教师日常教育实践的沉闷和惰性的一枚火星。至此，教育理论的功能将会得到全面、充分、有效的释放，教育理论与教育实践间的关系将会在教师对理论态度的调适和驾驭理论能力的磨砺中走向动态平衡。

（二）教师教育需要教师教育者的介入

在当前受宠的教师教育样式，如自我导向式、叙事研究、反思性实践、行动学习、合作学习等中展现出浓厚的"师本"色彩，实践成师、以己为师、教师为本的教师发展方式被抬高到了一个无以复加的程度。随之，教师教育者在教师教育实践中被边缘化了，甚至被视为限制教师自由发展、自主发展的障碍和阻力。其结果，整个教师教育的大厦偏向了教师的一方，教师教育者成了教师教育活动中的一个配角。教育理论是死的，教师教育者是活的，它是传载教育理论的活载体，它和教师一起构成了教育理论的定义者和发展者。可以说，在所有影响教师教育效能的因素中，教师教育者的素质，尤其是其理论素养首当其冲，提升教师教育者的综合素质是全面提升教师教育质量与效能的关键举措。对整个教师教育系统而言，教师教育者不是可有可无的，而是必不可缺的：教师教育者的出现是将教师教育活动从教师自学这一发展方式中分化出来、独立出来的直接原因，教师教育者的专业化是教师教育活动实现专业化发展的重要条件，教师教育者形象的转变是策动整个教师教育系统变革的引擎。应该说，整个教师教育系统是由三个基本要素——教师教育者、教师、学生构成的一个

---

① 郭至和：《谁抓得住我——课程改革中的教师角色和定位》，《花莲师院学报》2002年第14期。

传动式结构：教师教育者通过改变教师的素质构成来间接推动学生素质的发展。这其中，缺失了教师，教师教育活动就失去了对象、主体、主角，失去了传递教师教育者的教育力量的媒介，教师教育活动就沦落为没有演员的剧场；失去了学生，教师教育实践就失去了生存根本、价值归宿，就可能沦落为一种离心式运动，异化为一次没有主题的闲谈；而离开了教师教育者，整个教师教育活动就根本难以被冠之"教师教育"的称谓或名义，它顶多只能算作教师的一种自发性自学活动，一个在日常教育实践中发生的自然发展过程。教师教育者的参与和在场不仅是教师教育活动的象征，更是其之所以能够对教师的教育生活方式、对整个教育实践产生广泛而又有深刻影响的根源所在。故此，要说教师教育者就是整个教师教育大厦的顶梁柱毫不为过。同时，教师教育者之所以是加速教师成熟过程的一种重要力量，还在于他们能在教师的最近发展区，即教师在自然、自学条件下的发展水平与其在教师教育者引导下达到的自觉、自为的发展水平之间的区域中促进教师的发展。显然，这个最近发展区是由教师教育者来创造的——一个卓越的教师教育者能够创造并放大这个发展区，实现教师在教师教育活动中最优化、最大化的发展，故教师教育者是教师教育活动中最具能动性的一个要素。反之，离开了教师教育者，教师教育活动与教师的教育实践活动之间就可能蜕变为一种无梯度、无张力、平面化的关系，教师就难以实现高速高效的发展。无论是在实践主导型教师教育活动中，还是在理论主导型教师教育活动中，教师教育者都是提升教师教育的质量与品质的核心要素之一。总体来看，尽管教师教育者在教师教育活动中只是一个外因，但它是一个不可或缺的外因，一个能够全面而又深刻地改变教师的教育实践方式，切实加速教师发展进程的外因。在一定程度上，这种外因能够渗透到教师的教育生活的所有环节和层面上去，能够深刻转变教师应对教育活动的基本图式、"实践意识"①，最终融入到教师的职业生命中去。尤其是在教育事业高度专业化发展的今天，参与教师教育活动、接受教师教育者的教导是所有教师走向成熟的必经环节。在教育实践中，

---

　　① 所谓"实践意识"是指那种"行动者在社会生活的具体情景中，无须言明就知道如何'进行'的那些意识，对于这些意识，行动者并不能给出直接的话语表达"。参见［英］吉登斯《社会的构成》，李康等译，上海三联书店1998年版，第42页。

尽管人们对教师教育者的功能、地位存在诸多误解和处置不当之处，如认为教师教育者的参与窄化了教师的自主发展空间，侵犯了教师谈论教育活动的话语权，认为在教师教育中有了教师教育者的主导地位就没有了教师的主体地位，认为教师教育者把教师的自由发展方式格式化、线性化了等，这都是一些有失偏颇的观点。实际上，在教师教育中以己为师与以人为师之间是并行不悖、相得益彰的关系。甚至可以说，作为学习者，教师多一个学习对象不仅不会抑制其自由、自主发展的障碍，反而是实现其自主、自由、快捷发展的必需外围条件。特别是向教师教育者的学习，它是教师走出自己的狭小教育世界、抬高自己的发展起点、提升自己的自主发展能力的一块"台阶"和基石。教师在教师教育活动中的发展就是要恰当地利用好这个"台阶"，以不断地实现自己的可能发展水平，而非严格以这个"台阶"为模型，为范例来规划、规定自己的职业生涯、教育方式。一句话，教师教育者只是促进教师发展的一个重要辅助条件，如何利用好这个"条件"来使之充分服务于自身的发展取决于教师自身。在此，那种目空一切、自我崇拜、关起门来埋头苦干的发展方式与将自己的发展权交由教师教育者去代理、事事听从专家建议的做法一样，都是对教师教育者的地位误置的结果。在教师教育实践中，我们不但需要教师教育者，而且更需要一种善待教师教育者的态度。在当前，尽管过去那种由教师教育者主宰型的教师教育形态的阴影尚存，但我们绝不能怀有"一朝被蛇咬，十年怕井绳"的心理而将实践成师的路径一下子推向一种极端化的地步。给教师教育者正名，让教师教育者回归其辅助、加速教师发展的本然角色是教师教育迈向复兴的关键一环。为此，在教师教育变革中，我们迫切需要解决的问题是重估教师教育者的价值，帮助教师调适对待教师教育者的态度，转变教师教育者的功能释放方式，而非要消解或藐视教师教育者的功能，将其机械地驱逐出教师教育活动的领地。

（三）教师教育需要接受学习

教师的教育认识的形成既有内发的也有外铄的，既有建构的也有接受的，既是在问题中"生成"的也是在课堂中"教来"的，既有在教育经验中"生长"① 出来的也有从教育专家那里"输入"进来的。因此，教师的发展不仅是自然的生长过程，还是自觉的吸纳过程。而在当前教师教育领域中，建构学习、自主学习、发现学习、情景学习、经验积累式学习、工作学习等引领了教师教育的主调，探究、实践、经验、体验、反思成了教师教育的主题词，向他人学习、接受他人教育、外求真知的发展方式愈来愈成为批驳的对象。这就给人们造成了一种假象：似乎教师自己就能解决教育实践中所遇到的一切难题，似乎只有教师全部"亮"出自我，保持自己个性、风格的完整无损，教师教育才可能会走向成功。在这种教师教育意念的偏导下，教师极有可能将自己与丰富多彩的外部教育世界隔离起来，重蹈自发发展、自己摸索的覆辙，进而把"教师教育"从"有教育，无教师"（即那种过分强调教育理论的学习，无视教师个体的主体性、自觉性的教师教育形态）的极端一下子推向了"有教师，无教育"的另一极端，让教师教育倒退到原始轨道上来。实际上，教师绝非一个可以游离出大千教育世界中的"单子"，它绝不可能在一种与外在世界相绝缘的教育环境中实现自己的生存与发展，其内发的潜力是有限的。可以说，离开了外部教育世界的滋养和支撑，教师的发展就可能成为无源之水、无本之木，其发展的前景是值得担忧的。换言之，要在教育实践中始终立于不败之地，教师就必须投身于教师教育系统这一专门为其发展所营造的教育世界之中去，必须积极从中汲取教育理论、观念的养分，不断走向成长和成熟。在此，接受学习就是教师将自己与外部教育世界、与最先进的教育认识实现沟通、对流的便捷通道。进而言之，开展教师教育活动的初衷之一就是要促成这一接受学习活动的发生，促进教师对最新教育观念、认识的接受学习。总之，教师不仅生活在自己的世界中，还生活在一个流转的教育生活世界中。只有通过接受学习，这些外在教育环境、教育世界、教育认识才会成为教师发展的营养基，成为教师实现自我发展壮大的巨大航母。实际上，教师的素养素质的提高总是自我发展与外在环境交互推动的结果：有了接受、有了外向的学习，教师的发展和外界实现了关

① 建构主义教师教育观的一个重要观点就是：教师的发展是"从原有的经验出发，生长（建构）起新的经验"。参见周成海《客观主义—主观主义连续统观点下的教师教育范式：理论基础与结构特征》，博士学位论文，东北师范大学，2007 年。

联和互构，他人的经验、认识、策略、理论才可能很快会转化为自己主体结构的构成，其自我的狭隘空间、认识阈限就会被超越、被拓展。在此，接受学习就是教师实现与教育世界沟通的细胞膜，是实现自我新陈代谢的根本途径。同时，接受他人的理论、知识、经验不仅不会使教师迷失自我，反而会壮大教师自身，增强教师建构新的教育知识、经验、态度的能力。在教师教育实践中，真正搞坏了"接受学习"的名声的是那种将之视为一种给教师进行"换脑"手术式的接受学习。真正意义上的接受学习是让教师有限地让渡自我、改变自我，在自己的头脑中为外界的知识、观念"腾出"空间，进而在自己已有经验系统基础上将外来的教育理论、经验、认识嫁接上去。事物在接受、吸纳中壮大，生命在接受、吸纳中成熟。接受学习是教师假借他人的智慧来壮大自我的一种根本发展策略。无视接受学习，不去了解他人，一切自以为是，其结果只会将教师教育系统这一强大的教师学习组织踩在脚下，教师的发展最终只会陷于作茧自缚的尴尬境地。可以说，外界、他人就是教师自我发展的背景，教师必须善于通过接受学习来融入这个背景，并在这个背景中充分地展示自我、实现自我，努力在参与专门教师教育活动中找到并构建一条快速、高效、便捷的发展道路。

总之，在当前境况下，教师需要和教师教育者一道去重估教育理论、教师教育者、接受学习的价值，需要深刻反省当前教师教育实践内蕴的思维范式的局限。外因通过内因发挥作用，内因通过外因来确证自己；外因刺激着内因显现，内因在外因的作用中显身；外因与内因间的隔离是暂时的、相对的，外因向内因的运动是绝对的。在内因与外因间的相互作用中，事物能将外因缓慢地融入内因之中，达尔文的进化论就是对这一互动互变关系的生动阐释。换一个角度来看，在一定意义上，事物的发展根本没有外因与内因之分，"外因"与"内因"只是人们为了认识之便而从观念上对同一关系中的不同事物做出的一种暂时性区分而已。任何相关事物之间都具有一种交互影响、相互"指引"① 的关系，进而构成了一个连续

---

① 海德格尔认为，世界之为世界就在于它是"一种指引联络"。参见陈嘉映《存在与时间》读本，上海三联书店 1999 年版，第 62 页。

统，"每一种实际存在物都弥漫于这种连续统中"①。在认识活动中，只不过是人们出于习惯而将距离事物变化最近的影响因素称之为内因，稍远的影响因素称之为外因罢了。在教师教育活动中，由于教师教育者、教育理论等与教师发展间的距离较近、关系较为密切，故我们称之为外因；而教师自身的经验、实践、知识与教师发展间的距离较远、关系稍显疏远，所以我们称之为教师发展的内因。因此，要实现发展，教师不仅要关注内因的发展，还要关注外因的发展，这是由于教师置身于其中的一切教育环境、教育文化的发展都会带动教师自身的发展。在教师教育中我们必须谨记一条至理：发展与教师关联密切的事物就是发展教师自身。尤其是那些距离教师发展较近的外因——教育理论、教师教育者等是教师教育工程中的发展重点。有了这些外因的高速发展，再加上教师的接受学习，教师自身的经验、实践、发展就具有了质量的保障。同时，在教师教育中，外因不仅可以通过学习者的接受学习来实现内因化的转变，最终将接受学习转变为教师发展的内在需要，而且，随着这些外因的高速发展和持续积累，它们还可以对教师的教育实践形成一种潜在压力，引发教师的迫动式发展。换言之，当教师身处其中的外界环境，如教育理论、教师教育者等因素得到发展之后，它们就会对教师形成一种新的氛围和形势，进而对教师构成一种挑战。例如，在这个教育理论繁荣的今天，教师深陷于教育理论的"包围"之中，面对教育理论的强大阵营，学不学习教育理论几乎已经不是他所能自由选择的了。因此，在当前，教师的发展形式实际上有：主动式发展、迫动式发展和（与他人）互动式发展。在教师的成长中，他与外部环境、与教师教育者、教育理论等之间是相互摄入、共生共强、荣辱与共的关系，教师自身的发展只会从它们的发展中获益而非受损。重建"教师学习"概念，构建一种自学与学他、内向学习与外向学习、实践学习与理论学习、主动学习与迫动学习并举共进的教师教育形态，实现对当前教师教育之"极性"的自觉扬弃，是走出钟摆式教师教育实践的必然诉求。

---

① ［英］怀特海：《过程与实在》，杨富斌译，中国城市出版社2003年版，第122页。

第二节 职前教师教育功能局限的暴露①

进入 20 世纪 90 年代，教师发展逐渐被提升为教育改革的核心要素，甚至被视为 "学校与教学革新的心脏，它能最大程度地重建和振兴一个国家的教育希望"②。随着人们享受优质教育资源的需求日益高涨，教师作为学校主体的地位得到广泛认可，教师教育（特别是职前教师教育）受到社会各界的高度关注。一方面，上至政府、国家领导人，下至一般学校、普通群众普遍认识到师资水平的重要性，他们关心职前教师教育并寄予厚望；另一方面，职前教师教育的实效不尽人意，人们对它的批评不绝于耳。外部的强烈期望和激烈批评，使职前教师教育中一些长期被掩盖起来的问题浮出水面。无论是对职前教师教育寄予高度期望，还是对其横加指责，都绕不开一个前提性命题——职前教师教育的功能是否无限可能？教师教育改革的事实表明：职前教师教育不可能完成全部教师专业发展重任，教师专业成长力的培育与提高绝非单纯师范教育所能为，教师职后专业教育在教师专业发展中承担着日益艰巨的重任。这正是我们探索教师专业成长力的另一理论背景。

一 不能承受之重：从 "无限" 到 "有限"

历史上师范教育在师资培养方面发挥了巨大作用，人们习惯性地寄予其厚望，甚至认为其无所不能，过度放大其功能阈限。一旦当它没有满足人们的诸多期望时，社会又对它恣意斥责。其实，职前教师教育虽然为社会发展，特别是教育发展所必需，但它并不因此而越来越具有决定性作用。我们不能盲目地夸大职前教师教育的功能，赋予它无限的责任和

---

① 本部分由笔者与西安外国语大学刘涛老师合作完成。

② Mc Clure, R, *Individual growth and institutional renewal. In A. Lieberman&L. Miller* (Eds.), *Staff development for education in the' 90s: New demands, new realities, new perspectives*, New York: Teachers College Press, 1991, pp. 221 –241.

内容。

职前教师教育绝不是我们所想象的那样其所产生的都是理想的、正面的功能，对之处置不当也会产生一些难以预期与操控的负面效应。这就是职前教师教育的功能阈限，它主要体现在以下几个方面。

1. 功能有限。在我国师范教育的发展历程中，人们无形中形成了一种思维定式：优秀教师在师范院校养成，职前教师教育应该培养出合格、优秀的人民教师。实际上，优秀教师的专业成长是一个持续的过程，是长期实践、自主发展的结果，绝非一蹴而就所能为。教学专业能力是在真实的教育场景中形成、发展的。职前教师教育有培养合格"准教师"的功能，但无力无限承担起培养"优秀教师"、"名师"、"教育家"的重任。优秀教师是在教育场景中自主探索、持续成长的结果，是在教学实践中"做"出来、"磨"出来的，而非师范院校轻易地"教"出来的。职前教师教育所能做的就是为"未来教师"的终生发展奠基，尽可能地缩短师范生进入教学一线的成长周期，尽可能地实现"无障碍进入"。

2. 责任有限。从师范生入职历程来考察，师范生进入职场后并不可能完全适应教学岗位要求，他需要一个适应期，甚至在较长时间内处于过渡阶段。面对这一情形，一些一线教师、学校管理者会很轻易对职前教师的教育质量产生怀疑，责难职前教师教育的低效乃至无效，这属于自然现象。职前教师教育必须承诺为社会培养出合格的毕业生，但担负不起社会期望与现实间落差的全部责任。优秀教师的成长是复杂、曲折、多因素制约的过程，是教师在其职业生涯中不断发展、提升的结果。这就决定了职前教师教育在培养（优秀）教师中只能承担起有限责任。

3. 内容有限。人们总是期望职前教师教育能够将教师日后所需的一切教育教学知识、能力悉数传授，而忽略了教育环境与教育需要的变化性。职前教师教育中授受的知识、能力是人们基于以往教育实践，对之进行观察、反省并适度关照未来教育实践需要的产物。面对快速变革的社会、日新月异的科技发展形势，教师必须适时调整教育教学方式，优化教学知能结构，向外界保持一种开放姿态。然而，职前教师教育具有相对稳定性和准备性，它不可能将未来教师所需的全部知识、技能一次性传授给学生，而只能选择最一般、最常用的内容来为教师的成长做准备，加速教师的专业成长；只能培养教师自主学习、发展的意识和技能，以帮助其动态适应不断变化的社会生活和教育实践。

二 走出神话，回归本真：职前教师教育缘何有限

职前教师教育只能对教师专业成长产生加速、帮助功能，而非决定、完成功能。职前教师教育缘何有限？我们认为，至少有以下几方面的原因。

（一）教育的有限性规定了职前教师教育的有限性

作为人类社会的一种物质存在和运动形式，教育同样具有有限性，这种有限性表现在人（生命）的有限性、教育主体的有限性、教育时空的有限性和教育责任的有限性四个方面[①]。教育活动由教育者、受教育者和教育影响三个要素构成，考量教育者与受教育者，其皆为"人"，人显然是一个有限的存在；考量教育影响，必定离不开特定的时空限制。不难理解，由三个具有有限性的要素构成的教育也必然是有限的。

用带有局限性的人来开展教育，以期克服人的有限性，本来已经十分不易。如果再附加人为的不合理因素，那么，想用教育来克服人自身的有限性就更加力不能及。职前教师教育便是如此。职前教师教育属于教育的一种特殊形态，它想赋予教师以无限的教育实践干预能力谈何容易。现代教师能力是一个开放系统，其培养和完善不仅受制于教师自身的各种主客观条件，而且还取决于教育对象、教育境遇、实践态势的多样化需要。加之，接受学校教育只是个体生命历程的一个环节而并非全部，学校教育的范围不可能涵盖人的所有发展问题，教师所能干预的发展因素只是"冰山一角"。这就决定了教育不仅不能肆意地干预学生发展，而且不可能决定学生的全部发展状况。与之相应，建立在有限性教育基础上的职前教师教育必然是有限的。

（二）职前教师教育的实践性特质决定了职前教师教育的有限性

教育在本质上是实践的，它意味着教育问题、关于教育的理解应当在

---

① 王鹏：《论教育的有限性》，《现代教育管理》2010 年第 3 期。

实践领域而不仅仅在认识领域得到解决。教师的教学能力源自于教学实践，只有参与教学才能形成和提高教学能力，只有回归教学生活本身才能培养未来教师。师范生进入工作岗位的不适应，根本原因在于教育实践经验的缺乏。教学能力形成的过程，是教师在教学实践中反思、批判自己的各种知识、经验，对自己否定之否定的过程。"教师发展的实质是其参与教育实践的图式。"① 教师正是在过去经验、现在情景和将来计划、行动的交织中，在实践与反思的循环反复中，批判反思自己原有的信念，建构、更新自己的实践性知识，战胜困难与挫折，提升自身教学能力的。

教学实践是教师的生活实践，是教师的一种特有存在方式，参与教学实践是未来教师教学能力形成的关键。合格教师、优秀教师是在真实的教育教学场景中生成。职前教师教育的"模拟""仿真"情景只能减少"准教师"上岗的障碍，而不能替代变化无穷的教育场景，也难以养成真实教学实践所需的教育机智、教育智慧。教师是在教学实践过程中"成为"有效教师（effective teacher）的，并不是先掌握所有的知识体系，然后就可以顺理成章地成为合格的教师。目前教学实践环节相对薄弱才是造成师范生教学能力低下的主要原因。

（三）教育知识的不可全传递性带来了职前教师教育的有限性

教师的知识有理论性知识和实践性知识之分，其中实践性知识是"教师专业发展的基础"，是教师内心真正信奉的、在日常工作中"实际使用的理论"，它支配着教师的思想和行为，体现在教师的教育教学行动中。② 如果将教师的实践性知识外化，供其他教师分享、内化，就能在很大程度上促进教师成长。然而，教师知识带有实践性、个人性、内隐性和情境性等特征，它具有不可全传递性。即使是同一个教育问题，不同的人也可能有不同的理论，因为"处于不同话语体系下的人可以对同一'对象'作出完全不同的话语建构"③。

---

①　龙宝新：《论当代我国教师教育形态转换的路径》，《教育科学》2009 年第 4 期。

②　陈向明：《实践性知识：教师专业发展的知识基础》，《北京大学教育评论》2003 年第 1 期。

③　谢立中：《多元话语分析：社会分析模式的新尝试》，《社会》2010 年第 2 期。

　　传统的职前教师教育强调学生在对教育理论知识准确把握的基础上，将理论知识运用于教学实践，误以为学生在职前教师教育中获得的教育理念会自然而然地迁移到教育工作环境中。实际上，教学是一种高度智慧化的活动，"置身于演出现场或教育实践现场之中，行为人必须能够在信息不充分和无法预见全部后果的情况下采取行动"[1]。教师只能依据具体的情景，把握已有理论发挥作用的条件，选择适合的方式。没有知识，智慧便成为无本之木，但有知识并不意味着有智慧。要使知识成为智慧，知识必须是"流动的、融通的、反思的"[2]。我们培养的教师不但要能应对确定的教育事物，还必须具备一种融教育智慧和创新素质为一体的综合素质，它显然难以在课堂上传授，而只能由教师在教育生活实践中去生成、去创构。

（四）教学能力形成的复杂性导致了职前教师教育的有限性

　　教育实践具有"鲜明的历史性、地域性、生成性和综合特殊性"[3]，它并不是发生在"真空"的环境中，而是处于一个开放、变动的系统中，要受到当时当地各种复杂条件的影响。在教育实践中，教师既受外部环境的影响，又半自主地决定自己的发展方向与路径，从而形成着自己的教学能力。"教育实践是一个极其复杂的行为，在它的内部所构成的错综复杂的各种各样的关系，在它的外部所形成的方方面面彼此羁绊的联系，是简单的眼光所无法打量与把握的。"[4] 教师能力的形成正是在这样一种复杂的实践场域中形成的。同时，多因素制约性是教师教学能力形成的根本特点，教育现场正是这些因素的聚会点。在教育现场中，"教师发展不单是教育观念、教育技能的习得与应用，它是在自为的教育观念、教育理论与自在的教育经验、教育传统，甚至还包括弥散在教育生活世界的象征符

---

①　石中英：《论教育实践的逻辑》，《教育研究》2006 年第 1 期。

②　桑林：《从知识到智慧》，《思想政治课教学》2009 年第 10 期。

③　叶澜：《思维在断裂处穿行——教育理论与教育实践关系的再寻找》，《中国教育学刊》2001 年第 4 期。

④　郑金洲 ：《中国教育理论研究的世纪走向》，《华东师范大学学报》（教育科学版）2003 年第 6 期。

号、文化意象等合力作用下实现的"①。这就决定教师发展始终离不开他身处的教育现场，时刻存在于无数教育关系与场景中，故他不可能"悬置"林林总总的文化现象、关系丛林来"空降"式地生成各种教学能力。教师正是在这些复杂因素形成的错综关联与教育现场中不断发展其教学能力与智慧的，而这恰恰是职前教师教育的触角延伸不到的角落。

（五）职前教师教育模式的局限性诱发了职前教师教育的有限性

首先，表现在职前教师教育模式自身的有限性上。教师教育是隶属于社会大系统、教育系统的子系统，其功能辐射范围非常有限。尽管它在促进社会、教育、教师发展中具有多重功能，但职前教师教育所发挥的每一项功能，无一不受相应的社会基础的制约与干预。因此，职前教师教育相对独立于教育系统，这就决定了它与现实教育生活世界之间具有一定距离，其所假定的那种理想化教育活动方式在现实教育世界中很难找到。这种教育模式就决定了毕业生从业后短期难以适应现实教育生活的需要。正规教师教育的"模式化"倾向压抑了师生的个性和创造性，从根本上"放弃了培养超越性存在的期待"，[11]迫使未来教师去"适应"种种不合理的生存状态，阻碍着教师的健康成长。

其次，职前教师教育模式的教育效果的潜在性和滞后性也在放大着职前教师教育的有限性。以教育知识传授为主的教师教育，其主要模式是将大量教育理论知识传递给未来教师。然而，这些知识的运用不仅要有与之相适应的教育情境，还必须有教师个人的主观努力。在教育教学中，教师对学生的影响还存在"润物细无声"的一面，学生心理、行为的每一次转变不都是彰显卓著的，许多时候是一种感觉，是师生自己难以察觉的。职前教师教育的部分效果是隐性的，是推后显现的，这势必影响到人们对其效能的评价，职前教师教育有限性的事实日益暴露。

三　有限与超越并存：职前教师教育观的合理构建

直面社会对优质教师资源的大量需求，反思职前教师教育的有限性，

---

① 龙宝新：《论当代我国教师教育形态转换的路径》，《教育科学》2009 年第 4 期。

探索职前教师教育的发展方向，转变职前教师教育形态是当务之急，更是当代职前教师教育工作者的历史使命。

（一）宽容与解围：合理看待职前教师教育的有限性

论证职前教师教育的有限性，并非有意推脱其责任。相反，是为了全面、客观地认识职前教师教育，发觉现存问题，寻求改革策略，改变重视传授教育知识而忽略教育实践、只见物不见人的状况，更好地促进教师教育事业的发展，更好地发挥职前教师教育的功能。

只有厘清职前教师教育的有限性，全面认识其有限性产生的原因，才能更好地超越职前教师教育的有限性。当然，这种超越并不是脱离有限的无限超越，也不可能脱离时代的有限。因此，必须科学认识职前教师教育的功能与责任，树立全面的职前教师教育观。既要认识到职前教师教育的有限性，又要挖掘其发展空间；既要认识到职前教师教育功能的有限性，又要不断提升和优化其服务功能；既要认识到职前教师教育责任的有限性，又要不断提高师范生培训的质量；既要认识到职前教师教育内容的有限性，又要顺应时代发展变化的要求革新教学内容；既要重视教育理论知识的传授，又要重视教学实践；既要依靠教师教育，又要超越教师教育。

（二）超越"有限"：提高职前教师教育的实效性

职前教师教育是一个有限的存在，但它又有向往无限的需要，其"自我实现"的过程就是由有限向无限扩展的过程。当前，职前教师教育在培养学生教学能力上存在这样一些问题：教育专业课程设置单一，教学不合理（教条式教学、浅尝辄止的讲解），教师的教学示范引导性比较差，特别是教学实践环节相对薄弱。要改革教学方式，提高课程的深入性和系统性，激发学生的主动性，提高教育类课程的教学效果。任课教师在教学过程中要注重给学生提供良好的示范，使学生能从日常教学中不断汲取有益的"养分"，促进自身教学能力的形成与提高。最为关键的是优化学生教学能力训练模式，强化教育教学实践环节，改变教育实习体系，提高未来教师的教学能力。

教育实践是"因地制宜、因人而异的具体的个别的体验而形成的"，它直接需要的是有效的教育经验、教育案例、教育故事、教育惯例，而非被教育研究者简化、还原过的符号与知识。单纯的教育知识授受，舍弃了教育知识同环境的联系和相互交流，失去了与教育实践的结合力和黏性。要尽可能地为学生提供教育实践机会，从教育经验入手，改进、优化、刷新学生的教育实践，形成鲜活丰富、起伏跌宕的教育经验。要尊重学生的个体性，以个性化的发展方式寻求教师成长路径，走出专门教师教育机构的狭隘空间，直面课堂教学实践，开展以课堂为本的研修，提升未来教师的教育效能。

（三）有效的融通：减少"准教师"上岗障碍

这一融通包括三个方面，一是要连通职前教师教育和职后教师教育，二是要密切大中小学之间的关系，三是要沟通教育理论与教育实践。要以一体化的思路培养未来教师，密切关注教育改革、课程教学改革，以课堂需求为导向，加强职前教师教育向职后工作的延伸、辐射与对接，将教师职前培养、在职培训和学校改革融为一体，建立教师发展的长效机制。职前教师教育的成功依赖于中小学提供的现场实践经验资源，无论是以专业发展学校（PDS）为目的的"伙伴"关系，还是简单的合作，高等教育机构和中小学之间的合作都对职前教师教育有重要的影响。要通过课程学习与实习同时进行的方式，把教师培养重心从象牙塔转向中小学校，建立大中小学间亲密的伙伴关系，为职前教师教育提供临床性的实践训练。增强教师教育理论与教学实践的融通，促进课堂教学和一线教学实习相结合，建立教师专业学习共同体，把教师自主发展提升到新层次，提高未来教师通过研究进行自我评估和改进的能力是培养适合时代教学要求的新教师的必由之路。

（四）融入行业：实现教师培养的社会化

职前教师教育的短板就决定了：仅仅依靠师范大学的"温床"是难以培育出成熟教师的，只有将教师培养工作融入教育行业，让师范生在真实的教育实践中得到锻炼与提高，教师专业发展才可能最终实现。应该说，将师范生融入一线教育行业的方式很多，如顶岗实习、担任中小学教辅人员、定期为中小学提供"义工"服务、担任学校的校外辅导员等，这些方式能够让师范生得到全面真实的实践"洗礼"，其教师教育效果一定要比单纯蹲在大学课堂中要有效得多。同时，让师范生在毕业前必须有一段时间的胜任准教师的工作经历，要求他们必须深入一线教育教学实践担任一定学校职务，并将学校的考核结果列入毕业条件之列，这是实现师范教育与教育行业深度融合的最好形式。

　　职前教师教育功能缺陷的暴露充分表明：教师专业成长主要是职后完成的，教师专业成长力的培养是教师职后教育的功劳，相对而言，师范教育只能起到奠基、铺垫的作用。这一事实的揭示同时表明：教师专业成长中，教育理论、教育知识、教育技能所起的作用是有限的，如果离开了一线教育实践的辅助，即便是再好的教育理论、教育教学知识都无济于事，都不可能对形成教师的专业实践能力产生有力影响。在当代教师教育改革的背景下，教师教育改革者只有全面认识教育理论与教育实践、职前教师教育与职后教师教育实践的辩证互动关系，整个教师教育改革才可能走到一条健康的发展轨道上来。

第 二 章

教师专业成长力的理论基础

　　教师专业成长力研究的核心任务是促使教师实现专业上的又快又好发展，是为了找到实质性的教师专业实力提升之路。因此，教师专业探究必须建基于先进的教师专业成长观之上。换个角度看，教师教育是一种专业教育，促使教师专业成长是整个教师教育系统的存在使命，其终极目的是要让教育实践者获得丰富的教育"技艺"。技艺不同于"技术"，它是专业人员身上存在的"那些我们所公认的非同寻常的出色表现"，是专业实践者"在独特、不确定且矛盾的实践情境中所表现出来的各种能力"①。可以说，教师专业成熟的标志就是熟练教育技艺在教师身上的生成与增长。教育技艺是教师在教育实践中"行动中反映"、"行动中识知"的结果，它既有的即兴性、默会性和情境性，是其应对那些"实践的常规之外存在的不确定性沼泽地带"②的秘密武器，相对而言，专业知识技能只是教师专业技艺形成的起点和准备，从知识走向技艺是教师专业成长的必经之途。然而，长期以来由于对这一点认识不足，导致了一种肤浅、平庸、机械的教师专业成长观在教育实践中横行，直接影响着教师教育目标的确定、教师教育方式的优选与教师教育效能的提高。我们认为：反省现行教师专业成长观，以此带动推动教师教育系统的整体性变革，是当代教师教育改革的应有视野。

----

　　①　[美] 舍恩：《培养反映的实践者》，郝彩虹等译，教育科学出版社 2008 年版，第 12、19 页。

　　②　同上书，第 4 页。

第一节　科学理解教师专业成长

　　成长是事物的本能需要，是基因的功能和属性，其实质是事物在环境中超越当下样态，步入一种更高级存在状态的趋势与过程。成长是事物对自身存在缺陷的扬弃，是对"旧我"的遗忘，是向理想生存方式的迈进。只要事物存身于环境中，它就会产生成长的需要与行动，要么它被环境"拖着走"，要么环境被它"牵着走"。教师也是如此。通过专业成长，教师实现了专业自我面貌的更新，改变了惯常的专业行动方式，生成了应对教育环境的新图式，获得了解读教育事件的新眼光，最终实现了在教育环境中的有力生存。专业成长不仅是教师在教育生活中的一种生存状态，更是一种无形内力驱策的结果，是外在情境诱导与内在生命能量激活的产物。从整体主义眼光来看，教师专业成长具有全新的蕴含与内容。

一　教师专业成长是生长与发展的统一

　　从某种意义上来看，教师专业成长是无条件的，只要不生活在"真空"之中，教师专业就在成长着。在教师身上同样存在着一种"类似于种子对于植物萌生那样的内在的生长的'动力因'的作用"①，它时刻在推动着教师专业前进。换言之，无论有无刻意精神能量的注入，有无发展目标的嵌入，教师都会成长，只是这种成长的方式与速度不同而已。在没有专门意识、专注精神投入的情况下，教师专业成长处于自然生长状态，每经历一场教育事件，每经历一个教育情境，教师参与教育实践的意识与图式都会发生绝对的变化。只是这种"变化"的幅度较小，其变化的速度滞后于教育情境更新的速度，以致我们的感官感觉不到它的存在。生长是持久的而环境是恒变的，如若教师专业生长的速度滞后于教育环境的变化，其势必导致教师的专业萎缩、专业停滞，这正是教师专业发展一直试图努力克服的对象。生长是教师专业成长的常态和底色，教师常常热衷于

---

　　①　宁虹：《教师教育：教师专业意识品质的养成》，《教育研究》2009 年第 7 期。

追求的是一种"大于"生长的成长，这就是专业发展。教师专业发展是通过一种专门实践、专业学习、人为情境、"教师培训世界"（姜勇等）来催生教师专业水平迅速提升的一种方式，教师教育就是实现这一发展的典型形态。专业生长是永续的、自发的，而专业发展则是断断续续的、自为的；专业生长是教师专业成长的原始机制、工作原理、自然节律，而专业发展只是对专业生长机制节律的自觉利用、灵活驾驭，它无法超越专业生长机制而存活。教师专业发展实践的目的是要帮助教师实现一种大于教师自然生长状态的专业成长，是要在教师专业的"最近发展区"内发挥功能，为其提供一个成长加速度。因之，教师专业生长潜在决定着教师专业发展的可能阈限、底线上限，不善于尊重、利用教师专业生长机制的教师专业发展观是无根、无效的。

二　教师专业成长是水平与态势的复合

教师专业成长是现实与可能、实力与潜力、现状与态势的统一，仅仅关注教师当下状况、当前水平的专业成长观是只见表不见里、只见末而不见本的，它无法找到驱动教师专业成长的根源与内因。对教师而言，"'好'的含义是：专业水平高而且一直处于不断进步发展中"①。在教育实践中，教师在成长着、在发展着，时刻在发生着专业自我的更新与转变。这种"成长状态"才是教师栖身实践的真实状态，是教师在教育生活中存在的常态。在"成长"中教师积蓄着专业成长的潜能与潜力，孕育着教师专业成长的后续状态、未来态势与可能水平，它是教师身上还未充分呈现、暴露出来的发展水平与状态，是教师的隐性成长状态。在当下"状态"中，教师的专业水平显性、直观地呈现出来，其应对教育问题的专业观念、专业态度、专业能力一览无遗。这种显性的专业发展状态建构着教师的专业形象，展现着其专业生活的现实景观，昭示着教师的专业实力。任何教师都处在成长状态、成长过程中，都处在新旧专业自我的过渡点，都是潜在专业自我与实然专业自我的混合体，教师的专业品质始终处在"涌现"状态中。用"成长"、发展的眼光来看教师专业状态，它让我

----

① 秦力：《教师专业成长的原点思考与徒步前行》，《人民教育》2010 年第 17 期。

们看到了教师专业生活的可变性与深刻性，为我们构建一种具有生命力的教师专业发展方式提供了理性支撑。

三 教师专业成长是自我与环境的对话

教师专业成长是教师专业自我与教育环境之间展开的一场博弈和对话：教育环境是教师专业自我的营养基，是教师专业成长的自然生态，教师专业自我则是这个环境生态的中心，它能动地参与着教育环境的建构、干预着教育环境的发展方向、充实着教育环境的内容与内涵。因此，"当实践者与情境材料进行反映性对话从而对实践中的不确定地带出回应时，他们改造了一部分实践世界"①。在与教育环境的交互作用中，教师专业成长的潜能被激活、被表现，教师干预、应对教育环境的专业能力不断增强，使他成为一个"更好的你自己"、"最好的你自己"（徐小平）。教师专业自我与教育环境之间是相互构成、共生共强的关系，与其说是教师在认识扩充、能力集训中实现了专业成长，不如说是日益丰富、更具挑战性的教育环境在引领着教师专业成长。舍恩指出，"当一位实践者将一个新情境视为他锦囊库中的某些成分时，他就获得了看待新情境的一种新方式和一种新的行动的可能性"②。教育环境就是教师专业成长的伟大导师，其特殊性就在于这一导师功能的发挥与教师专业自我的成熟度密切相关。教师专业成长是教师与环境之间"增强的反馈"的现成，是二者之间良性循环的形成，"增强的反馈是成长的引擎"③ 正是这一道理。教师专业自我与教育环境之间的关联媒介是教师的教育实践与教育经历，"增强的反馈"意味着教师教育经历、经验的优化与精化，是教师应对教育生活惯例的形变与进化，意味着教师应对教育情境的经验结构日趋丰富、有力。教师正是在"沉浸"、"投入"教育环境中实现专业成长的，其成长的最终标志与结果也体现在教师对教育环境的适应力、驾驭力与变革力

---

① ［美］舍恩：《培养反映的实践者》，郝彩虹等译，教育科学出版社 2008 年版，第 32 页。

② 同上书，第 63 页。

③ ［美］彼得·圣吉：《第五项修炼——学习型组织的艺术与实务》，郭进隆译，上海三联书店 1998 年版，第 86 页。

上，"成长是指环境适应度的提高"①。教育环境，而非专业知能，才是教师专业成长的目标达成与成长水平的检验者。

四　教师专业成长是意识与图式的创生

教师专业成长的结果包括不可分割的两部分：教育意识的改变与教育图式的丰富。在教师隐性成长中，教育意识是专业成长的主要对象，它形成着教师看待、思考、"框定"教育问题的方式和视角。实际上，教师的专业意识不是专业知识，甚至不可能被完全知识化，它具有一种"在知识、能力的'前'状态"，并且"始终伴随实践的行动，具有执行状态"②，它就是教师积累的成功教育经验在大脑中形成的简约化存在形式，是一种可以随时被提取、随时与眼前的教育实物实事相结合的心理能量。相对而言，专业知识只有被活化为教师的专业意识时才可能被付诸实践。教育意识给教师提供了一种独特的认识方式、问题解决思路，它是教师教育智慧的心理储存形式。然而，作为一种精神能量与主观意向，教育意识不能直接作用于教育情境与教育事物，它只有在被物化为教师身体力行的教育行为图式后才能直接参与教育实践。教育图式是教师应对、解决教育问题与情境的行为方式的总称，是一系列产生式的链接与组合。无论是教育意识还是教育图式，它们都无法被直接搬用到具体教育问题的解决上，而必须经过教师个性化的组装才可能形成针对特定问题的行动策略与教育方式。在这一"组装"过程中，教育意识与教育图式是相互催生、双向激活的关系：教育意识可以帮助教师选择、匹配教育图式，形成应对常规教育问题的一般策略；教育意识还可以引导教师创生、尝试新教育图式，形成应对特殊教育问题的具体策略；教育图式在教育实践中获得的效能反馈信息还可以强化、校正，甚至变革教育意识，实现对教育意识的反向塑造。在教师专业成长中，教师的教育意识与教育图式的复合就构成了其专业自我的主体内容。舍恩指出，"在独特案例中的行动中反映，与其说是

---

① 李柏洲、孙立梅：《论企业成长力与企业竞争力的相互关系》，《科学学与科学技术管理》2004 年第 11 期。

② 宁虹：《教师教育：教师专业意识品质的养成》，《教育研究》2009 年第 7 期。

通过产生一般的规则，毋宁说是通过促进实践者范例库的发展，被推广运用到其他情况"①。从这种意义上说，教师在专业成长中真正改变的不是自我的形象与状态，而是那些微细、实在的教育意识和教育图式，是其经验库存与"技艺锦囊"（舍恩）的扩容与重构。

可见，教师专业成长具有持续性、内隐性、创生性，它是与教师的教育实践相伴生的一种自然现象。只要身处于教育环境之中，教师专业成长现象势必会发生，不同教师专业成长的差异只是方式、速率、路径、态势方面的差异。教师专业成长的养分来自教育环境，动力来自教师自我更新、专业生长的本能需要，这种成长导致的直接结果是教师参与教育实践的意识与图式的创生与转变，是发展态势的日益强劲，是对教育环境应变力的持续增长。在教师专业成长中，教师专业自我是成长的枢纽与焦点，教师专业成长就是教师专业自我这个"黑箱"所发生的结构性转变，就是教师专业自我的扩张、拓展与增值，教师的教育经验、教育素养、教育水平等都只是教师专业自我的衍生物而已。

第二节 第三种教师专业成长观的诞生

所谓"专业"，是指某一职业或行业所具有的一系列独特品性的聚合体；所谓"成长"，是指人自我生命的形成与进化过程。教师专业成长是指教师把自身生命的成长与专业独特性的获得相融通、相统一，不断提升自身的专业品性，努力形成更完善的专业自我的过程。在这个过程中，教师行业的专业特性在教师个体身上实现了"我"化，教师个体自觉放弃部分"自我"，按照专业社区的要求来展示自我。因此，教师专业成长的前提是"自失"，是异化，是自觉用专业的特性、资源、内容来改变自我、修剪自我、充实自我，进而"重新创造自我"②。迄今为止，一提到教师专业成长，学者首先想到的是用专业知识、专业技能、专业情意

---

① ［美］舍恩：《培养反映的实践者》，郝彩虹等译，教育科学出版社 2008 年版，第 63 页。

② ［美］彼得·圣吉：《第五项修炼——学习型组织的艺术与实务》，郭进隆译，上海三联书店 1998 年版，第 14 页。

（如专业道德等）来教导教师，其次想到的是用"学习指导力"来武装教师，以此来改变教师对教育问题、教育事件的反应方式和效率，帮助教师获致一种处置、看待教育事物的专业眼光和专业意识①。这就构成了当代教师教育领域中的两种主流专业成长观。

一　自然迁移观：专业成长即专业知能的增长

教师专业成长面临的核心问题是教师的教育实践效能问题，而教育实践效能又与教师的专业知识、专业能力呈正相关，"教师的专业程度就是凭借这些专业知识、原理技术的熟练程度来保障的"②，"全部的教育资源中，教师的能力对于学生的学习和成长最为关键"③。由此，丰富教师的专业知识、提高教师的专业能力就成为教师教育者帮助教师实现专业成长的良方。在此情势下，教育知识、教育能力方面的教育构成了现代教师教育课程的两大基本模块，成为撑起现代教师教育大厦的两根主梁，在教育实践之外（如培训课堂）对教师进行知识、能力方面的"脱域"（disembedding）训练一跃成为教师教育的经典模式。进而，该专业成长观认为教师专业成长具有三大特性：自发性，即以为教师专业知识、能力的获得必定会导致其教育实践效能的提高，教师的专业品性是在教育的知识、能力的学习与培训中自发形成的；可迁移性，即在教育实践"域外"获得的专业知识、能力能够自上而下、自外而内、自然而然地迁移到真实的教育情境中去，教师自我的头脑、身体只是教育知识、能力的导管而已，无须任何其他中介和桥梁；单向性，认为教师专业成长是由教师的教育知识、能力教育情境的单向运动和复制再生，教育实践是温顺沉默的、一成不变的，对外来影响毫无抵抗能力，它对教师的自觉行动和人为干预逆来顺受。教育知能的自发迁移论构成了这一教师专业成长观的"硬核"，我

---

① 宁虹教授对教师教育的一个论断就是："教师教育即教师专业意识品质的养成。"参见宁虹：《教师教育：教师专业意识品质的养成》，《教育研究》2009 年第 7 期。

② 钟启泉：《教师"专业化"：理念、制度、课题》，《教育研究》2001 年第 12 期。

③ ［美］琳达·达林—哈蒙德：《创建 21 世纪的教师教育》，邱政译，《华东师范大学学报》（教育科学版）2008 年第 4 期。

们不妨称之为"自然迁移观",它坚信:教师专业成长是运用教育知能的自然结果。显然,这种专业成长观是理性主义在教师发展领域中的再现与变体,具有一定的虚妄性和理想性。其实,"认识的方式是工具性的,实践的方式是本原性的"①,专业知识只是给教育实践提供了一种可能性建议与行动备选项,而非法定指令。现实地看,我们无法确证教育的知、能、情与教师专业成长之间是否存在因果性关联,更无法直接验证其对教育实践的真实效力到底有多大,因为"我们所能看到的只是事件的接续,而不是因果关系"②。事实上,专业知识难以直接进入教育的实践,因为过去知识经验之所以能被应用到独特案例中去"恰恰是因为我们把陌生的情境相似地看作/比作常见情境的能力",真正直接指导教师实践的是"行动中识知",它"在我们本能的、娴熟的行为实施中得以展示,我们无法将其典型特征显性化"③、知识化。同时,专业技能也难以担当起教师专业成长的大梁,其核心构成是"机械性程序"或产生式,忽略了教师教育行为的基本生成图式——"在 S 情境,如果想到 C 结果,就必须采取 A 行动",故此"用行动理论代替技能和策略",克服教育技能的模式化缺陷是呵护教师专业生命的良方。④ 总之,教师的专业知识、专业能力与教育实践活动本身是异体的,它们只能经教师专业自我调适这一媒介来间接参与实践、影响实践。任何一次实践参与都会对教师的专业知识、专业能力、专业自我产生反哺重构作用,导致一种"双路径学习",引发教师专业自我的内在重构。正如有学者所言,"在'单路径学习'中,教师在采取一个行动后,如果发现行动的效果不尽人意,通常只调整行动本身;而在双路径学习中,教师不仅回环到行动策略,而且回环到自己'主导价值观'"⑤,引发教师专业自我的整体性转变。可见,教师专业成长的根源不是来自上位的理论和程式化的技能,而是具有三维性、自导

---

① 宁虹:《教师教育:教师专业意识品质的养成》,《教育研究》2009 年第 7 期。

② [美]梅斯勒:《过程—关系哲学——浅析怀特海》,周邦宪译,贵州人民出版社 2009 年版,第 12 页。

③ [美]舍恩:《培养反映的实践者》,郝彩虹等译,教育科学出版社 2008 年版,第 63 页。

④ [美]舍恩:《实践理论——提高专业效能》,赵宁宁等译,教育科学出版社 2008 年版,第 5、2 页。

⑤ [美]阿吉里斯:《行动科学》,夏林清译,台湾:远流出版社 2000 年版,第 72 页。

性、回归性的教育实践本身，教师"在实践中实现和证明自身"①。忽视了这一点，任何教师专业成长观随时都可能蜕变为一种想当然的假定与妄想，而非直接参与教育实践建构的变革性力量。

二　自觉训练观：专业成长即指导力的增强

由上可知，专业知能的增长是引发教师专业成长的动因之一，但它难以构成教师专业成长的充分条件和主因，那么，直接与教师专业发展水平呈正相关的因素是什么？日本学者给出的答案是指导力。所谓指导力，是指教师对学生学习、生活、成长等方面的综合影响力与干预力，它包括五个方面："学习指导能力"、"学生指导能力"、"班级管理能力"、"协调能力"和"奉献能力"②。相对于知能增长观而言，基于指导力提升的专业成长观更强调教师对教育知能的综合运用能力，强调教育知能与教育情境间的结合能力，强调教师利用专业知识、现成技能来处置具体教育问题的能力。指导力的提出对于教师专业成长观推进而言无疑是第二次飞跃——从静态专业知能的习得向偏宠实践能力方向的转变。教育活动的实质与本体是学习，是主体间的指导性学习。"指导力"的提出显然是建立在平等、对话、交往型的教学关系基础之上的，它推动了教师发展基点由"重学"向"重用"转移，为教师专业成长观的更新注入了新的内涵。在这一专业成长观中，教师不再是在专业知能学习之后去等待专业成长的奇迹出现，而是自觉地将专业知能付诸实践，磨炼实际的指导力；教师专业成长不再驻足于专业学习，而是将发展重心微妙地移向了课堂与实践；教师专业成长不再是教育知能向教育实践的演绎、推导过程，而是围绕教育实践的一次整合与重组。故此，我们可以将这一专业成长观称为"自觉训练观"。在这一专业发展观中，专业知能对教育实践的权威被削弱了，作为教育知能的使用者与掌控人——教师的地位被拔升。令人遗憾的是，面向指导力提升的教师专业成长观仍然没有完全跳出理性主义的魔掌，回避人"头脑的局限"（布迪厄）、依然痴迷专业知能的魔力、轻视教育实

---

① 宁虹：《教师教育：教师专业意识品质的养成》，《教育研究》2009 年第 7 期。
② 叶林：《日本"指导力不足教师"问题探析》，《外国中小学教育》2009 年第 5 期。

践的育师潜能便是其表现，因之学者们把教师指导力不足的根本归因放在了教师"缺乏教科知识、技术"上①。教师开展学习指导工作的根本依托仍旧是专业的知识与能力，而没人去怀疑专业知能本身的缺陷；这种专业成长观没有彻底放弃教育知能向教育实践的迁移论，只是换用了自觉迁移的面孔而已；基于指导力的专业成长观也没有放弃这一根本立场——教育活动是教师的专业知能向教育实践嵌入、用教育理论驯服教育实践的过程，教师专业成长仍被视为教师用教育观念理论来控制、影响教育实践的主体性力量的增长。

三　自我调适观：专业成长即专业自我的策略性调适

纵观上述两种专业发展观，其共同特点是：以为教育实践是"沉默"、温驯的"羔羊"，始终在坐以待命，听候教育观念的指令，听任教育实践的主人——教师的役使。我们认为，它们都是"规范性范式"在教师专业成长领域中的表现，充其量只能揭示教师专业发展的理论逻辑，而无法揭示教师成长的"内在实践法则"②。要完整理解教师专业成长的逻辑，我们需要借助于复杂性范式和舍恩所言的"行动中反映"，力求构建一种关注教育实践的多样性、模糊性、情境性的教师专业成长观。这就是基于教育实践自身逻辑的第三种教师专业成长观。实际上，教育实践是具有自我生成逻辑与延伸轨道的有机体：一切外来的力量，如观念理论的指令、行为规范的控制必须在顺应这一逻辑、导入这条轨道之后才能发挥预期的教育效能。换言之，实践也是具有主体性、自主性的存在，它有选择地接受教育者的指令，能动地反作用于教师的干预和控制。教师每经历一次教育实践，就要接受一次教育实践的洗礼，发生认识、行为、性向上的相应改变；教育理论与教育实践每相遇、结合一次，它就会被迫发生一次"形变"，发生合实践化、更趋合理的转变。因之，教育实践时刻在改变着教师，改写着教育理念，它就是教师学会教学的蒙师，是其专业成长的伟大导师。正如舍恩所言，与其说实践工作者"像一位被模塑的'专

---

① ［日］文部科学省：《针对指导不力教师的人事管理系统指南》，2008 年 2 月 8 日。

② 余清臣：《权力关系与师生交往》，北京师范大学出版社 2009 年版，第 9 页。

家'，毋宁说像一位试图模塑专家体系的研究者"，因为实践中不时涌现出来的"意外发现"要求他"创造新的规则"①、展示出新的技艺。教师正是在应对教育生活中的"意外"和奇遇中成熟起来的。向教育实践学习，尊重教育实践的内在逻辑和主体性品格，是教师专业成长的首要法则。教师不仅改变着教育实践，也时刻为教育实践所改变，这一切都是教师的意志所难以操控的。专业成长的实质不是要让教师骑在教育实践的头上恣意妄为，而是要自觉倾听教育实践的呼声，使自己在归依教育实践、融入教育实践中实现专业理念、专业思维、专业自我的自构与重构。一句话，教师专业成长是教师面向教育实践的循环互动、尝试摸索、理性探险的一次旅程，是面向教育实践的自调系统、生命机制的培育与坚实。所谓"成长"，它不是指量的积累，而是"增强的反馈"（彼得·圣吉）、良性循环的形成，是主体自我成长能力的递增过程。生命的本性是自我调节、自我修复、自我壮大、自我创造，"新颖性是生命之根"②，应对教育事件的实践智慧的形成是教师专业生命成熟的标识。我们认为，第三种教师专业成长观是一种以呵护与润泽教师专业生命为特征的专业发展观，它的内在机制是：教师专业自我在遵从实践逻辑的基础上，自觉丰富应对教育事件的个性化图式和教育机智，积极破解教师成长面临的一个个难题与困境，形塑其认知、处置教育问题的自然倾向（即惯习），逐渐走向专业自我完善与专业生命成熟的过程。可见，第三种专业成长观是以正视教育实践的主体性地位为前提，以激扬与彰显教师的专业生命力为使命的。可以说，正是由于作为主体的教育实践的存在，教师自我面对复杂教育问题的策略性调适才有了施展空间和展现舞台。如果说教育活动的实践逻辑是教育实践主体性的存在标识的话，那么，教师的专业自我调适、专业生命力趋强则是教师作为自我发展主体的重要标识。第三种教师专业成长观的实质是教育实践主体③与教师主体间发生的一次相依相生、磨合互构、回环

---

① ［美］舍恩：《培养反映的实践者》，郝彩虹等译，教育科学出版社 2008 年版，第 31 页。

② ［美］梅斯勒：《过程—关系哲学——浅析怀特海》，周邦宪译，贵州人民出版社 2009 年版，第 47 页。

③ 此处的"教育实践主体"不是指日常意义上的"教育实践者"或"教师"，而是指"教育实践"本身这一主体，因为本文始终坚持教育实践具有自身的主体地位与主体性。

式互动的过程，"从'程序'向'教师的实践'的转变"① 是第三种教师专业成长观的精髓，它扬弃了自发、迁移、单向式的专业成长观，进而将教师专业成长理解为动态、微观、双向的"人—业"（即"教师—教育实践"）间的磨合、互适、互构过程。可以说，第三种教师专业发展观是一种教师专业自我面向教育实践的自觉调适观，是面向教师专业技艺生成的专业成长观，故简称之为"自我调适型专业发展观"。

第三节　自我调适型教师专业成长观的环节及其构架

作为专业教师教育，其目的绝非仅仅让教师掌握一定的专业知识、专业技能，更是要帮助教师"获得优秀的实践者在处理实际问题时将会表现出的洞察力、价值观和行动策略"②。从知能的自然迁移、指导力的自觉锤炼到教师专业自我的微观调适，教师专业成长的本然意义随之绽放。教师专业成长的目的不是要驯服教育实践，超越教育实践，而是要让教师融入教育实践，与教育实践和谐相处，让专业自我在教育实践中被建构、被呈现、被转变。换言之，教育实践不是教师的敌人，而是教师的同盟与昵友。教育实践是专业知能的"之前"状态，是教师专业成长的根与本。教师与教育实践之间存在着"同命运、共呼吸"的关联，二者互为同构同体的关系，教育实践活力与效能的显现恰恰是教师专业成长的标志。在教育实践中，学会按照教育活动的实践逻辑来调整专业自我，学会顺着教育活动的实践态势来转变自己的教育认识与教育行为，丰富自己的教育技艺，是自调式教师专业成长观的基本内涵。在这一专业成长观中，教师专业发展的三个基本环节是：教育情境、实践环流和实践性理论。

---

① ［日］佐藤学：《课程与教师》，教育科学出版社 2003 年版，钟启泉译，第 394 页。
② ［美］舍恩：《实践理论——提高专业效能》，赵宁宁等译，教育科学出版社 2008 年版，第 8 页。

一　教育情境

舍恩指出，"在真实世界里，实践问题并非以良好的结构展示在实践者面前"，"呈现在他们面前的根本不是问题，只不过是杂乱而模糊的情境"[①]。对专业实践者而言，对情境进行问题"框定"，利用专业的眼光为之求解，是专业技艺形成的前提。教育情境是一种"召唤性结构"（伽达默尔），教师"在每一个教育情境中都要求有所行动，即便这个行动是什么也不做"[②]。何谓"情境"？情境就是"人必须对其作出行动的各种具体细节的总和"[③]。教师的专业成长始于与之直接会面的教育情境，其对教育情境的直觉、理解与反应是专业自我调适的始作俑者。从某种意义上说，"像教师一样"思考教育情境，与教育情境进行对话与周旋是教师改造教育世界的独有手段。正如有学者所言："当实践者与情境材料即兴反映性对话，从而对实践中的不确定地带作出回应时，他们改造了一部分实践世界。"[④] 任何教育行动都是基于教育情境这一背景而展开的，它是教师专业成长难以绕开的一环，无论教师愿不愿意、有意无意。教育情境是教育问题产生的地方，尤其是教育困境，更是教师专业成长动力的发动者和激活者，站在教育情境之内思考教师专业成长问题是自调型专业成长观的首要特点。正如范梅南所言，"困境和困难构成了'有意义的问题'"[⑤]，而问题正是教师即兴"框定"（舍恩）的结果，它是教师专业成长的源头活水。教师不仅生活在教育情境中，构成着教育情境，也为教育情境所改变。然而，教育情境并不直接导致教师专业成长，它对教师成长所形成的困境才是教师专业成长的原动力。这些困境常常是教师自我意料之外的，它让教师产生惊异和焦虑，这种惊异与焦虑就好似"无声命令"迫使教

① ［美］舍恩：《培养反映的实践者》，郝彩虹等译，教育科学出版社 2008 年版，第 4 页。

② ［加］范梅南：《教学机智——教育智慧的意蕴》，李树英译，教育科学出版社 2001 年版，第 54 页。

③ 同上书，第 96 页。

④ ［美］舍恩：《培养反映的实践者》，郝彩虹等译，教育科学出版社 2008 年版，第 32 页。

⑤ ［加］范梅南：《教学机智——教育智慧的意蕴》，李树英译，教育科学出版社 2001 年版，第 143 页。

师对之作出境遇化、智慧性的反应，努力实现其与教育情境之间的动态平衡。可以说，教师的专业成长营养基就是教育情境，"在与之对话的过程中，他自己的方法和理解也被情境所塑造"①，他的整个自我被重构。实际上，教师对教育情境的独特应对方式正是其专业自我存在的本然面貌，二者之间具有一致性或一体性，教师专业自我是一种实践结构而非心理结构，那种脱离教育情境的、恒在的专业自我是不存在的，"自我纯粹是经验之束或经验之流"② 正是此意。因此，教师专业成长不是对那些游离于教育情境之外的理性教育知识、普适教育技能、抽象教育规范的内化与习得，不是教师对学生发展过程干预、指导能力的增强，而是教师因应教育情境的自我调适与自我塑造能力。教育情境是教育实践的发生地，完整的教育实践是境遇化的教育实践，是受教育情境牵连、制约的实践，教育情境时刻在控制着教育实践的状态与走向。就教育情境而言，其根本特点是具体性、流变性、无形性和整体性，与之相应，教师在教育情境中的实践活动必然是一系列个性化、机变性、时机性和策略性的现场行为反应的链接与串连。莫兰的行动环境论指出，"任何行动都逃脱它的作者的意志而进入它所介入的环境中的相互间的——反馈的——作用的游戏"③。这就决定了任何教师教育者都难以在教师身上造就出普适于一切教育情境、教育问题的"万能"素质，不可能在教育实践"之外"或"之前"培养出其对特定教育情境的精准反应能力。教师开展教育活动所需要的大量个体知识与实践图式需要他自己到教育现场去创生，去摸索。故此，教育情境是教师专业自我调适的基点和目标，自调型教师专业成长观的立基点之一是教师针对教育情境及其内蕴教育问题的机智调适与自我重塑。

二 实践环流

当然，教师对教育情境的应对不是直接的、"刺激—反应"式的，而

---

① ［美］舍恩：《培养反映的实践者》，郝彩虹等译，教育科学出版社 2008 年版，第 67 页。
② ［美］梅斯勒：《过程—关系哲学——浅析怀特海》，周邦宪译，贵州人民出版社 2009 年版，第 46 页。
③ ［法］莫兰：《复杂性理论与教育问题》，陈一庄译，北京大学出版社 2004 年版，第 147—148 页。

是以一系列情境定义、情境理解、实践感觉为媒介的。这种"应对"不是建立在彼得·圣吉所言的"细节复杂性"基础上的，而是一种基于"动态复杂性"、开放性回路上的应对。教师专业成长绝非线性的"知能习得——专业成长"或"专业学习——指导力生成"的因果效应，而是多种力量、因素参与其中的"环状因果的互动关系"①。杜威也曾指出，实践即经验形成过程，是"一个人尝试做一件什么事，这件事又可以感觉到反过来作用于这个人"②，是"做"与"受"的连锁反应。因此，现实的教育实践是一个以教师为当事人的"尝试——反馈——调适"的开放环路，是教师即时或周期性地反馈教育效果、调整教育行动策略、重构专业自我的过程。当然，教育实践不止是一个回环，它更是一股向前奔流不息、经验次第涌现的洪流，是回环与流体的统一，故我们称之为"实践环流"会更恰切些。这种基于动态复杂性和环状因果互动的教育实践环流构成了教师专业成长赖以发生的场址。当然，教育实践环流是滚动式前行的，但它绝非分子式的布朗运动，因为教育实践不仅由情境、事物、时间构成，它还离不开人的直接参与。尤其是教师，它只是教育实践的"局部干预者"而已。所谓"局部干预者"，其意即教师尽管不是教育实践的代理人，但他能够对教育实践的构成要素进行自觉干预，从而利用该要素与其他要素间的"整体互动"机制来诱发教育实践的整体性变革③。这样，找到由部分引发全局性变革的"高杠杆解"（彼得·圣吉）和枢纽链环就成了教师干预实践环流走向，实现专业成长的切入点。在实践环流中，教师是通过"在行动中反思，与情境（包括学生、研究者、问题本身、环境等）对话，对问题情境进行重构"④ 的，而实现这种"对话"的桥梁正是情境定义与实践感。笔者认为，教育实践环流的枢纽链环是情境定义与实践感，它们是教师正确应对教育情境，找到合理教育方式的切入点。在教育情境中，教师的专业成长是在"行动——回馈——再行动"

①　[美] 彼得·圣吉：《第五项修炼——学习型组织的艺术与实务》，郭进隆译，上海三联书店 1998 年版，第 80 页。

②　[美] 杜威：《民主主义与教育》，王承绪编，人民教育出版社 1990 年版，第 168 页。

③　整体不同要素，因为要素在互动中产生"涌现"，形成系统。参见彼得·圣吉《第五项修炼——学习型组织的艺术与实务》，郭进隆译，上海三联书店 1998 年版，第 78 页。

④　陈向明：《对教师实践性知识构成要素的探讨》，《教育研究》2009 年第 10 期。

的实践环流中完成的，其大体框架如下：

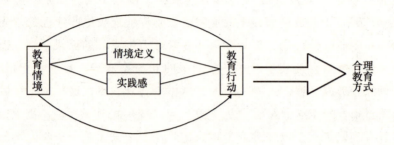

有人指出，"没有人能在脑子里装进整个组织、家庭或社区的事情，我们脑子所装的只是一些对事情的印象和假设"，这就是情境定义。"教育生活是一个不断地进行阐释性思考和行动的实践"[1]，在教育实践中教师完全是凭着自己对教育情境的"框定"、解读与感受来发出教育行动、生成教育策略的。在整个过程中，教师专业成长具有一定的不可控性：教师的教育眼光不同，生活经历不同，认识偏好不同，对教育情境解读出来的意义也就不同，直接导致不同教师在教育行动意图、意向、方式上的差异。同时，教师在教育活动中自然生成的实践感、紧迫感促使教师按照教育实践的内在逻辑与可能性顺势而行，其身不由己状态随时随处可见。实践不是教师想"捏"成什么样就变成什么样，它好似棋盘上的一枚棋子，到底该放在哪里要取决于"棋势"和弈棋者对棋盘整体情势的解读能力。在教育活动中，教师身体是被情境定义和实践感"推"着走的。"社会行动者不一定是遵循理性的，但总是'合情合理'的。"[2] 要找到一种合情合理、效能卓异的教育方式，教师需要在教育情境与教育行动间的来回往复、反馈调适中才能发现。教师的专业成长实际上就是在寻求合理教育方式中逐渐完成的：每一个合理教育方式的寻求既是教师解决教育难题、应对教育困境的必然结果，又是教师专业发展水平的阶段性标志之一。在实践环流中，实践的至上性得到了充分体现：教育理论的功能最终体现在其对教育情境的解释力上，教育技能的价值体现在其与教育实践内在逻辑的

① ［加］范梅南：《教学机智——教育智慧的意蕴》，李树英译，教育科学出版社 2001 年版，第 81 页。

② ［法］布迪厄：《实践与反思》，李猛等译，中央编译出版社 1998 年版，第 175 页。

暗合中。在实践环流中，教师所秉持的教育理论、教育技能都会被实践逻辑修正、优化，都会被教育情境重释、转译、改造。实践环流的存在就决定了教师专业成长绝不可能一次完成，它需要教师在教育情境和教育实践中去不断修正自己的教育经验，创生自己的教育哲学，重塑自己的专业自我。可见，教师专业成长是其教育行动与教育情境间的互动与磨合过程。面向教育情境与实践逻辑的自我调适与策略性应对是教师专业成长的现实过程和真实写照，是教师专业生命成长成熟的必经环节。

三　实践性理论

教育实践的存在是状态与态势的统一体，是内在逻辑与外因干预的产物，不确定性、情境性、恒变性是其本质特征。同话语一样，"实践本质上是个线性系列"，是一个不可逆转的流程，是"一个由事件组成的累积系列，一道既稳定又新颖的经验之流"[1]，教育实践是由"因地制宜、因人而异的具体的个别的体验而形成的"[2]。教育实践就好似一条汹涌奔腾、川流不息、势不可挡的河流，一切不善于顺势利导的外来教育理论都会被它吞没掉，沦为教师的一种装饰品。"人法地，地法天，天法道，道法自然。"（《道德经》）实践逻辑就是教育世界中的"自然"，教师只有效法、依顺这个"自然"才能在教育实践中游刃有余。教育实践需要教育理论来导航，尤其需要那种基于教育实践内在"势头"之上的理论导航，而非那种指令、规范、控制式的导航。我们认为：教育实践需要的理论是一种教师个体自构的微型理论，而非研究者所津津乐道的那种抽离于教育实践、与教育情境相隔离的宏大教育理论。从创制者角度来划分，在教育实践中存在着两种教育理论：一种是专业研究者提出的教育理论，即研究性教育理论；另一种是实践工作者遵行的教育理论，即实践性教育理论。这两种理论在出发点、存在特点、影响教育实践的方式等方面存在着较大差异。研究性教育理论的出发点是立基于教育系统之外，注重从多学科视角

---

① ［美］梅斯勒：《过程—关系哲学——浅析怀特海》，周邦宪译，贵州人民出版社2009年版，第46页。

② ［日］佐藤学：《课程与教师》，钟启泉译，教育科学出版社2003年版，第293页。

来审视教育现象，探究教育问题，给出看待、处理教育问题的眼光、态度与思路，它与教育实践之间始终保持着一定间距和张力。这就决定了它对教育实践的作用方式是间接的，它必须通过为教育实践工作者提供建议、咨询、启迪的方式来实现自身的价值。"实践不是单纯理论应用领域，它也是实践性理论形成的领域。"① 相对而言，教师自构的实践性教育理论的出发点是置身于教育系统之内，遵循的是一种自下而上的理论生成路线，它更注重从教育实践自身发展需要视角来解释教育现象、形成行动策略，其与教育实践之间始终保持着内在互构关系，是教师高度认同、身体力行的一种理论形态。正如彼得·圣吉所言，"虽然人们的行为未必总是与他们所拥护的理论一致，但他们的行为必定与其所使用的理论（即心智模式）一致"②。实践性理论就是教育实践工作者的心智模式与直接行动依据，是一切外来教育观念、规范、理论进入教育实践的中转环节。就两种教育理论间的关系而言，前一种理论必须通过教师自构的实践性教育理论来生效。在自调型教师专业发展观中，教师的实践性理论是其专业发展的核心支撑点，是教师专业自我的基质。一切教师教育活动的目的都直接指向这一内核，教师专业成长的实质就是实践性理论的解构与建构、生成与更新的交替。在实践环流中，教师对教育问题的每一次成功尝试都会对其当下教育行动策略产生强化作用，一系列有效行动策略群集随之构成了教师应对后续教育问题的实践性理论。尽管这种理论对新教育问题解决而言仍是一种准备性、备选性理论，但它毕竟能够减少探索与尝试的次数，提高后继教育行动的成功概率，降低教育活动的成本。当然，教师实践性理论的每一次转变都是多种外来因素合力作用的结果，如在早期学习中从教师身上获得的原初教育经验、从身边同事那里形成的替代性教育经验、自己从教的直接教育经验、从国家教育政策法令中获得的教育知识等，它们都参与着教师实践性教育理论的形成，而研究性教育理论只是其中最具有影响力的一种因素而已。实践性教育理论是教师吸附、接受、整合一切外在教育影响力的总载体，是教

① ［日］佐藤学：《课程与教师》，钟启泉译，教育科学出版社 2003 年版，第 230 页。

② ［美］彼得·圣吉：《第五项修炼——学习型组织的艺术与实务》，郭进隆译，上海三联书店 1998 年版，第 202 页。

师专业成长的直接依托和现实基础。

可见，基于专业自我调适的教师专业发展观是以教育情境、实践环流、实践性理论为基本构成环节的，它们是撑起现代教师专业成长大厦的三块基石。在这种专业成长观中，面向具体教育情境，卷入教育实践环流，自构实践性教育理论是教师实现专业自我调适、更新、完善的基本路径。它超越了机械、单向、迁移性的知能增长观与指导力训练观，构筑了一种依托教师的真实教育实践及其逻辑的复杂成长观，赋予"教师专业成长"一种崭新的认识视角与概念内涵。

第四节　教师专业成长的新逻辑

教师专业成长是一切教师教育活动、系统、机构借以着生的基点和根本，实现教师专业的快速、持续、稳健发展是教师教育制度建设与模式创新的终极使命，教师专业成长的需要、节奏、规律是教师教育实践的元定律。可以说，教师专业成长问题是教师教育的原生点，能否促进教师专业正向、持续、快速发展是教师教育系统是否具有合理性的终端判断尺度。

一　教师专业成长的逻辑困境

近年来，随着科学理性向教师教育研究领域的扩张，多数学者日益认同"教师专业成长是一个知识积累、技能修炼、情意升华、理念植入、自我觉醒的过程"这一观念，致使其对教师发展的实践依存性特征重视不够，由此导致了线性、机械、简单的教师专业成长观一统天下的认识论格局。在此，我们暂且将之简称为"理性主义专业成长观"，其深层逻辑背景就是理论逻辑，正视、改进、超越这种逻辑是当代教师教育改革系统推进的基础。所谓"理论逻辑"，就是指那种相信人的主观意识的至上性和无限能动性，以人对具体事物的抽象认识、理性假定和一般理论为指令对客观世界进行干预、控制和构造的实践思维。在现代教师教育中，这种逻辑获得了统治地位，它刻意将主宰教育理论、教育知识体系的外在逻辑"推销"给教育实践，试图使教育实践的运转受人的主观意志的摆布，进而不断提升教师对教育实践的控制力和主导力。在理论逻辑强势的境遇中，教育实践被视为沉默、温驯的"羔羊"，教师则一跃成为教育世界的设计师和教育实践的总导演，专业知识与教育观念取代了专业"技艺"、实践智慧成为教育实践效能、效率的决定者。

遗憾的是，理论逻辑在教师教育中并非是无往不胜的，建基于该理念之上的教师教育实践遭遇了来自现实的效能性质疑——"教师培训的针对性和实效性还不强"、"教师主动学习进修的积极性不高"等①便是明证，理论逻辑对教师教育的适切性受到了教育实践者的普遍质疑。其实，在教育生活中教师的理性不是持存的，而是断断续续的，它只是"构成世界的经验之海中的一束微细而明亮的闪光"②，只能够"照亮"人实践的部分领域而已，换言之，在大多数情况下，人对实践及其当下的行为是"无知"的，是听任情境化的"非逻辑"来指使的。在专业实践中，不仅教师的专业知识的用武之地是有限的，而且其本身的可传递性是值得怀疑的。作为实践者，新教师不可能经教师教育者传授来获得"他们应该知道的东西"（即"使用理论"），因为"其他人不可能替代他认识，他也不可能经别人'告知'而认识"③，基于专业知识教授的理论逻辑是难以参与教师专业成长的。无视教育知识的效能，只顾埋着头向学生讲授，其结果：在新教师只会发展出一套与教育实践难以接轨、发挥作用的"封闭的话语系统"（舍恩），导致大量反学习、过度学习等无效专业学习的滋生，甚至对教师专业成长产生抑制效应。可以说，这正是当代教师教育实践的隐忧所在。巴纳德也指出：专业实践是一个"非逻辑过程"，实践者"本能进行的驾轻就熟的判断、决定和行动，无须表明遵循了什么规则或程序"④。在教育实践中，如果强说教师在遵循规则，那么，这种规

---

① 袁贵仁：《全面落实以人为本的科学发展观努力建设高素质的教师队伍——在2005年度教师教育工作会议上的讲话》（http://www.jxlx.cn）。

② ［美］梅斯勒：《过程—关系哲学——浅析怀特海》，周邦宪译，贵州人民出版社2009年版，第35页。

③ ［美］舍恩：《培养反映的实践者》，郝彩虹等译，教育科学出版社2008年版，第15页。

④ 同上书，第21页。

则一定是在不断生成中的规则，教师始终处在"接受规则—打破规则—创制新规则"的过程中，始终处在探寻教育实践自生规则、内生规则的途中。因此，教育实践从来都对外加的、宏大的理论逻辑存在抵制本能，它只接受实践自身的、原生的逻辑——实践逻辑。自然，这种"逻辑"不是专业知识、专业技能、专业规则所能描述的，它只能求诸于教师的"行动中反映"、"行动中识知"来实现。从关注理论逻辑走向关注实践逻辑，将教师专业成长建基于教育实践的内生逻辑之上，是当代教师教育变革的真正出路。在实践逻辑的视野中，教师专业成长将获得全新的内涵和崭新的路径。揭开主导教师专业成长的真实逻辑，构筑一种基于实践之流与教育境遇的专业成长观，是校正、弥补、完善理性专业成长观的有效路径。

二　实践逻辑：教师专业成长的新逻辑

教师是一门实践性极强的专业，教师教育是一种专业教育，帮助教师胜任专业实践的需要是教师教育赖以存在的根基。教师专业成长是教师影响教育实践态势与走向能力的增长，教育实践的内在生成规则才是教师专业成长的根本立基点。实践逻辑不同于理论逻辑，二者具有不同的着生环境：前者是实践本性的反映，后者则是认识规律的再现；在教育认识范畴，理论逻辑独占鳌头，维系着教师主观世界的秩序，并赋予其"一致性"的认识论法则，而在教育实践领域，自生、自构、自在的实践逻辑控制着客观教育世界，赋予其索引性、流体性、涌现性的存在特征。所谓实践逻辑，它是"不是逻辑的逻辑"[①]或"非逻辑"，是教育活动的自然生成法则，是实践活动的现实状态、情势对其可能走向的种种规约与限制。赵汀阳指出，任何事物、活动都是"形"与"势"的统一："形"是指事物、活动的现实性，"势"则是指该事物、活动内蕴的自然态势、可能走向与发展惯性，"给定的'形'和潜在的'势'"[②]。实践逻辑是指

---

① ［法］皮埃尔·布迪厄：《实践感》，蒋梓骅译，译林出版社 2003 年版，第 133 页。
② 赵汀阳：《"欧亚"概念作为一个互惠利益最大化的策略——Eurasia, Pacifica 和 Atlantia 的文化政治分析框架》（http：//pku–edu.51traffi3.com/academic/ccs/duihua16ou–1–1.htm）。

事物、活动的"形"对其"势"的内在限定与自然制约性。在教育活动中，实践逻辑使人的教育活动超越了其原初的行动意图，受实践之"势"的无形控制，成为一种最终结果不得而知的探索性教育行动。专业成长是教师的专业品性在教育实践中的成长，是实践逻辑无声引领的结果，依循实践逻辑来导引专业成长是教师专业发展的实然路径。我们认为：教师专业成长依附于教育活动的实践逻辑之上，当代教师专业发展的走向就是要摆脱理性逻辑的统治，顺应实践逻辑的要求与本性，与教育实践融为一体的新型专业成长观的支撑。从实践逻辑的角度出发，教师专业成长具有了崭新的内涵。

（一）专业成长的起点：个性化实践图式的创生

佐藤·学指出："教育学关于教师的话语一直围绕着'教师应当如何？'的规范性逼近"，而非"'如何才能成为教师？'的生成性逼近"[①]。换言之，教师专业成长的主题不是"应该怎样发展"的问题，而是"教师意味着什么"、"教师实际怎样成长"的问题。在实践逻辑面前，教师的自主意识是有限的，是"间歇性的"[②]。在教师成长中，真正支配教师身体与行为的是"虽有所准备但仍不断被情境因素所修正或改变的意向的支配"[③]。在这种情势下，教师专业发展的直接目的是学会在具体教育情境中形成行之有效的实践图式。所谓实践图式，它是教师在教育活动中形成的一种能够有效解决教育问题的相对稳定而又不断变化着的行动方式。石中英指出："实践活动的原则不是一些能意识到的、不变的和形式化的规则，而是一些经文化的长期积淀而形成的实践图式，这些图式是自身模糊的并常因情境逻辑及其规定的几乎总是不够全面的观点而异。"[④]这些实践图式正是教师在应对一个个教育问题中被证明富有效能、大致定型的教育策略。实际上，图式与策略之间还是存在一些细微差异的。策略

---

① ［日］佐藤学：《课程与教师》，钟启泉译，教育科学出版社 2003 年版，第 206 页。

② ［美］梅斯勒：《过程—关系哲学——浅析怀特海》，周邦宪译，贵州人民出版社 2009 年版，第 21 页。

③ 石中英：《论教育实践的逻辑》，《教育研究》2006 年第 1 期。

④ 同上。

是图式的形成基础与构成单位，图式则是围绕特定问题解决而形成的一系列有效策略的链接与复合；策略是可意识、可言传的，图式则是难以描述、只可意会的；在教育实践中教师直接掌控的是行动策略，实践图式则是该策略与实践活动其他构成要素，如教育情境、教育主体等有机匹配、自然整合的产物。对教育实践而言，教师需要形成的是图式而非策略，策略只是教师专业成长的起点与手段，而非主要目的。教育实践是按照自我逻辑展开的，是义无反顾、从容前行的，教师只有创造出能够有效驾驭教育实践走势的实践图式才可能使之向着教育工作所期待的方向高速前行。所以，教师专业的成长就是其应对教育实践的有效实践图式的创生与丰富，就是不断探寻合理教育方式并使之最优化的过程。显然，每一个教育实践图式的形成都是通过多次"教育情境——教育行动"之间的反复尝试、行动中反映和回馈调适来实现的。在整个过程中，表面上看似乎教师在寻求解决具体教育问题的教育方式，从其背后看却是教师实践性教育理论与个性化实践图式的生成与更新过程。教育情境的独特性、教育实践的不可逆性、实践性理论的伴生性，决定了教师专业成长成熟的直接表现是一系列个性化教育实践图式（即舍恩所称的"技艺锦囊"）在教师身上的创生过程。在这个过程中，教育知识、教育技能只能对之产生辅助功能，而难以命令、控制教师实践图式的生成方向。也就是说，只有将教育理论观念融入到教师对教育情境的定义与实践性理论的形成之中，将教育技能、教育策略创造性地嵌入教育活动的实践逻辑之中，并催生出一个个具体教育实践图式时，教师专业成长才能获得坚实的物质依托。

（二）专业成长的核心机制：教育惯习的形塑

教师专业成长的起点是生成应对具体教育问题的实践图式，而其最终目的却是改变教师应对、处置后继教育事象、难题困境的自然倾向，即"主动地调整自己的活动，借以应付新的情况的能力"[①]。这就是他参与教育生活的教育惯习。教育活动是复杂的，细节复杂性与动态复杂性是这两种复杂性的直接体现。在教育实践中个性化教育实践图式只是

---

① ［美］杜威：《民主主义与教育》，王承绪译，人民教育出版社1990年版，第61版。

教师应对具体教育情境、教育问题的产物，生成相对稳定的、能够有效应对动态复杂性的教育惯习则是教师专业成长的终端目的。所谓惯习，是指人在生活情境中的"某种性情倾向、某种趋向、某种习性"①，是人应对面临问题的自然倾向。进言之，教育惯习是教师在教育生活中看待、处置、应对一类教育问题的一般性倾向，它不同于教育习惯。教育习惯是教师"无意地采用先前的行为方式的倾向，它是在不断重复的情况下出现的一种自我维持的行为方式"②，其主要任务是实现教师专业自我的复制与再生，为教师提供一种"本体性安全感"；教育惯习则是教师在长期教育生活中形成的"开放的性情倾向系统"，是一种"结构形塑机制"，它"不断地随经验而变，从而在这些经验的影响下不断地强化，或是调整自己的结构"③；教育习惯具有较强的惰性，而教育惯习则是"一种习得的、持久的和生成性的潜在行为倾向系统"④，是教师在教育实践链环中不断调适的产物，它先天具有一种因应教育情境自然调整、自在构成的实践秉性。可见，教育惯习具有一种解构与建构交替推进的自塑机制，它能帮助教师不断自我更新，始终保持着对外在教育情景的适应性和创造性。可以说，它就是教师专业成长的内在机制和秘密！实践逻辑的存在使教育实践始终呈现出一种自然发展的走势。在这种走势面前，教师对教育活动所抱有的预期目的是很难实现的，因为直接决定教师教育行为的是各种即时性的"教育意图"，其"在观念上可能是不清晰的，在价值上也缺乏充分的论证，在形成时可能更多地受到情境因素的影响"⑤。面对教育实践的自然"态势"，教师需要不断改变自己应对教育情境与问题的身体化倾向与心智模式（彼得·圣吉），这就需要教育惯习。"惯习遵循实践逻辑，尽管这种逻辑含混不清，但它却勾勒出了与世界的日常关联"⑥，教育惯习与教育实践逻辑的要求是密切

---

① ［法］布迪厄：《实践与反思》，李猛等译，中央编译出版社 1998 年版，第 71 页。

② 王琴：《习惯的力量——个体习惯、规则和经营惯例》，《上海管理科学》2003 年第 3 期。

③ ［法］布迪厄：《实践感》，蒋梓骅译，译林出版社 2003 年版，第 178 页。

④ 同上书，第 77 页。

⑤ 石中英：《论教育实践的逻辑》，《教育研究》2006 年第 1 期。

⑥ ［法］布迪厄：《实践与反思》，李猛等译，中央编译出版社 1998 年版，第 24 页。

一致的。教育惯习既能将教师对教育情境的定义方式与实践图式储存、积淀下来，又能够随着教师的实践经历与经验结构自动调适与重构，这就是教育惯习的优势所在。教师专业成长的实践逻辑实际上就是基于教育惯习形塑机制的一种教师成长方式，它充分尊重了教育实践的独特性与主体性，找到了教师成长与教育实践间的内在接合点。教师的教育实践是教育惯习的产物，而非教育认识的产物，教师专业成长实质上其实就是新教育惯习在教师身上的生成与转换。改变教育惯习，修炼心智模式，形塑教师应对教育情境与问题的自然倾向与自发反应方式，是教师教育系统的工作方式。

（三）专业成长的原动力：实践感的内在驱动

在教育实践中，促使教师专业成长的动力具有多源性，我们可以将之大致分为三类：外来的专业社会化压力、教师自身的成长需要和实践感的无声驱使。从不同动力源出发，教师专业成长具有了不同的路径：外来的教师专业社会化压力促使教师专业走上了一条应激型、适应型的成长道路；教师自身成长的内在需要促使教师专业走上了一条反思型、研究型的成长道路；实践感的无声驱使促使教师走上了一条自然自调、顺势利导的成长道路。相对前两条道路而言，实践感对教师专业成长的推动主要是通过实践活动内在的紧迫性、连锁性来刺激、带动教师专业成长的。所谓"实践感"，就是指"先于知觉的，从现有状态中解读出场域所包蕴的各种未来可能的状态"，是"自发地预见所在世界的内在倾向"，是"世界的内在性……将其紧迫性强加于我们"[①]。对教育活动而言，实践感就是教师在教育实践中身不由己、顺其自然时产生的一种紧迫感和整体感。在进入教育实践之前，无论教师对教育实践抱有什么企图、目的与想法，一旦进入教育实践的感觉之中，这些主观意图都可能会走形。实践感会使人不由自主地陷入随波逐流的旋涡，教师只能根据在实践情境中即兴生成的意念、意象来"跟着感觉走"。实践感的存在不容得人花更多时间来运用理论与规范，静下心来反省，做出理性的行动。正如怀特海所言，人"仅仅断断续续地是理性的——仅仅是有理

----

① ［法］布迪厄：《实践感》，蒋梓骅译，译林出版社 2003 年版，第 23、22、101 页。

性的倾向"①。应该说，由实践感所产生的紧迫感与内驱力是教师的教育实践全程中一以贯之的动力，它确保了教育实践自身的连续性，是教师的所有其他发展动力的生效媒介和凭借对象。来自外界的专业社会化压力和教师自身的内源性发展动力只有在与源自实践感的内驱力相协同、相契合时才可能转化成为教师专业成长的现实驱动力。因此，实践感是促使教师专业成长的原生性驱动力。在过去，我们自信地认为：只要社会善于向教师施压，只要教师具有了专业化的自觉，教师专业成长就能轻易实现。实则不然，这些要求对教师而言无论是外在的还是内在的，都必须经由实践感的中转与传递才能到达教师。客观地讲，教师是教育实践的构成者，尽管他不可能无限度地改变教育实践的内在发展势头，但他可以塑造教育情境，改变对教育情境的解读方式。一方面，教师可以改变教育情境的构成要素，以此间接影响其实践感，最终改变教师对教育事件、对象的反应方式；另一方面，教师可以换用积极的心态来解读教育情境，影响实践感的性质，促使教育实践朝着对我们有利的方向发展。因之，驱动教师专业成长的根源性动力不是教师的自觉自省，而是源自实践感的驱动力。

(四) 专业成长的基本途径：教育实践的自然育师

在专业成长中，教师的第一任教育者不是培训者，而是鲜活、流变、易逝的教育实践，教育实践就是"教师专业发展的核心课程"②。作为一种专业教育，教师教育的目的是要教会新教师学会"像教师一样思考"，这一目的的达成主要是通过教育实践来实现的，"实践在教学生如何专业地思考的过程中发挥着重要的作用"③。换言之，教育实践是教师学会教学的伟大导师。教师不仅被自己在教育实践中生成的情境定义所改变，还被教育实践的要求、召唤、流程所改变。在教育实践中，教师的专业自我

---

① [美]梅斯勒：《过程—关系哲学——浅析怀特海》，周邦宪译，贵州人民出版社2009年版，第18页。

② 朱元春：《对教师教育中教育实践的重新审视》，《教师教育研究》2007年第5期。

③ [美]克里斯·阿吉里斯、[美]唐纳德·舍恩：《实践理论——提高专业效能》，邢清清、赵宁宁译，教育科学出版社2008年版，第174页。

向教育实践"参与式开放",伴随性学习随之发生,教师的整个身心为教育实践所改变、所教化。莱夫等人指出:"学习即实践参与。"① 教育实践是教师最伟大的导师,是教师无法拒绝的一种教育力量。教育实践负载着强大的教育潜能,卷入其中的每一位教师都会受到它的习染与教化,它是教师学会教学、学会如何为师的终身教育者。当置身于教育实践中时,教育实践的紧迫感激活了教师整个身心,要求他围绕眼前教育问题全面敞开、全力以赴地应对,教师的专业自我随之受到了挑战与冲击,被迫全部呈现、暴露在教育问题面前。当教师全力依托自己的经验、图式、策略、智慧来解决现实教育难题、攻克教育困境时,其自身的经验系统、认识框架、自我形貌、教育信念等也随之被改变,教师发生了实实在在的转变与重塑。如果说不经历教育实践,单凭教育观念输入、教育技能修炼、教育情意培育,教师参与教育实践的真实样式就可能被改变的话,那是不可信的。教育实践对教师而言具有亲身性、整体性、同体性,其对教师的化育功能是自然、深刻、立体、同步的,上述教师教育活动对教师成长的影响只可能是局部、边缘、肤浅、做作的,它们难以引发教师全面而又真实的转变。与之相应,其对教师专业成长的影响力和促动力是有限的。教育实践与生俱来就具有一种素朴的教师教育功能,它与教师专业成长相依相随、相伴相生、交互作用,推动着教师不断走向专业的成熟。教育实践的自生逻辑要求教师正确地看待自我的能动性与实践的主体性之间的关系,要求教师面向教育实践来灵活调整专业自我,重视教育实践对教师自我的反向塑造功能。这就是教育实践的内蕴育师功能。每经历一次实践,教师就会发生一次转变;每经历一次实践的洗礼,教师就会变得更成熟一些。在参与教育实践中不断成熟是教师专业成长的基础性方式,一切教育知识、理论只有通过介入或干预教师的教育情境定义才能进入教育实践育师的原始链环,一切预定教育技能只有被接入到教师应对教育问题的实践环流中去时才可能进入实践育师的自然链环,产生预期的教育功能。教师专业成长的基础性途径是实践育师,一切教师教育方式都只有在植根于、建基于这一机制之上时才能生效。

---

① [美]莱夫:《情境学习:合法的边缘性参与》,王文静译,华东师范大学出版社 2004 年版,第 12 页。

（五）专业成长的关节点：释放教师的实践创造力

对实践逻辑的遵从，对教育惯习的倚重并不是要重蹈经验成师、自然成师的覆辙，而是要改变教师在教育活动中对其创造力、想象力与精神意志力的释放方式。实际上，面向实践逻辑的自我调适型教师专业成长观更加重视教师主观能动性的发挥。实践成师不是经验成师。经验成师的途径是自然教育经验在教师身上的缓慢积累，是让教师成长接受教育经验惯性的控制，实践成师则是让教师在探索性活动中成就教师，让教育机智、教育创意成为教师专业成长的生长点；经验成师是教育实践统治教师、驯服教师的成师之道，实践成师则强调的是教师对实践之"势"的因势利导，尽可能让教师的教育意图借助于教育实践自身的力量来实现。教育实践的展开是无程序、无模式、无常态的，与之相应，因为教师工作的最大特征就是"不确定性"，它"无非是体现了教育实践的语境依存性、价值多元性和理论复杂性"[1]。面对教育实践，教师需要的是教育智慧、教育策略、教育创举。用机智、创意来创造个性化的实践图式，促使教育惯习的新生与形塑，是教师专业成长的关键链环。尤其是教育策略，它在教育惯习转变中具有特殊意义。策略不同于程序，"策略是在审察形势的确定性和确定性、大的可能性和不大的可能性的情况下制定的行动方案"，"策略性计算"能将"惯习以自己方式运作的过程提到了自觉的层面上"[2]，适当教育策略的形成是教师在教育实践洪流中激流勇进、游刃有余的必然选择。同时，在情境化、个体化的教育实践中，教师更需要的是"智慧性行动"而非"反思性行动"，因为"前者以智慧的方式对它的行为关注，而不是从情境中撤出来反思各种办法和行动后果"[3]。教育机智是教师针对特定教育问题、教育情境的一种身体化反应，是教师"身体的实践语言"（范梅南），是教师实现专业自我调适的必经之途。教育活动的实践逻辑的凸显要求教师必须练就一种以变应变的教育机智，努力将自己在教

---

① ［日］佐藤学：《课程与教师》，钟启泉译，教育科学出版社 2003 年版，第 212 页。

② ［法］布迪厄：《实践与反思》，李猛等译，中央编译出版社 1998 年版，第 177 页。

③ ［加］范梅南：《教学机智——教育智慧的意蕴》，李树英译，教育科学出版社 2001 年版，第 146 页。

育活动中的创造性张力发挥到极致的程度。可见，教育策略与教育机智的运用是教师增强对教育实践态势的驾驭能力与对教育问题的应变能力的关节点，是践行自调型教师专业成长观的着力点。

　　在这一新型教师专业成长观的指引下，我们认为：教师专业成长力是在教师的教育实践中形成并发展起来的，离开了教育实践这一"大课堂"，教师专业成长力既无源头又无平台。立足于教育实践，从教师的实践感、实践性知识、实践逻辑来思考教师专业成长力问题是一种高屋建瓴的选择。

第三章

教师专业成长力的理论框架

　　从"现象描述"走向"深层动力学探究"是推进教师专业成长研究的客观要求。教师专业成长力是一切导致教师专业发展的力量的合成，是教师专业发展的积极势头及其应对教育实践的专业潜能。教师专业成长力由生发层、操作层和实践层构成，成长驱策力、成长操作力和成长聚合力是其具体表现内容。教师专业成长力具有累积性与延展性、波动性与高峰期、持续性与阶段性、潜隐性与综合性等特征。

　　成长是事物的自然倾向，它是指"随着时间的推移向着圆满成熟的生长"①，是内力与外力交互作用、同化与异化相互博弈的结果。教师专业的成长亦是如此。一旦教师主体与教育环境间的失衡现象发生，教师专业成长势必会发生。从根源上分析，这种"失衡"一般源自两种情况：其一是由于教师主体能动性或成长欲望的日趋强烈，致使他强烈要求用一种更为有力、有效的方式来驾驭、利用外界教育环境；其二是由于教师应对教育环境的乏力感的产生，驱使其产生了自我改进与提升的要求。无论是哪种原因，它都催生着教师专业成长力的产生，因为"力"才是促使教师专业成长、成功的终端原因。当教师就要当好教师，而"好"的含义就是"专业水平高而且一直处于不断进步发展中"②，好教师是专业成长力驱策的结果，是始终葆有较高专业成长力的高水平教师。我们认为：教师专业成长研究是支撑教师教育系统的专业母机，是构架教师教育系统这一"上层建筑"的根本依托与元定律。可惜的是，当前学者对教师专

---

　　① ICBA 词典（http：//www.iciba.com/）。

　　② 秦力：《教师专业成长的原点思考与徒步前行》，《人民教育》2010 年第 17 期。

业成长问题的研究仅限于"现象描述",局限于将之视为"这一个或一些抽象的规定的达成"①,仅仅注重从"专业知、能、情"等指标增长角度来给出"教师怎样成长",却非从深层动力学角度探明"教师为什么成长"。为此,从"教师专业成长"研究转向"教师专业成长力"研究,转变教师专业研究视角和关键词,是推进教师教育实践纵深发展的一条门径。

第一节 从企业成长力到教师专业成长力

成长力是企业管理学界研究的一个热门话题,成长力强弱是衡量一个企业发展后劲、潜在实力的一个关键性指标。当前,部分教育界学者开始将"成长力"概念应用于对教师专业发展的研究中,学者寄希望于通过该研究来培养教师的自主发展能力,加速教师专业发展的进程。总体来看,国内外对教师专业成长力的研究刚刚开始,集中、深入的研究还未展开。为此,我们试图从企业界对成长力的相关研究来展开。

从国内来看,学者们普遍认为:成长力就是企业持续获利的能力,企业的成长力是指"企业在与内外环境的动态匹配中,不断优化资源配置,持续提供社会功能,实现可持续发展的能力,其约束条件颇多,但总体上可归结为环境力、企业家能力、资源力、制度力、管理力和创新力"(赵冉:《企业成长力的阶段性评价》),就是指"企业对内外部各种资源充分利用的能力"(李宝林:《企业更要有成长力》),它是"企业成长的促进力(动力)和抑制力(阻力)的合力所可能产生的推动企业发展的能力、能量和发生的作用"(黎志成:《论企业成长力及其形成机理》),等等。在企业成长力中,学者们热议的一个概念是学习力,可以说,学习力(包括个体学习力与组织学习力)是成长的核心构成,它包括"吸力、引力、改力、创力、信力、化力、继力、容力、承力、防力和解力等"(彭希林等:《论学习力》)。在此基础上,一批教育学者开始研究教师的

---

① 姜勇、华爱华:《柏格森"生命哲学"视野中的教师发展观》,《外国教育研究》2010年第1期。

成长力问题，如胡明珍指出，教师的思考意识和研究姿态是教师成长的潜质和专业成长力；教师的专业成长力实际上是一种"自我执行力"，即一种自我监督、自我约束、自我激励的"力"（林金炎：《专业成长需要"自我执行力"》）。值得关注的是陈平的研究，他所言及的教师"发展力"实际上是教师"专业成长力"的代名词。陈平在《人民教育》上撰文指出：发展力是当代教师的生存力，不断学习、不断进取、不断自我更新、不断自我超越的能力，就是发展力，教师的发展力决定了他对社会的价值。可见，这些研究关注的不仅仅是教师专业发展的结果和状态，更关注的是教师专业发展的可能与潜能，如何确保免费师范生在入职后保持积极、正向、强劲的专业发展势头是研究其专业成长力的目的所在。

再从国外来看，美国学者保罗·托马斯在其《成长力——寻求解决企业成长问题》中指出，一个成功的企业应该具备五种力——竞争力、执行力、成长力、生命力、学习力，没有这些"力"的存在和培育，企业发展很快会走向暮年。另两位美国学者——普拉哈拉德和哈默尔也对成长力做过一些研究，他们认为：企业中的个体学习力和组织学习力是成长力的关键要素。对教师专业成长力研究而言，格拉特霍恩（A. Glatthorn）的"教师发展影响因素论"很有借鉴意义。他指出：影响教师专业成长的因素主要有三类，即与教师个人相关的因素，与教师生活、工作相关的因素，与促进教师发展的特殊活动相关的因素。因此，为教师专业成长提供相应的支援性环境、坚定教师的教育信念、经常反馈等是培养提升教师专业成长力的有效举措。当前，世界各国为了提高教师的专业成长力出台了许多有效的计划与战略，如英国在世纪之交提出了一系列教师专业发展计划，如"教师国际专业化发展"（TIPD）计划、"最佳实践研究奖励金"计划（BPRS）、"早期专业化发展"（Early Professional Development）、"在职训练课程奖励"（Award-Bearing In-Service Training Courses）、"专业化发展记录"（Professional Development Record）等（Angela Horto，2003）。应该说，这些研究为深入探讨免费师范生专业成长力的职后提升问题奠定了研究基础。

基于上述认识，我认为：教师教育的最终目的是增强师范生的专业成长力而非单纯的专业理论、专业技能、专业情意教育；师范生专业成长力提升的主阵地是入职后的职业实践，以开展师范生入职后专业发展指导服务的方式参与基础教育改革，延伸教师教育服务，是师范院校在教育改革中立于不败之地的重要途径；师范生的专业成长力是学习力、成长力、精神力的相互嵌入、动态交融的产物；提升免费师范生专业成长力的根本途径是构建师范生与大学之间的共同体关系，多渠道增强师范生在课堂教学实践中的求新意识、应变智慧和专业体验，完善基于学习型组织的教师专业发展制度体系。

第二节　教师专业成长力的多维考察

如上所言，"成长力"概念早已有之，在企业成长研究领域成长已经是一个企业界耳熟能详的词汇，它也被称为发展力、核心竞争力。企业在竞争环境中生存，要在平等较量中获得竞争力就必须培育自己的利润增长点和比较优势，培养一种"人无我有，人有我有"的独特文化或拳头产品。这就需要研发和创新，需要观念精神的更新，每一次创新和更新都使企业获得了暂时优势和积极发展势头，使企业获得了更为强劲的生命力。这就是成长力。企业的昌盛是企业成长的结果，而企业的奋斗则是企业成长力的未来，企业成长力只与未来相关，其效力的呈现是滞后的；企业要在未来取胜，就必须当下关注自己的成长力。在企业管理研究领域，成长力研究获得了很大成功，重视企业发展潜力挖掘、为企业未来发展蓄积力量、重视企业生命力培育成为企业成长力研究成果实践化的表现。近年来，成长力概念开始向教师发展研究领域渗透，培养成长型教师、培育教师的学习力、成长力等观念开始进入专业期刊文献。遗憾的是，这些研究几乎都限于感性研究、经验，理性分析、专业探究的成果较为少见。

一　企业成长力的启示：如何理解教师专业成长力

我们认为：用成熟的企业成长力研究成果来分析教师专业成长力现象是一种直击其主题、高屋建瓴的有效研究策略。借鉴企业成长力和教育界的相关研究成果，我们可以这样理解教师专业成长力：

（一）教师专业成长力是教师专业发展的势头

许多企业管理者认为，成长力是"在对企业现有内部和外部资源的评价基础上，对企业在未来一段时间内企业生命力和发展潜力的预测，表征的是企业未来发展趋势和潜力"①。在这个意义上，教师专业成长力是指教师在教育实践中表现出来的发展态势与潜能，是其应对未来教育工作与情境的潜在优势与专业爆发力。任何事物都是有发展势能的，其存在是当下之"形"与未来走"势"、实然与应然的统一和复合。对特定事物而言，在其发展中所呈现出来的各种可能性表现为事物发展的倾向，其中占主导、最有力的一种倾向决定着其发展方向和走"势"。教师专业发展的势头有积极与消极、强与弱之分，教师专业成长力特指教师专业发展的积极势头，这种势头的强弱表征着教师专业成长力的大与小。教师专业成就是长期积淀、蓄势待发的结果，促使教师优异专业技艺与表现出现的一股专业发展内力，这就是专业成长力。这股力量的聚集地越多，其与教育实践需要之间的"落差"越大，教师专业发展的方向就越明确，态势就越强劲。

（二）教师专业成长力是"惯例积木"的自塑能力

有企业发展研究者认为，成长的核心是"企业惯例积木"的形塑。所谓"惯例积木"，是指"在实践的基础上，企业形成的处理和解决问题的方式、程序、规则，是企业经验的总结和凝练。它具有动态性，因适应环境变化而改变，为促进企业成长服务"②。企业成长的直接表现是通过对其惯例积木的自调来实现对外部环境适应力的提高。从这一视角看，教师专业成长力就是教师对自己的教育惯例，包括既有教育意识与教育图式（即舍恩的"技艺锦囊"）的自调与选配能力。教师在"成长"的标志有两个：其一是他在模糊、变动、冲突的教育情境面前表现出适应性。这是一种消极适应，表面上看似乎教师没有发展，但实际上不断形成中的实践、情境在"拖"着他走；其二是他在当下教育情境面前表现出的超前

---

① 李柏洲、孙立梅：《论企业成长力与企业竞争力的相互关系》，《科学学与科学技术管理》2004 年第 11 期。

② 同上。

性与超越性，这是一种积极适应，是教师"领跑"教育实践。专业成长就是提高教师对教育实践、教育情境的适应度，这要靠教师对自己教育惯例的调适来实现。教师无法"命令""呵斥"教育实践，他唯一可以控制、型构、干预的是自己的教育惯例，教师对自己教育惯例的形塑力就是教师专业成长力。显然，教师教育惯例的塑造与变形正是通过学习、探索、自省来实现的，它们构成了教师专业成长力的具体类型。

（三）教师专业成长力是教师持续提高教育效能的能力

当今企业发展领域的研究专家保罗·托马斯认为，成长力是企业持续获利、永续经营的能力，是实现企业自我增值、增量的能力。[①] 对教师而言，其劳动价值的最终体现是学生的发展，是学生心智、德性、身体财富的增值。这就是教育效能。与之相应，教师专业成长力就是教师持续提高教育教学效能的能力。教育活动具有"价值导向性、情境依赖性、背景丰富性"[②] 的特点，教师在职前教育中所获得的专业知能肯定难以满足职后复杂教育实践的需要。正如舍恩所言，"实践的常规之外存在着不确定性的沼泽地带，这一地带超越了我们教科书的标准"，故专业教育的效能是有限的，它不可能完成对专业核心技艺教授的使命。针对这些知识、技艺的学习，教师"只有通过自我教育才能学会"，"只有通过开始去做他尚且不理解的东西，他才能教育自己"[③]。因此，教师必须具有一种自我发展、自我教育的能力才可能成长为成熟的专业实践者，努力实现自我与环境间的增循环。教师的这种自我发展、自我更新能力就是专业成长力。在实践中，有些教师改变专业自我的愿望迫切一些，方式科学一些，速度快一些，其专业成长力就稍强一些，否则，其专业成长力就弱一些。

（四）教师专业成长力是专业促进力与专业阻碍力的合力

有学者指出，企业是一个具有多个受力面的社会有机体，在这些力量

---

① ［美］保罗·托马斯：《成长力——寻求解决企业成长问题》，源泉译，国际文化出版社2004年版。

② 陈向明：《对教师实践性知识构成要素的探讨》，《教育研究》2009年第10期。

③ ［美］舍恩：《培养反映的实践者》，郝彩虹等译，教育科学出版社2008年版，第4、85页。

中至少包含两种反向力量——促进企业成长的企业促进力与抑制企业成长的阻碍力。企业的成长归因于其在市场中"所受到的合力大于零",企业成长力是企业合力的函数,它决定企业发展的趋势和加速度。[①] 对教师而言,是走向专业成长还是"专业萎缩"是由专业成长力决定的,它也受制于这两种力量:来自专业倦怠、"少年老成"、"挫败感"、"习得性无助"[②] 等的成长阻力(或成长摩擦力)与来自自身成就愿望(成长内驱力)、学生召唤、同事鼓励(成长外驱力)与学习探索方面的成长助力。正如有学者所言,"学生是教师专业成长的持久动力源,是教师专业成长的期待者、见证者、评判者、促进者和受惠者"[③],学生的无声召唤是教师专业成长的重要促进力。教师专业成长力是在两种力量的消长与磨合中实现的,一种正合力的形成是决定教师专业成长的关键。

(五)教师专业成长力是教师在教育实践中表现出来的促使其可持续发展的综合能力

企业成长研究者认为,企业成长源自其核心竞争力,它是员工"一系列的知识、经验和技能等的组合优势",它由企业的三种力量——文化力、学习力和创新力叠合而成。[④] 学校、班级与企业一样类似于一个生命体,学校成长力是指"促使学校成为自主、自为、自律、可持续发展的文化主体的能力",是"学校这个生命体的 DNA"[⑤],而班级成长力是一种具有多层次、多面性的"综合发展力",其内核层是班级发展的内驱力和同化力,其中间层是班级的学习力、管理力、执行力、创新力,其外显层是班级的竞争力和影响力。教师是班级、学校的构成元素,是学校成长力、班级成长力的生力军、原动力,教师发展与班级发展、学校发展具有共存共生的关系。与之相似,"实践是理解教师专业并使其获得普遍认同

---

① 李柏洲、孙立梅:《论企业成长力与企业竞争力的相互关系》,《科学学与科学技术管理》2004 年第 11 期。

② 秦力:《教师专业成长的原点思考与徒步前行》,《人民教育》2010 年第 17 期。

③ 同上。

④ 方文敏、张晓林:《基于学习力的企业核心竞争力研究》,《商业时代》2007 年第 13 期。

⑤ 程红兵:《建构学校核心发展力》,《上海教育》2007 年第 3A 期。

的基础和教师专业发展得以实现的途径"①，实践的综合性、复杂性就决定了教师专业成长力必须具有综合性，它是教师利用一切经验认识、智慧资源、人格品性、社会关系等来全力提高教学效能，促使其专业持续、快速、平稳发展的能力，是教师通过自我驱动、自我学习、实践创新、竞争合作来实现专业素养持续更新的能力。专业成长力就是教师一切职业能力的能源部和支撑点，是促动教师专业成长的一切动因的聚合点。

二　生态学的启示：教师专业成长力的另类考察②

教育生态学（Educational Ecology）这一学术语是美国哥伦比亚学院院长劳伦斯·克雷明（Lawrence Cremin）于 1976 年在《公共教育》（Public Education）一书中提出来的，且用了一章篇幅来论述。在现有的教育生态学的理论体系中，侧重分析与研究的是，教育生态系统中的各种生态因子对受教育者（而非教育者）这一生态个体和群体的各种影响。然而将视野投放到教育生态学和教师教育研究领域中，有研究者基于交叉的视角探讨过教师成长的各种生态环境（包括自然的、社会的、规范的、生理的、心理的），尽管研究视角也出现了从宏观到微观的转向，但教师成长力是教师教育研究领域中的一个新课题。

（一）教育生态学视域下教师成长力的概念界定

教育生态学以教育学和生态学为其理论基础，从生态学的视角来考察教育，依其原理，将教育现象放到自然环境、社会环境和规范环境中，研究各种教育生态系统及其生态因子对教育的作用和影响，剖析教育的生态结构，阐述教育的宏观和微观生态、生态功能等，进而掌握教育发展的规律，揭示教育的发展趋势。总之，教育生态学是以其学科独特的视角分析教育生态系统中的诸多教育存在、现象以及教育问题，且有学科的研究对象、基本原理及规律，并形成了一定的学科理论体系。其中主要的基本原

---

① 宁虹：《教师教育：教师专业意识品质的养成》，《教育研究》2009 年第 7 期。
② 注：本部分由作者和陕西师范大学研究生吕康青同学合作完成。

理与规律有：教育生态位原理、教育生态法则、"花盆效应"、限制因子定律、群体动力、竞争机制与协同进化、教育生态的平衡与失调、教育生态的良性循环等。

教师成长力来源于教师教育研究的态势，目前学界对这一术语尚无定义。① 在为教师成长力作概念界定以前，有必要先来探讨一下教师成长及其内涵。教师成长是贯穿于教师职业生涯的整个过程，它"除了一般意义上的'主体成长'的涵义以外，主要是指作为一名教师的专业素养和职业生命不断提升与充盈的过程。因而，教师成长主要是指教师的专业成长，有时也称为教师的专业发展、教师专业化"②。但有关"教师专业发展"和"教师专业化"二者之间的关系，即"教师专业发展"等同于或不等同于"教师专业化"，学界一直有不同的声音。教师专业发展是以教师个体在专业领域内的自我发展为核心，以教师个体的经验反思为媒介，不断习得教育专业知识的技能，实施专业自主，表现专业道德，并逐步提高自身从教素质，成为一个良好的教育专业工作者的专业成长过程；而教师专业化是指教师在整个专业生涯中，通过终身专业训练，习得教育专业知识技能、实施专业自主，逐渐提高自身专业素质，成为一个良好的教育工作者的专业成才过程。虽然二者在表象上看来都是教师通过专业知能的习得，进而实施专业自主，并逐渐提高教师专业素质，成为一个良好的教育专业工作者的专业成长过程，但若对这两个概念略作分析，即可得出：教师专业发展主要意指教师个体的专业成长过程和结果，即教师个体生命存在是由不熟练、不成熟的"新手型教师"到成熟的、专业性强的"专家型教师"的过程。而教师专业化则是涵盖教师个体和教师群体的专业成长过程，即教师群体职业专业化的过程。二者虽有细微区别，但若把二者看作两个"集合"，不可否认的是教师成长便是这个"集合"的共同"子集"，即"交集"。

---

① 国内外有三种观点，根据英国学者霍伊尔的观点，将专业化划分为两个维度：地位和改善与实践的改进，他认为"教师专业化"包含着"教师专业发展"；有的学者认为"教师专业发展"等同于"教师专业化"；还有的学者认为"教师专业发展"不等同于"教师专业化"，目前，最后一种观点在国内占有优势。参见王卫东主编《教师专业化发展探新——若干理论的阐释与辨析》，暨南大学出版社 2007 年版。

② 刘铁中、黎钰林：《关于教师成长内涵的理性思考》，《开放教育研究》2005 年第 10 期。

　　杜威认为："环境包括促成或阻碍、刺激或抑制生物的特有的活动的各种条件"，"学校是特殊的环境"①，并且这个特殊的环境对受教育者（未成年人）而言是具有教育性或教育功能的社会环境。显然，杜威认为社会环境对未成熟的未成年人有一定的教育影响和作用。但是他没有发现，这个日益复杂的社会环境对"成年人"（教育者）也有着重要的影响与作用。在教育生态学的视域中，它把教育者和受教育者——人，既看作自然人，又看作社会人。所以除了教育的自然环境外，还有社会环境和规范环境。在社会环境中，除了包括学校环境以外，还有政治环境、经济环境、家庭环境及城市环境等。"整个社会是一个大的生态系统，学校只是其中的一个小生态系统（或可看作为一个教育生态群落）"②，即学校是一个微观的教育生态系统。在教育生态系统中，又有许多的生态因子，有实体存在，也有精神存在，如教师、学生、学校建筑、校风、学风等，同时在这些生态因子中还蕴含有许多生态因子，如学校建筑中的建筑格调与颜色。这些复杂的各种生态因子之间相互联系与作用，进而对教育产生综合性的影响。笔者认为教师作为教育生态系统中的一个生态因子，同样也和其他的一些生态因子相互联系与作用，从而对整个教育生态系统产生影响，教师成长力就是教师的一个生态因子。一个生物的成长在于它利用周围光线、水分、空气和土壤的力量，关于人的成长，是由未成熟状态到成熟状态，以不断地生长来完成成长。如同杜威认为，"生长的首要条件是未成熟状态"，"未成熟状态就是指一种积极的势力或能力——向前生长的能力"③。但"从本质上说，人的成长是精神和思想的成长过程；人类的文明和文化，是一部精神和思想的发展史。就个体而言，人的成长力，其实是一种思考状态和创造状态以及他的持续习惯所共同建构起来的潜在力量"④。那么，笔者认为教师成长力，就是指教师个体在其职业生涯由新手型教师到专家型教师的成长过程中，教师个体生命存在的

---

　　①　［美］杜威：《民主主义与教育》，王承绪译，人民教育出版社 2001 年版，第 17、25、49、50 页。

　　②　吴鼎福、诸文蔚：《教育生态学》，江苏教育出版社 2000 年版，第 29 页。

　　③　［美］杜威：《民主主义与教育》，王承绪译，人民教育出版社 2001 年版，第 17、25、49、50 页。

　　④　胡明珍：《教师成长力源于研究态势》，《教书育人》2009 年第 28 期。

学习状态、行动状态、思考状态、创造状态及其持续发展的可能性、能力与潜势。

（二）生态学视野中教师专业成长力的构成

从上文中的概念界定中可以看出，教师专业成长力中蕴含着五种能力：学习力、行动力、反思力、创造力、发展力，即教师成长力为此五力的合力。笔者认为这五力是相辅相成，缺一不可的。"五力"中任何一力的缺位，都会对教师成长力的合成、养成带来硬伤，倘若如此，教师成长力也就不可以称为"教师成长力"了。

1. 学习力

学习是一种力量，是教师成长的基本途径，同时学习力也是教师成长力的内驱力。学习力是指教师个体在职业生涯中，在为养成其专业知能的学习动力的驱使下，并有一定的学习毅力和明显的学习效率的自主的学习能力。主体自主性是其显著特征。因为 21 世纪是一个信息大爆炸的知识经济时代，国际背景有终身教育思潮和学习化社会教育思潮的影响，国内背景有实施了十年的新课程改革，所以自主学习是教师在新时代背景下的必然选择。教师不但要为提升自己的教学技能而学习，而且还要在教会学生学会学习的情况下，自主地学会如何再学习。就教师个体而言，教师的学习内容是多方面的，除了所教学科的专业知识，教育学、心理学知识外，拓宽自己的知识面也是每一位合格教师成长所必需的坚实基础，同时还要及时学习、更新教育理念等。学习的途径也是多元的，每个教师都有自己的学习方式，网络时代的到来为教师成长与学习带来了极大的便利。除学习内容与途径外，教师还要有终身学习的意识和精神。

2. 行动力与反思力

"知行合一"是中国传统的认识论，它是指理论与实践的密切结合。但在教育生态系统中，教育理论与实践往往是剥离的，而非合一的。台湾国立花莲师范学院的饶见维教授于 1996 年提出教师专业发展模式的"知行思交融原理"，这个原理对教师成长力的行动力与反思力有一定的启示。饶见维认为："所谓'知'包括'已知'与'新知'，也就是一个教师已经具备的各种专业内涵及刚刚形成的预备知识或预备行动架构①；'行'是为了获得实际的体验，教师所采取的任何具体教育行动，包括观察、试验、假说的测试、实践等；'思'是教师针对从'行'中获得的实务经验所进行的任何反省、检讨、分析、综合、评鉴等高层次的认知活动。"② 之所以名之为"交融"，是因为"知"（理论）、"行"（实践）、"思"（反思）这三个方面环环相扣、相互配合、交融并进。在教育实践中，任何教师成长力的行动力和反思力都体现在"知行合一"、"行思并进"之中。诚如保罗·弗莱雷所言："反思—真正的反思—引向行动。""当形势需要行动时，只有当行动的结果变成批判性反思的目标时，这种行动才构成真正的实践。"③ 而且"无论是反思被剥离了行动，还是行动被剥离了反思，两者都造就了不真实的存在形式，同时也就造就了不真实的思想形式，而这种思想形式又反过来强化原先的反思与行动的分离。"④ 所以，教师成长力之养成，不仅是需要专业知能的习得，而且必须培养出在面临实际的教育教学问题时能够采取行动，并在行动中进行反思的能力。唯有如此，教师才能在教育反思中自觉，在教育行动中成长。

3. 创造力与发展力

教师成长具有阶段性，一般而言，它包括："职业准备期"、"职业适应期"、"职业发展期"、"职业创造期"。一个拥有较强成长力的教师必须要有创造力与发展力。所谓创造力，是指教师个体在其专业成长的道路上，经过不断的学习、行动与反思，能够在教育实践中进行创造性教育教学的能力；而发展力则是前四种能力在未来可持续状态上的一种延续。在信息时代、学习化社会里，教师面临着更多的挑战，为迎接挑战，教师只有树立创新意识，努力创造性地探索并运用新方法去解决教育问题，完成任务。教师成长到一定阶段，会出现不思进取、得过且过的职业倦怠现

---

① 就教师成长历程而言，当一个教师初步形成或听闻某种感念、观念或理论时，于他而言都构成一种"预备知识架构"，"预备行动架构"则是他针对某种特定情境研拟某种行动计划时所形成的。见饶见维《教师专业发展》，台湾：五南图书出版公司1996年版，第223页。

② 饶见维：《教师专业发展》，五南图书出版公司1996年版，第223页。

③ ［巴西］保罗·弗莱雷：《被压迫者教育学》，顾建新等译，华东师范大学教育出版社2001年版，第20、37页。

④ 同上。

象，而发展力则是教师成长力的一种持续性要求，它要求教师要永葆对教育生活的热情，以及对未来教育状态的期望。若无发展力的存在，只蕴含学习力、行动力、反思力、创造力的教师成长力将是教师个体生命存在的一种"硬伤"，教师成长力也就流于空谈。

（三）教育生态系统中影响教师专业成长力的生态因子

在教育生态系统中，教育生态环境的多维镶嵌性是指自然环境、社会环境、规范环境中的生态因子，以及三者的生态因子中还包含、集合着许多生态因子，它们之间相互交错，组成相互影响的 n 维复合生态环境，从而对教育产生综合影响。同样，影响教师成长力的生态因子也是复杂多元的，它主要包括以下几个方面。

1. 人生价值观与职业责任感

教师的人生价值观与职业责任感是教师生命个体精神状态的存在。它是影响教师成长力的主观因素、内部环境，同时也是规范环境中的生态因子。"规范环境，又称精神环境或价值环境。它是人类在社会群体生活中所形成和持有的态度、风气、气质和观念。"[1] 教师个体在规范环境中的人生价值观与职业责任感是影响成长力的两个重要生态因子。教师的人生价值观形成于教师个体生命成长中对于人生的体验与感悟，个体经验的成熟和价值的成功体现除可使本人的精神生活得以升华以外，还会影响其他个体及群体的价值观。教师的职业责任感是指教师对本职业意义与价值的认识与认同，对教育的热爱，以及由此而产生的强烈的从业、敬业、乐业的专业精神。

教师在教育行动和生活中的人生价值观和职业责任感具体表现在教师的专业道德和专业态度。它们包括："对待教育：鞠躬尽瘁、甘为人梯；对待学生：倾心相爱、诲人不倦；对待同事：精诚合作、协同施教；对待自己：严于律己、为人师表。"[2] 古代教育家孔子与现代教育家陶行知即为教育史上的典范，二人醉心、执着于教育，并将教育作为自己的人生追求和目标。同时，教师的人生价值观与职业责任感能够转化为教育行

---

① 吴鼎福、诸文蔚：《教育生态学》，江苏教育出版 2000 年版，第 40 页。

② 袁振国：《当代教育学》，教育科学出版社 2004 年版，第 86 页。

动，因此一个具有成长力的教师除了对教育有着强烈的事业心和强烈的责任感以外，还要有勇于实践自己的价值观，并在行动后进行批判性的反思。

2. 知识资本

教师的知识资本是教师之所以称为教师的必备条件。"资本"是经济学术语，它是指用于生产的基本生产要素，即资金、厂房、设备、材料等物质资源。根据现今主流宏观经济学观点，资本可以划分为物质资本、人力资本、自然资源、技术知识。本文意指人力资本①中的知识与技能的储备。笔者认为教师的知识资本则具体包括教师主体所受教育及培训的经历与经验、教师的专业知识、专业能力。1987 年舒尔曼提出了教师知识理论框架以识别七种类别的知识，他把教师知识基础分为七类②：（1）学科知识；（2）一般教学法知识；（3）课程知识；（4）学科教学法知识；（5）学习者及其特点的知识；（6）教育背景知识；（7）教育目标、目的和价值观及其哲学和历史背景的知识。这是"概念性和分析性的"教师知识结构研究，但还有一些学者认为教师所拥有的知识是一种独特的知识，把教师的知识看成直觉的和缄默的，强调知识的"实践性"、"个人性"、"情境性"，这一路径是"情境性和实践性的"教师知识结构研究，其代表人物有艾尔贝兹、康纳利和科兰蒂宁、莱因哈特。"概念性和分析性的"研究路径虽然较为全面地总结出了教师知识基础和结构，但它却忽视了教师成长过程中内隐的"缄默知识"的存在，因而忽视了教师知识的"实践性"与"个人性"。在教师个体入职以前的受教育阶段和入职后的培训中，不全是显性知识的存在，而且还有缄默知识的存在。石中英先生认为教师在自己的头脑中有两种教育知识体系的存在，一种是"缄默的教育知识体系"，另一种是"显性的教育知识体系"。"前者是在教育实践中通过亲身经验所获得的，后者则是在师范教育的课程学科中所获得

---

① 人力资本（human capital）人力资本是经济学家用来指工人通过教育、培训和经验而获得的知识与技能的一个术语。

② 朱晓民、张德斌：《近二十年来教师知识结构研究述评》，《山西师大学报》（社会科学版）2006 年第 3 期。

的。"① 在实际的教育教学行动中，教师个体的"缄默知识"与"显性知识"往往是分离的，不能很好地联系起来，因此，教师成长力的关键点在于教师能不能将"缄默知识"有效地转化为个体的实践知识。转化的基本途径有：教师加强对教育生活和行动的反思，对教育理念的重构；积极和同事以多种形式及途径展开交流，合作成长。

3. 学校环境与教育群体

在教育生态环境中，学校本身就是微观教育生态的存在，学校及其内部生态环境是教师成长的外部环境，也是它的社会环境，同时对教师成长力有着支持性的影响与作用。学校环境包括：教育政策、学校管理、学校氛围、教师文化四个方面②。教育政策是国家和政府制定的调整教育领域问题和利益关系的公共政策，是为实现一定历史时期的教育任务而制定的行动准则。一个国家的教育政策是影响教师成长的宏观环境因素，它为教师的基本生活、学习、工作提供保障，直接影响着教师的生存与发展，而教师的生存和发展则是教师成长力养成的前提条件；教育政策对教师的成长予以规范和引导；同时教育政策还能为教师成长营造良好的社会环境，并对教师成长力有激励和促进作用。学校管理是管理者在国家教育政策的指导下，对学校自身的内部管理，是对学校系统人、财、物、事、时间和信息等进行计划、组织、指挥、协调和控制的过程。经研究表明，作为学校的管理者——校长的工作作风和管理方式对教师成长力有着重要的影响，因此，为促进教师有效成长，校长应采用民主参与的管理方式。笔者认为学校氛围意即学校文化，它包括校风校貌、教师文化和学生文化等，良好的开放的学校氛围里，教师对自己的工作与学校都很自信，并在学校的关心和支持下成长；学校氛围所内含的价值观与行为规范对教师也有着同化与规范作用。教师文化是学校文化的亚文化，教师群体的态度与行为可视为教育生态中的集群行为生态。而且教师的个体行为，如从众行为、顺从行为、反从众行为、模仿行为、暗示与行为感染等往往会形成集群行为。教师个体在教师群集行为生态中，会受集群行为的影响，这样有助于

---

① 石中英：《知识转型与教育改革》，教育科学出版社 2001 年版，第 248 页。

② 赵昌木、徐继存：《教师成长的环境因素考察——基于部分中小学实地调查和访谈的思考》，《湖南师大教育科学学报》2005 年第 5 期。

教师成长力的养成。

4. 首创与合作

教师的职业特点与角色特征要求教师在教育生活和行动中具有创造性。主体性教师学认为，教师的主体价值不仅是教师作为一种生命存在和生命活动，具有自在性和生命价值，它还表现为教师有着一种自我实现的价值追求。"教师作为个体性主体，总是有着一种不断超越自我的自主性、主动性、创造性"，"创造性是指教师在传道授业、教书育人的实践过程中，通过对教育生活世界的反思、探究和创新，不断发现教育生活的问题、发现教育生活的意义，并不断创生新的教育思想理念、教育实践方式，形成解决教育问题的方案和策略。这是对教育现实实践以及对教师自我的一种批判、更新、重建和超越，是教师成为教育主体的高级形态"①。因此首创、创新、创造是教师成长力的应有之义。在教育生态学中有群体动力②这一基本原理，群体动力现象反映在教师群体内部，有以下几个关系：共生或共栖、社群领袖、竞争、合作。共生或共栖是指一个学校的教师群体同处于一个教育生态系统中，为全面发展而创造良好的校风、班风，彼此之间相互学习、鼓舞，共同提高的群体动力现象；教育社群中的领袖多以智力和能力素质为主，对群体中的其他成员有着导引、示范的作用；竞争和合作是一对对应的群体动力现象，在教育生态中，应提倡良性竞争和互利合作。而合作则是影响教师成长力的重要生态因子，在信息时代，教师群体合作的方式和内容是多元化的，可以网络为载体，开辟以QQ和Blog为主要交流互动形式的网络平台、集体备课、教师同伴学习、校本教研、专业发展共同体等。

5. 反思与批判

反思意识与批判精神是教师成长的阶梯，也是影响教师成长力的重要生态因子。20世纪80年代以来，"反思"（reflection）一词在欧美被人越来越多地使用，后波及世界各国教育领域，俨然成为了国际教师教育领域中的时代性语言和Logo。在教育领域中，学者们认为对"反思"之研究

---

①　阮成武：《主体性教师学》，安徽大学出版社2005年版，第137—138页。

②　群体动力是指群体各成员之间的相互作用和影响。参见吴鼎福、诸文蔚著《教育生态学》，江苏教育出版社2000年版，第189页。

最早可以追溯到杜威，杜氏认为："对于任何信念或假定性的知识，主动地、持续地、仔细地考量它赖以成立的基础以及它所倾向的结论，就称其为反思。"20世纪80年代初，美国学者舍恩提出了"行动中反思"、"对行动中反思的反思"的概念。于教师个体而言，"反思是教师以自己的教学活动过程为思考对象，对自己所做出的行为、决策以及由此所产生的结果进行审视和分析的过程，是一种通过提高参与者的自我觉察水平来促进能力发展的途径"[①]。一般来讲，教师反思的内容包括：教师教育教学观念、教师角色地位与师生关系、教育教学知识与内容、教育教学活动组织形式与开展过程等。反思的方法与途径有：教育日志、教育随笔、教育博客、网络教研、教学后记、教育案例、教育叙事、教研沙龙等。教师作为教育者，所培养的对象——受教育者，是国家未来的公民。而公民在社会生活与事务中最主要的表现就是具有民主参与的意识和批判思维和批判精神。因此，这就要求在育人活动中具有主导作用的教师对教育与社会也必须具备批判精神。美国教育学者坚信，教育能够改变社会，教育是民主生活的基础，有助于提升社会公平，因此在教育教学生活中倡导与践行为了民主和社会公正的教师教育。这对我国实施了十年的基础教育课程改革不无启示意义。

综上所述，在生态学视野中，教师成长力的构成与内涵是丰富的，不单是指教师在其职业生涯中教学能力的提升，它还包括了教师成长的学习力、行动力、反思力、创造力、发展力。同时在教育生态中影响教师成长力的生态因子也是多样复杂的，因此，教师这一生态因子需要明了其他生态因子对己成长力的作用与影响，这样才会不造成教育生态的失调，并能促进教育生态的良性循环。以此来促进成长力的养成，做一名合格的人类灵魂的工程师。

第三节　教师专业成长力的科学内涵

结合上述理解，我们认为：教师专业成长力是一切导致教师专业发展

① 吕洪波：《教师反思的方法》，教育科学出版社2006年版，第64页。

的各种力量的合成，是在教师专业发展状态中潜藏的积极发展势头的汇聚，是教师不断改变专业自我面貌以更有力地应对未来教育情境挑战的专业潜能，多元化、多源性、多层次、多面性、隐形性是其根本特征。换个角度讲，教师专业成长只是其专业成长力的外化结果、外显表象，这种成长的走向、强度、前景如何最终取决于教师专业成长力的状况。教师专业成长力是在教师专业成长背后涌动的一种潜力、活力、合力、增力、内力、引力、后劲和隐力，是所有导致教师专业发展现象产生的相关力量的生发点、聚焦点和交合点。换言之，教师专业成长力就是教师对专业成长资源的吸附力、专业自我的爆发力、专业智慧的增值力的合而为一。教师专业成长力是一个矢量，是向度与力度、方向与强度的统一体。任何一种力的产生都有其原发点、作用点与聚合点，其中"原发点"特指力的诞生地，是力从无到有的发源地，它徒具能量而没有方向，有待于在主体驾驭它时将之与事物发展结合起来，嵌入一定的价值，赋予其意义，它构成了驱动事物成长的驱策力和原动力；"作用点"指力的释放方式与方向，它是力与事物发展结合起来的部位，是力向受力对象、向实践延伸的地带，在施力过程中原始驱策力被放大、被导引，这种力可称之为操作力；"聚合点"是在解决特定问题中被整合、被征用的力，是一种直接产生实践效能的力，这是一种调控力，其目的是产生一种最大化的合力，我们称之为聚合力。力在生产、使用、聚合中服务于人类实践目的的达成，它就存在于这一流程之中，教师专业成长力的存在亦是如此。在此，我们按照这一分析框架将促成教师专业成长的各类力量分为三个层次和类型。

一　生发层：专业成长驱策力

成长始于力的产生与持续供给，教师专业成长离不开成长策动力的激发。对教师而言，策动其专业成长的原发力主要有三类。

其一是生长本能驱动力、自我专业成长成熟的需要。这一力量是教师身处教育行业后自然产生的，源自教师在教育环境、专业社区中实现生存的本能要求，它无须任何外力介入就可能自发生成。生长是一种物种本能，发展是一种自觉需要，生长是发展的始基，教师即使不发展它也在生长着。教师专业生长的唯一的目的是确保其在专业领域中的生存，这是贯穿于教师成长始终的一种原始力量。

其二是情境性驱动力。在教育实践中，教师不是"悬空"的，而是扎根于教育情境之中的，那些他不能应对的教育情境构成了他的实践难题和困境。在这种情况下，教师不能束手就擒，他必须全力以赴地寻求出路。可以说，"正是这种实践性的问题情境。引导着学习者走向专业化发展之路"①。教师不仅生活在教育情境中，还生活在与新生共建的课堂情境中，学生也在期待教师成长"，② 学生期盼的眼神、成长的期待时刻可能会促动教师成长的"神经"，促使他产生发展的动机。

其三是发展性驱动力。在专业社区内的竞争，如赛教、评职称等活动中教师会产生发展性驱动力，产生一种通过自觉、主动、进取的实践行动来超越他人并在专业社区中胜出、成名的发展需要，这就是发展性驱动力。这种成长动力的形成源自教师个人的发展愿景、专业情感、专业情怀和专业追求，它就是教师专业成长的"创造性张力"（彼得·圣吉）和内驱力。如有的学者所言，教师的专业情怀"是教师专业发展的基石与动力"，正如李吉林那样，促使其专业成长的内力不是其他，而是她"对教育事业的忠诚之情，对儿童和学生的挚爱之情"是她"锲而不舍，金石可镂，不断进取、永攀高峰的精神境界"③。与生长性驱动力不同，发展性驱动力创造着教师专业发展的理想和高度，服务于教师对专业境界的追求和自我实现，是教师专业成长的核心动力源，是教师自身可控、可为的成长力类型。

可见，教师的专业成长驱策力是教师专业成长的活力、动力与内力，是牵动教师专业成长的活性因子与原发力，它决定着教师专业成长的发生和持续，一切教师发展的路径和方式必须建基于这一原动力基础之上才有可能。

二 操作层：专业成长操作力

专业策动力的形成不一定直接导致教师的专业成长，因为这种力量只

① 朱元春：《对教师教育中教育实践的重新审视》，《教师教育研究》2007年第5期。
② 秦力：《教师专业成长的原点思考与徒步前行》，《人民教育》2010年第17期。
③ 梅云霞：《李吉林对教师专业发展的启示》，《中国教育学刊》2010年第9期。

是一种可能用于教师专业成长的力量,它只有被转化成为可以直接参与教育生活建构、教师工作改进的操作力、实践力、执行力时才可能成为促使教师专业成长的现实力量。也就是说,专业策动力必须找到把这一力量导向教育实践的媒介与桥梁,否则,这种力量可能会流失、荒废。在教师成长过程中,一切有助于改变教育实践效能的成长因素都可能和专业策动力结合在一起,形成教师专业成长的操作力。教师的精神、人格、认识、实践、习惯等都可能成为这种力量结合的对象:在与教育精神的结合中,教师的专业成长操作力体现为精神追求力,简称精神力;在与教师人格的结合中,教师的专业成长操作力就体现为人格魅力,简称人格力;在与教育认识的结合中,教师的专业成长操作力就体现为知识学习能力,简称学习力;在与教育实践的结合中,教师的专业成长操作力体现为实践创造能力,简称创造力;在与教育习惯的结合中,教师的专业成长操作力体现为习惯自塑能力,简称习惯力;等等。显然,教育精神净化、教育人格修炼、教育知识拓展、教育实践创造、教育习惯塑造等都是将教师的专业成长策动力转化成为与一般教师专业成长力的操作性渠道。在此,之所以我们要称之为"一般专业成长力"是因为这些成长力类型只服务于教师的一般性专业实践,而非特殊、具体的教育实践,它们是从教育活动的一般结构中延伸出来的,是绝大多数教育实践活动几乎都会涉及的成长力量。即是说,如果教师具备了这些成长力,他对外来一切教育实践类型的整体水平就会大幅度提高。在职前教师教育中,师范生并不直接参与教育实践,其专业学习活动面向的是虚拟教育实践,这就是一般教育实践。一般专业成长力,或称通用性成长力,是教师职前专业教育发展的主要对象,一旦它与具体教育实践结合起来,教师就可能在较短的周期内达到较高的专业成长水平。尽管在专业实践中教师专业成长力的存在与运用具有不可拆解性,其专业水平取决于这些成长力的合力、组合与"适用"(伽达默尔),但从理论上看,这类专业成长力是可以从具体教育实践中分解出来并对之进行单项发展与专门训练的。对教师而言,专业学习、人格养成、习惯塑造等大部分专业发展活动是可以在真实教育实践之外进行的,因此参加专业教育是可以提升教师的一般专业成长力的。对于特定教育主体、教育情境、教育活动而言,教师需要一种个性化的专业成长力组合方式,以此形成对该教育主体、教育活动、教育情境具有特效的专业成长力结构。显然，这一过程是难以与教育实践相分离的，是教师专业成长力的实践层面所要解决的问题。

三　实践层：专业成长聚合力

教师专业成长聚合力，又可称之为特殊专业成长力，它是指教师在解决特定教育问题时所展现出来的对一般专业成长力的驾驭、匹配与综合能力。一般成长力只是为教师解决具体教育问题提供了各种蓄势待发的力量储备与零件工具，特殊专业成长力则是指教师围绕教育问题的解决把上述成长力激活、配置、组装、聚合起来，使之协调一致，共同促成对现实教育问题的有效解决与应对。舍恩指出，"实践情境具有由独特事件构成的特性"，这种"独特事件呼唤实践的艺术"，[①] 因此，面对专业实践情境，教师需要具备对各种具体专业成长操作力的选配、组装与匹配能力，这就是专业成长聚合力。问题镶嵌于情境之中，教育问题是教育情境的焦点，是教育情境与教师发生关联的纽带。教师专业成长的最终目的是形成对教育情境的适应力、应变力与干预力，增进教师的专业实力，这是一切教师专业成长力的归结点。从某种意义上说，教师专业成长聚合力是其面向教育问题解决、教育情境处置而聚合专业智慧、汇集各方力量的力量。在对一般性专业成长力的聚合中，各种专业成长操作力在教师身上实现了优化配置与灵活组合，由此，教师具备了适应和应对高难教育问题与复杂教育情境的能力，并形成了各具特色的优势专业能力，教师的个性、品牌与风格随之彰显。

可见，教师专业成长力是教师在教育生活中实现持续化生存的根本依托，是教师的潜在能量、学习能力、人格魅力、知识优势、创造品性、应变智慧等在教育活动中的微妙体现。"力"是事物作用、影响、改变周围事物存在状态的原因，教师专业成长力就是能够影响教师专业成长的所有力量组成的一个力系。教师专业成长潜在于教师的身心之内，显现于教师的后续教育实践之中，成功于其对教育环境的适应与驾驭之中。教师专业成长的方向是走向专业成熟，教师专业成长力就是一种把教师推向专业成

---

① ［美］舍恩：《反映的实践者》，夏林清译，教育科学出版社2007年版，第12页。

熟的力量，是成长活力、成长能力、成长实力、成长潜力的合成。这种力量既包括触发教师成长的原动力、策动力，又包括那些能够提高教师应对一般教育问题的成功概率的准备性力量，还包括教师面对具体教育问题综合、聚合、整合专业成长操作力的聚合力。一句话，教师专业成长力的生成就是从生发层向操作层，再向实践层的递次衍生。

第四节 教师专业成长力的特点

简单地说，教师专业成长力是推动教师专业快速发展的内驱力、精神力、学习力的总称，是导致教师专业自我面貌更新、结构性调适的总根源。成长意味着内力的爆发与自我的创生，意味着主体与外在环境之间平衡态的不断上移。它就是促使教师把教育工作干得更好的一种力量，是教师在与教育环境相摩擦、相对话中产生的一种力量，是其在接受专业教育、经历教育实践中不断被强化的一种力量。深入剖析这种成长力的独特性，对之进行因势利导，是干预、改变、放大这种成长力的前提。总而言之，教师专业成长力具有以下几个典型特征。

一 累积性与延展性

从"力"的存在形式来看，教师专业成长力不是一股一触即发的猛力，而是一束在实践中被缓慢积累、蓄积、叠加起来的实力。成长是一个持续积累的过程，它需要一段时期，甚至更长时间的等待，与之相应，教师专业成长力的形成不是一蹴而就的，它需要教师具有一种水滴石穿的精神，一点一滴地汲取教育生活中的那些有利于其成长的因素与力量。在积累中教师的专业实力持续走强，在积累中教师的专业品质经历着量变，在积累中教师的经验、智慧、认识、体验不断增长。教师专业成长力的增长实质上就是这些点滴经验、智慧、认识、体验的增长，是它们在抬升着教师应对教育新问题、新事件的实力与潜力。在教育实践中，"悟"是教师专业成长力的突破点，教师对教育情境、教育现象、教育事件的体悟、顿悟、领悟是其专业自我得以整体性重构的关节点。在"悟"中，一切外来的教育表象意象、教育意识意向、教育经验体验都融入到了教师的专业自我之中，使其应对教育实践的图式与眼光发生了结构性的转变，学会了"像教师一样"去思考和行动，它就是教师专业成长力的直接发生点。在教师成长中，积累是其专业成长力增长的常态，教学活动中的一点小创意、一丝小创举都是教师专业成长的始基，是其成长力的源头活水。一旦这些小创意、小创举被汇流起来，成了"气候"，教师专业发展的潜能就被放大、被拓展。因此，教师专业成长力的积累性就决定了它需要长期培育，需要"十年磨一剑"的精神，绝非专业知识技能教授那样简单便捷。

　　教师专业成长力还有延展性的特点。所谓"延展性"，是指教师专业成长力的效能并非固定不变的，而是随外界条件变化而变化的，它存在一个弹性的效能伸缩空间。"效能"不同于"功能"。功能是事物固有的一种潜能，它有待于在与周围事物作用中去表现，而效能是一种显能（即显在的能力），是事物在与周围事物作用中直接表现出来的功能。从"功能"到"效能"的显现与转变需要外在环境的支持：外在环境可以"遮蔽"事物的功能，也可能"亮出"事物的功能。一旦教师生活在和谐、团结、进取的教师团体与自然合作文化氛围中，其专业成长力的效能就会被放大，教师成长的内驱力与操作力就会被强化，进而对教师发展产生显著、长效、持久的效应，促使教师在短期内成长为一名成熟教师、有名教师。反之，如果遇到不良成长环境和个人主义文化、派别文化，教师专业成长力的效能就会被打折、被抑制，其成长的力度与强度就会被弱化、消减，最终延缓、阻碍教师专业成熟的历程，延长其成熟周期。作为一种成长驱动力，教师专业成长力的延展性集中体现在它对教师发展进程与速度的间接影响上，它需要借助教师成长环境的改善与优化来放大其效能。

二　波动性与高峰期

　　专业成长伴随教师的整个职业生涯，波及教师的所有职场生活，教师成长的速度不可能是匀速的而是有波动的，到底教师专业成长的加速度是正向还是负向、是大还是小最终取决于教师专业成长力的大小。牛顿力学告诉我们：力是事物发展速度产生变化的原因。对事物而言没有加速度的变化只能说是一种生长，一种自然变化，而非发展、成长。对教师专业成长而言也是如此。按照一般推理，教师无论是身处职前教育机构还是已步入职场，其专业成长力都在增长，换言之，只要教师产生了稳定的从教职业定向和成就动机，这种"力"的增长过程就已开始并持续。但问题是，在教师专业发展的不同阶段和时期，这种专业成长力的增速是不一样的。教师专业成长历程大致可分为五个阶段：职前期、入职期、发展期、成熟期、退化期。显然，在这五个阶段中入职期是教师专业成长力增长较为迅猛的时期，其个中原因在于教师受到了来自实践情境的种种新问题、新情境的猛然刺激，尤其是与之相伴生的焦虑感促使教师专业迅速成长。但由于该时期属于教师发展的探索期，教师专业成长会遇到种种磕磕碰碰，其成长力不可能是最高的。随着对新环境的适应和新问题的解决，教师专业成长力进入了平稳增长期，即发展期，如果没有遭遇挫折，这种成长的势头会继续保持，教师的学习力、自塑力、习惯力、应变力会持续走高，顺利进入成熟期。但一旦遇到不能克服的专业难题或成长困境，尤其是产生职业倦怠和"习得性无助感"，教师将迎来专业成长的瓶颈期或无助期，其专业成长力的增速会走弱、走低，甚至可能产生零增长或负增长，致使教师产生倦怠，甚至离职的念头。一旦教师渡过了成熟期或受挫期，进入了退化期，专业成长力减速的势头已经定局。当然，在五个阶段中，教师专业成长力的大小是不一样的，其总体走势是"倒U"形的。如果说职前期是教师专业成长的准备期，入职期是教师专业成长的适应期，发展期是教师专业成长的探索期，成熟期是教师专业成长的完成期，退化期是教师专业成长的衰退期，那么，成熟期是教师专业发展的高峰期，而发展期应该是教师专业成长力的高峰出现时期，二者之间稍有差异。研究发现：教师专业发展期一般出现在教师入职后的 3~5 年内，这段时期是教师专业成长力增长的黄金时期，通过教育指导努力帮助教师铸就未来专业发展的辉煌前景是本阶段的核心任务。

三　持续性与阶段性

教师专业成长力的发展具有可持续性，如果得到了教师自我的精心经营和外围环境的呵护，这种成长力会一直保持持续增长的势头，教师发展的潜力会被不断夯实。在教师成长中，直接的教师技能教学、现场教学指导、教育实践实习的目的所向是铸就教师的现实教育教学能力，实现教师专业"显能"的发展。相对而言，关注教师应对未来教育问题解决能力的教师发展实践指向的是教师成长力的积蓄与增长。教师专业成长力是隐藏在教师专业发展现象背后的一股持续前行的潜流，它是导致教师专业发展的根源，是教师专业生命的活力之源。可以说，只要教师自我成长的欲望不减，教师专业成长的原始驱策力存在，教师专业成长力就能持续存在并日益壮大。无论这种成长力能否最终导致教师专业能力的现实增长，它都涌动在教师个体的身上。正是如此，教师专业成长力具有可持续培育性，我们可以通过强化新教师的成长动机、教会新教师学会学习、教给新教师未来发展所需要的有效知识①、引导教师形塑自己教育习惯等的方式来提升他们的专业成长力。从某种意义上说，教师职前教育的主要目的是为教师专业成长储备力量，因为在没有真正进入教育实践之前，完整意义上的教师专业发展过程②并未完全启动，只是虚拟的教师专业成长过程被启动。正是如此，新教师入职前后一以贯之、永续存在的是教师的专业成长力，而非教师发展过程，教师专业成长力就是贯通教师整个职业生涯的一条"主藤"。在进入真实教育情境后，教育实践成为"教师专业发展的核心课程"③，在立体多面教育实践中新教师专业成长力的来源多元化了：尽管大学教师的教育指导力在淡化，但来自教育情境的成长感召力、来自教育实践的"实践感"、应对实践难题的创造力、教师专业社群的竞争力等都在催生着教师专业成长力的增长，随之培育教师专业成长力的无形"导师"在增加。因之，教师专业成长力始终处在被培育之中。当然，教师专业成长力的增长是有阶段性的，其中增长方式的转变是导致教师专业

---

① 教师专业知识的充盈并不意味着教师专业发展的完成。其实，专业知识只是教师应对未来教育实践的一种可能资源或方案通则，它直接影响的是教师的专业成长力而非教育实践本身，当前对教育理论无用、无力、无效的批判恰恰是人们将专业知识水平视为教师实际发展状态的恶果。这是一种反果为因的谬论。

② 完整意义上的专业发展是在实践中通过"行动中反映"（舍恩）来实现的，其直接标志是一系列实践性理论的生成，它需要的不是"去情境化"的教育知识技能。

③ 朱元春：《对教师教育中教育实践的重新审视》，《教师教育研究》2007年第5期。

成长力的发展阶段性出现的根源。在职前期，教师专业成长力的增长主要是通过教育精神塑造与教育理论学习来实现的，"深深的学习意识、浓浓的学生意识以及厚厚的学者意识"① 是教师在职前获得迅速发展的保证，其主要特点是通过对成长资源吸附来间接实现的；在入职期，教师专业成长力的增长主要是通过教育情境的感召和教育习惯的形成来推动的，面对教育情境的不适性所带来的焦虑与有效教育惯例与实践图式的缺失是催生教师专业成长力增长的主因；在发展期，教师专业成长力的增长主要是通过实践学习与教育习惯形塑来实现的，在学习优质课例与案例的基础上改变自己的教育习惯是教师成长力的主要生长点；在成熟期，教师专业成长力的增长主要是通过实践创新与探索来实现的，没有现成案例可供参照，没有现成教育理论可供借鉴是其显著特点，在该阶段"教师的发展不能机械地复制他人成长的经验，而是创造性的生成与发展的过程"②，面对具体问题的实践创造力增长是教师专业成长的主推手。从这个意义上看，教师专业成长力阶段性的形成是教师专业结构的一次质变，是其专业成长力增长方式的一次次根本转型。

四　潜隐性与综合性

教师专业成长力隐藏在教师身体与教育活动之中，是支撑教师专业发展的幕后力量，是教师专业成长中呈现出来的一种倾向与势头，它是人的感官难以直接察觉、感知到的。这就决定了我们只能通过一些媒介性指标来观测它、预见它。我们认为，教师的一切成长与变化都会在其参与教育生活的方式，包括教育行为图式与教育活动意识中表现出来，在教师的那些相对稳定的行为图式与教育意识中潜藏着教师专业成长的契机与态势，它们是我们触及、探察、监测教师专业成长力的入手点。教师对待教育工作的态度、意识、信念、精神，教师人格与教育工作需要间的内在契合性，教师从事教育工作的习惯、风格、偏好，教师对教育情境的敏感力、

① 胡东芳：《从"教"者走向"学"者》，《教育发展研究》2010 年第 12 期。
② 姜勇、华爱华：《柏格森"生命哲学"视野中的教师发展观》，《外国教育研究》2010年第 1 期。

适应力、控制力、应变力，教师对成长资源的驱近力、发现力、吸收力，教师对待专业自我发展的预期、愿望、策略等，都从侧面折射着教师专业成长力的强度与态势，都是我们度量、评估不同教师专业成长力大小的有效指标。在专业成长力中隐含着教师未来专业成长成就方向与高度及预期，而这种预期正是通过教师在日常教育生活中展露出来的一些不易为人所察觉的教育生活细节与教育者人格品性体现出来的。"性格决定命运，细节决定成功。"从某种意义上说，教师专业成长力就是那些决定教师一生专业成长高度的细节性品质的集合。将这些品质发掘出来，并对之加以精意培养，是教师教育切入教师专业成长内核，干预其发展方向与速度的有力手段。

同时，专业成长力不是教师的那些零碎的利于教师专业发展的积极力量的孤立增长或散射式增长，而是这些力量整体聚合、有机组合，最终以态势的形式整体呈现出来的结果。所谓成长，是指"行为主体改变经过实践检验的惯例积木及其组合形成的内部模型"[1]，其关注的是行为主体整体走势的日趋强劲。在教师专业成长力系中，教师成长的主观意志力、情境敏感力、人格魅力、学习力、实践力、创造力等都在驱动着教师专业成长，如果缺乏教师基于专业自我与实践情境的有机统合，它们可能会四散逃逸，甚至成为教师专业成长的阻力而非助力。在教师专业成长力中，教师专业自我是整个成长力系的内在统合中心，教育实践难题则是整个成长力系的外部统合中心，二者共同确保教师专业成长力的走向与强弱。其中，前者负责统合教师专业成长的内部力量，如人格精神力、专业学习力、工作意志力、习惯形塑力，而后者负责统合的是教师专业成长的外部力量，如教育实践中的决策力、创造力和针对教育情境的适应力、应变力等。在教师个体专业发展中，由于"'实践'不是反思的、基于完全的已知信息和自主的主体设计出来的理性行动，而是根据某种'实践感'作出的复杂的反应"[2]，故教师专业成长的内部统合力服务于其外部统合力

---

① 李柏洲、孙立梅：《论企业成长力与企业竞争力的相互关系》，《科学学与科学技术管理》2004 年第 11 期。

② 刘森林：《"实践"解释的方法论思考：从一种主体性到另一种主体性》，《深圳大学学报》（人文社会科学版）2009 年第 5 期。

的调配与发挥，共同确保着教师应对具体、外部教育难题的解决效力。教育情境是无形、模糊、流转的，是不可把捉的，而教师专业自我却是清晰、自明的，是可调控的。在这种情况下，教师对内部成长力量的统合与调控只有自觉顺应其外部实践力提升的需要，才可能为教师专业成长产生积极的作用力。

第五节　教师专业成长力的构成要素

基于上述分析，我们认为：从纵向结构来看，教师专业成长力是策动力、操作力与聚合力的连续转化过程，是教师专业成长力由无到有、由可能到现实的生成壮大过程；从横向结构来看，教师专业成长力是一系列具有内在秩序与关联方式的结构性存在。这就构成了教师专业成长力的微观结构。从这一结构出发，我们可以找到提升教师专业成长力的操作点，找到积累、凝聚、强化教师专业成长力的杠杆点。教师专业成长力源自教师自我、教育情境与教育问题的三体互动与交互作用，源自教师成长需要与教育实践间的摩擦与碰撞，对它的剖析我们只能参照教师专业成长过程来进行。可以说，教师成长的每个环节都是教师专业成长力的生力点、受力点与作用点，对这些"力"点的描绘与勾连就形成了教师专业成长力的结构图。我们认为，教师专业成长是"内在驱动—信息吸纳—创造加工—整合优势—应对情境"的过程，与之相应，教师专业成长力就是教师的成长内驱力、信息吸附力、操作创造力、优势整合力与情境反应力等构成的综合体，这些力量所形成的合力决定着教师专业成长力的大小与速度。如果这一合力变小则导致教师专业成长力走弱，教师成长放缓，否则导致教师专业成长力走强，教师专业成长加速。伴随着教师专业成长力的发生发展的是两种反向力量的并存——促使教师专业成长的创造性张力与阻碍教师专业发展的成长摩擦力，它们决定着教师专业成长力的方向。

鉴于此，我们认为：教师专业成长力的微观结构如下图所示。

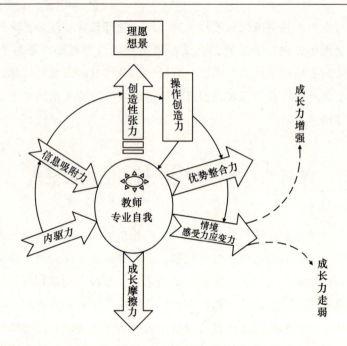

换个角度看，教师专业成长力结构也可以用下图来说明。

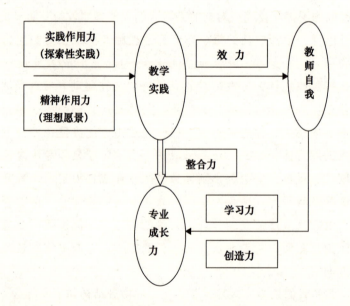

从上图可以看出，教师专业成长力的具体构成要素有五个：推动教师专业自我成长的内驱力和创造性张力——人格精神力，对相关教育信息的

吸附力——知识学习力，对专业信息资源的综合加工能力——转化创造力，对专业优势的熔炼与整合能力——优势整合力，以及对教育情境的感受力与应变力——情境反应力。因此，教师专业成长力是教师在教育生活中表现出来的人格精神力、知识学习力、转化创造力、优势整合力与情境反应力等构成的综合体。其中，专业成长的人格精神力是教师专业发展的原动力，在向教育实践的转化中教师利用学习实践、综合创新等手段顺利实现了其专业自我的更新与转换，最终增强了教师对教育情境的反应力和控制力。教师专业成长力是持续走强还是减速走弱，直接体现在面对教育情境时教师的有效反应上。具体而言，教师专业成长力的五大要素具有其各自内容与特点。

一　人格精神力

教师专业成长力的首要元素是其在教育信念、教育精神、教育情感、教育者人格等方面表现出来的柔性力量，它是教师专业自我之所以会不断走向膨胀、增值与壮大的根源。"只有坚守梦想，才能走向卓越；一个人的起点高低并不重要，重要的是你能否坚守自己的梦想。"在教师对理想专业自我、发展愿景的渴望与希求中蕴含着教师成长的潜能与爆发力，承载着教师专业成长的巨大能源。甚至可以说，这是教师专业发展取之不尽、用之不竭的能源，是促使教师专业成长、自我更新的原动力。教师的高远教育追求、执着教育信念、崇高职业使命感与责任感、强烈的职业成就动机的外显就是教师的独特教育者人格，这种人格是教师直接与学生面对的东西，是直接召唤学生成长的微妙力量。如果说教师的深刻教育信念、崇高教育追求孕育的是促使教师专业成长的精神力，那么，教师作为教育者人格所呈现出来的专业成长潜力就是一种人格力，亲和力强、热心耐心、投入关注、真诚宽容、仁慈忠诚的教育者人格永远是一名成长型教师的重要特征，是教师专业成长力的直接构成要素。具体而言，推进教师专业成长的人格精神力包括以下内容。

（一）价值力

价值追求是驱动教师专业成长的核心力量之一，由崇高教育价值追求、执着教育信念所激发出来的教师专业成长力就是价值力。价值是对事物重要性程度的根本判断，是人设定其生活目标与前进方向的根本依据。相对而言，价值对人的行为、思想而言具有先在性和根源性，价值选择与判断的对错往往可能产生"蝴蝶效应"，对人的后续活动效能产生深远、深刻的影响。对教师而言，对正确、高远教育价值观的选择和坚守是教师专业成长内驱力的源头，是决定教师一生专业发展高度的关键变量。价值力同样是一个矢量，它具有方向性和强度双重特点：价值定向的合理性、正确性决定着教师专业成长力的方向，对该价值的执着、坚信与坚守决定着教师专业成长力的大小。坚持一种准确的教育价值观，并持之以恒地朝向它、实现它是教师专业成长力的根本支撑点。进而言之，教师专业成长的价值力主要来源有：教师对职业理想、教育精神的选择与稳定性；教师职业追求的目标与境界；教师的专业使命感意识及强度；等等。

（二）情感力

教师的专业成长力不仅来自对正确、高远教育目标的持守，还来自其对教育事业的深厚热情，教育情感是促使教师专业成长的一股感性力量。教育情感是教师对教育工作、教育环境主动趋近的积极情感倾向，它微妙地决定着教师对教育事件处理方式的选择，决定着教师对教育工作的态度。相对而言，教师的价值力是高度清晰的，而情感力却是相对模糊的，是教师生活中的灰色区域，它构成了教师所有教育工作的底色与基调。教育情感参与教师教育工作的独特方式是渗透与传染，它能渗透到教师教育工作的所有环节与领域中去，促使教师的工作方式产生全面性的变化。因此，对教师成长而言，情感的力量尤为重要。教师成长的情感力主要来自：教师对教育事业的热忱，对教育职业的喜爱，对教育对象——学生的热爱等。这些积极情感直接决定着教师在专业成长的道路上能走多远。

（三）生命力

教师的专业生命力来自其专业生命的把控力，是其专业自我的意识力和调控力。有学者指出："自我专业成长意识是教师真正实现自主专业成长的基础和前提，它可增强教师对自己专业成长的责任感，使自己的专业成长保持不断进取的态势。"无论是教师职业理想价值的重新定位与选择,还是教师职业情感的变化,其根源都来自教师对其专业自我的评价、判断与调适。因此,专业生命是引发教师专业成长的内因,是教师对成长欲望的释放、利用和驾驭,呵护、维系、滋养教师的专业生命是教师成长的必要条件。教师的专业生命体现在三个方面:成长的主动性、自我的超越性与成长的效能感。教师的成长主动性来自教师对专业成长的责任感、自我期待和专业困境的危机意识,来自其改变自我发展状态的热望和信心;自我超越是教师专业生命发展的机制,它来自教师对其专业自我的调控和改变上,来自教师对其专业自我形象的关注、审视、觉知和对成长困境的创造性应对上。自我超越是教师新旧专业自我的转换点,是教师职业价值理想重新定位的前奏和根源。专业效能感是教师专业自我发展状态在教师心目中的主观投射,尽管它是一种直觉,但它却是教师专业自我发展链环的重要一环,是教师专业自我调整的关键信息。

(四) 人格力

教育工作的示范本性决定了教师的人格是教师成长潜力的重要构成。教育者人格不是教师人格的全部,它是教师在其一般人格基础上形成的,在因应教育工作特殊需要不断调整的情况下形成的一种工作人格。显然,教师作为人的一般人格与作为教育者的工作人格之间是有密切关联的:一般人格中包含有教育者人格,教育者人格中含有一般人格,教育者人格是教师在对其一般人格进行修剪、强化基础上形成的。这就决定了教师一般人格与工作人格之间的差距是决定教师成长潜力的关键因素。心理学研究证明:人格是在长期生活、经历、实践中形成的,要改变它非常不易。因此,职前教师与新入职教师的人格特点是教师专业成长力的重要构成。教师的人格力来自三个方面:其一,教师与学生之间的关系力,如教师对师生关系的经营能力、师生间的亲和力等;其二,教师对学生的态度力,如教师能否对学生热情、善意、关心、欣赏等;其三,教师自身人格的魅力,如教师自身表现出来的一些卓异人格,如和蔼可亲、真诚守信、廉洁公正、爱岗敬业等。

二 知识学习力

学习力为教师提供了驱动学习资源、理解教育情境、探究教育现象、深入专业实践内部的精神力、认知力与发展力，是教师在专业社区竞争中胜出、在专业实践中迅速成熟的动力支柱，是教师专业成长能量的孕育者。学习是教师身体与教育环境的一种关联方式，专业学习是教师与外界教育环境交换信息、获取专业发展资源、充实专业自我的基本途径，专业学习力是加速教师自然成长节奏、改变教师专业发展方式的根本原因与关键变量。只讲"如何学习"（how）、"学习什么"（what），不讲"为什么要学习"（why）的教师专业成长方式是脆弱的、肤浅的、无意义的，是"一叶障目不见泰山"式的。只有探明促成教师专业成长的内在动因——专业学习力，教师专业成长才可能步入一条持续、强劲的快行道。从某种意义上说，教师教育的根本目的不是要把那些为实践所证明有效、有用的通则、知识、技能强加给教师学习者，而是要让他们从内心深处懂得"教师为什么要学习"、"促使教师学习发生的原因是什么"这些本原性问题。也就是说，"学习的动因"比"学习的方式内容"更重要，"学习的发生问题"比"学习的路径选择"更重要。教师学习发生的原生形态是一种"力"，是教师自觉不自觉地趋近外界教育资源、寻求应对当下遭遇的教育难题（problem）（即眼下不解决不行的实践问题）的有效对策的客观需要和生存方式。这就是专业学习力。我们认为：只有牢牢抓住专业学习力这条主线，教师学习的其他问题，如方式与内容问题就可能迎刃而解。教师教育实践的目的不是要用现成的专业知识技能来规划教师的未来发展轨道，而是要呵护、润泽、壮大教师的专业学习力，让其真正成为学习过程的主宰者和责任人，努力创建一种有深度、有力度、有根基的教师辅导体系。正如舍恩所言，在专业学习中"有助于他们的各种接入与其说是教学，毋宁说更像辅导培训"①。

同有机体生长一样，教师专业成长是同化作用大于异化作用的结果，

---

① ［美］舍恩：《培养反映的实践者》，郝彩虹等译，教育科学出版社 2008 年版，第 31、143 页。

是其从实践活动、周围环境（通过教师经历）和他人教育经验、教育认识中汲取营养成分并不断充实自我的结果。"生命中最值得投资的是自己，给自己最佳的投资是学习。"在教师成长中，我们将这一驱动教师成长的力量称为学习力。彼得·圣吉指出："未来唯一竞争优势是比你的对手学得更快的能力。"学习力是教师专业成长飞速发展的秘密武器。同时，我们认为：教师已获得的知识、理念在没有被教师同化、经验化之前，它仍然作为教师专业成长的潜能而存在，有效、科学的教育知识、教育理论、他人教育经验是撬动教师专业成长的重要工具。因此，在教师学习力中，对教育知识、理论的学习首当其冲，成为教师在未来竞争中胜出的关键资源，它就是教师专业成长能量的孕育者。

从其构成来看，教师的知识学习力包括许多方面。

（一）理论吸纳力

理论是从前人教育经验、教育活动中提炼提纯出来并为教育实践所验证，或为专业社群所认可、认同的教育认识结晶体，是一种高智慧含量的认识工具，是人们形成解决现实问题的预案与策略的资源依托。没有经过科学教育理论验证的教育实践对策很可能是一种低效或盲目的教育活动对策，经过教育理论预先检验的教育对策在教育实践中成功的概率肯定要大一些。"思想领先一步，你就领先一个时代。"教育理论是促使教师专业成长的智库，对教育理论的吸纳与积累是教师专业成长的加速器。当今教育时代是教育理论生产的黄金时期，教育理论的增速远远超过了教育史上的任何时代，当代教师就生长在教育理论的"海洋"之中，善于汲取教育理论的智慧是教师专业成长力飞升的关键。当前，教育理论虽然实现了"量"的剧增，但在"质"上却处在参差不齐的状态，高效能的优质教育理论依然属于一种稀缺资源。对成长型教师而言，其能否科学地吸纳那些有助于自己专业成长力提升的教育理论是其成长的焦点所在，这就构成了衡量教师理论吸纳力品质的核心指标。在理论吸纳力上，教师的专业成长力来自以下三个方面：其一，对教育理论的鉴别力，其意指教师针对自身教育实践需要来从教育理论"海洋"中搜索、寻觅有效教育理论的能力。教育理论不是解决所有教育问题的"万能钥匙"，教育实践问题的解决也不可能求助于一个教育理论来实现，教育实践、自身专业成长最需要的是针对解决特定问题有特效的教育理论组合或者解决处方。因此，教师必须善于根据自己的教育实践内容与专业成长阶段来选取对自身而言最优的教育理论。其二，对教育理论的吃透力，其意指教师对教育理论内核——教育精神的把握程度。从某种意义上说，某一教育理论是研究者沿着某一视角对有限、类似的一些教育现象进行深度思考的产物，这就决定了其对特定教育问题的解决是有局限性的，其迁移力是有限的。在一个教育理论中，最具迁移力的应该是其中所蕴藏的教育精神，如热爱教育对象的精神、以变应变的精神、适度中庸的精神等，它们构成了教育理论的精髓，对它们吃透才可能赋予教师在教育实践中面对教育理论而游刃有余的品质。其三，对教育理论的延伸力，意指教师结合自身经验体验对教育理论的误区进行甄别并加以修正的能力。教育理论学习的重点不是要坚守它，而是要发展它，是要结合教育实践对之进行延伸，使之更符合教育实践的需要，形成一种对特定实践而言量体裁衣式的"实践理论"。"S = E + E"（S 是 Success，成功；第一个 E 是 Education，教育）理论指出："成功是教育加经验的平衡。"从"教育"中教师获得的是理论，是"学历"，而从"经验"中教师获得的是实践，是"经历"，教师的专业成长是"经历 + 学历"，是在教育理论与教育实践的结合中形成第三种理论——"教育实践理论"，它正是教师对教育理论延伸的结果，是教师教育理论延伸力的直接体现。

（二）经验借鉴力

"最好的学习力，绝不是取得哈佛、耶鲁的博士学位，而是不断从生活中汲取知识、能量和动力的能力"，[1] 这就是经验借鉴力。换个角度看，教师专业成长力来自教育经验的增长，这种"经验"有两个生成之源：一个是自我的教育经历；一个是他人教育经验的借鉴。就其功能来看，自我教育经验增长是教师专业自然生长的表现，而他人教育经验的借鉴则是教师专业自主发展的途径。对免费师范生个体而言，不是同行的所有教育经验都会映入自己的眼帘、引发其学习与效法意识，而是那些对解决教育

---

① 徐小平：《在当下低景气时代如何保持足够社会竞争力》（http：//wing 1478963. blog. 163. com）。

实践问题有特效的教育经验，那些其他教师在长期摸索中形成的对教育实践的独特应对方式。从这一意义上看，这些教育经验是其他教师在教育活动中的比较优势所在，是每个教师的独有法宝和秘密武器，它们形成了该教师与周围教师的区分度与差异性。显然，教师对这些教育经验借鉴的能力与程度是决定其最终发展水平的关键因素，是教师专业成长力的核心构成要素。教师对他人教育经验的借鉴效果取决于三个因素：其一，对他人教育经验的敏感阈限。对学习意识敏锐的教师而言，其他教师身上稍有强于自己的教育经验就可能引起他的注意与察觉，而对于学习意识迟钝的教师而言，其他教师身上存在的明显强于自己的教育经验也难以引发其学习意识与需要，被教师作为新经验、好经验来接受。这种对教育经验差异的敏感度就构成了教师对教育经验的敏感阈限。其二，对他人教育经验的接收方式。针对他人教育经验，教师不仅要肯学、愿学，而且要会学、善学，教师对新教育的接收方式直接决定着其专业成长。教育经验总是存在于教师个人的生活世界之中，它是与教师的教育经历、教育情境、个性风格等融为一体的，教师要想将其从中剥离出来就必须采取一些有效的方式与技术。不同教师之间教育经验的沟通与交流方式有多种，如经验交流、课堂现场切磋、观课听课、课堂视频欣赏等。经验接收方式的类型多寡与差异直接决定着经验学习的效果与水平，并折射着教师学习力的状况。其三，对他人教育经验的结合效果。他人的教育经验毕竟是外来的，它只有融入教师自身的经验结构或主体结构中才可能真正成为教师专业自我的一部分，实现对其专业成长的促进效能。从他人教育经验向教师自我的内化与结合进程而言，大致分为三步：嵌入—磨合—融合。在"嵌入"环节中，外来教育经验仅仅停留在教师的观念或大脑中，还未和教师自我的经验结构相化合、相结合；在"磨合"环节中，新经验与教师自我的认知结构发生了相互作用（其主要形式是同化与顺应），推进了教师专业自我的转变；在"融合"环节中，在新经验的作用中教师的新专业自我形成，新教育经验转变成为教师专业自我的有机构成。可见，对外来教育经验的结合能力是教师专业成长力的重要构成。与上述三个因素相对应，教师的经验借鉴就包括三种：经验察觉力、经验接收力与经验结合力，它们从教师对教育经验的接触、吸收与结合三个角度反映着教师的专业学习力。

（三）情境理解力

教师学习的对象不仅包括他人创制的教育理论、教育经验，还包括自制的教育经验、教育认识。教师不仅是教育理论、教育经验的消费者，还是教育理论、教育经验的生产者。在教育经验、个人教育理论的创造中，教师自导着自己的专业成长历程；在观课上课的实践中，教师凭借自己对课堂教学情境的认识与把捉，凭借对教育问题的发现与猜摸延伸、丰富着自己的教育经验。任何教育经验、教育认识都始于教师对教育情境的感知、解读与定义，"情境定义"的能力是教师专业成长力的又一构成，它是教师专业成长的萌发点。教育情境是一个多因素复合体，模糊性、多意性、多维性是其明显特点。教师对教育情境的定义与理解实际上是一个"理论"眼光介入的过程，是教师对教育情境看法的形成过程。"看法决定做法。"教师用什么眼光与视野"看"教育情境，用什么方式去"看"教育情境，直接决定着教师有效教育行为的生成。针对同一教育情境，不同教师的理解力、看法不同，其对教育情境的应变力也就不同。教师的教育行为差异的背后是其对教育情境的理解力的差异。教师对教育情境的理解力主要包括两个方面：一个是对教育情境的解释力。所谓"解释"，其实质是将一定理论视角嵌入教育情境的过程，就是用一定理论立场或视角来分析教育情境，并借此把控教育情境实质与走向的能力，它实际上体现的是教师将教育理论与教育情境相匹配的能力。教育情境选择着教育理论，这种选择的基础是用多种教育理论来解释教育情境，形成教师认识教育情境的多种视野与眼光，尽管对特定教育情境而言只有某一教育理论才具有专门适用性。教师对教育情境的解释力强弱源自两方面：其一是认识视野的广度；其二是认识情境的深度。一般而言，相对深刻的教育理论对教育情境的解释会深刻些，其更有助于教师对教育情境作出高效、准确的反应。教育理论与教育情境的结合势必导致一种教育认识意向的产生，这种意向的可行性与正确性取决于主体所选用的教育理论的适切性。另一个是对教育情境的判断力。对教育情境解释的结果是大量教育意向的产生，教师必须对之作出理智选择与判断，以之作为自身教育行动生成的依据。教师对教育情境的判断不是随机的，而是循着教育情境延伸的自然态势和教育行动的方向作出的。在教育情境中教师受到双重力量的带动：一方面，他被教育情境推着走；一方面，他在自我意志的主宰下自主地走。教师对教育情境的能动性就在于他要顺着教育情境的自然之"势"行进，并灵活机智地导引这种走势的延伸方向，形成教师个性化的成长之路。因势利导是教师应对教育情境的基本方式，教师对教育情境的判断是实现这种因势利导的抓手。教师对教育情境的判断主要有以下内容：教育情境的性质判断，它是有利于教育目的实现还是有碍于教育目的实现；教育情境的价值判断，该情境对教师专业成长是否构成挑战与助力；教育情境的态度判断，教师是积极迎对它还是回避它；等等。在教育情境中，教师既要将教育判断的作出根植于教育情境之中，又要善于从教育情境走势中摆脱出来，实现对教育情境的自觉引控。因此，免费师范生对教育情境的判断力实际上是指他融身于教育情境之中作出"超情境"的、脱身于教育情境的教育判断的能力。

（四）问题研究力

　　问题隐藏在教育情境中，隐藏在教育现象的背后，免费师范生专业成长始于对这些教育问题的察觉与思考，教师向教育实践学习的实质是向教育问题学习，是围绕教育问题而展开的探究活动。如果说学习有两种，一种是结论中心式学习，一种是问题中心式学习，那么，理论学习与经验学习属于前者，它是一种教师对间接经验的吸纳活动，而问题研究活动属于后一种学习，它是一种教师对直接经验的吸纳活动。问题是在教育实践中不经意地涌现出来的一种阻滞教师成长的困境，它要求教师全力以赴地面对并为之求解。跨越了问题的屏障，教师专业获得了成长；在解决问题中积累着教师的专业成长力，在解决问题的方式与效能中展现着教师的专业成长力水平。正如有学者所言："教师的思考意识和研究姿态就是教师成长的潜质。如果判断一位教师未来的发展状况，就看他是否具有思考的习惯、研究的精神和持续的行为。"在教育实践中，教师面对的"问题"有两种：其一是学者们探讨的学术问题；其二是教师个体在教育实践中面临的真问题。对前一问题的研究产生的是学术成果，对后一问题的研究产生的是实践效果，对这两种问题的研究都能够促进教师专业的顺利成长。问题研究考验着教师的专业成长后劲：对教育问题积极关注、机智求解、努力攻克的教师，其自主发展的基础厚实，可能在新的教育实践中表现出卓异的专业表现；对教育问题置若罔闻、呆板懈怠、麻木回避的教师，其专业成长的速度与周期会相当缓慢，专业发展水平必然受限。一句话，教师对待教育问题的态度与方式直接与教师专业成长相关联。在教育实践中，教育情境召唤着教师专业成长，教育问题挑战着教师专业成长。教育问题是刺激教师专业成长的引擎，是激活教师专业潜质的酵素，是盘活教师专业发展资源的车间，在问题研究中成长是教师专业成长的常态。在教师的问题研究力中有以下三个环节需要关注：问题抓取能力、问题剖析能力和对策形成能力。其中，问题抓取能力是指教师从复杂多变、模糊混沌的教育情境中发现新问题的能力，能否抓住核心问题、关键问题是决定研究效能的首要因素；问题剖析能力是指教师对所研究的问题进行多维剖析与透视，进而抓住问题的关节点、把握问题的实质、把问题看透的能力，它是形成有效解决对策的基础；对策形成能力是指教师针对特定问题制定出有效解决预案与行动计划的能力，是教师组合、优化各种解决措施的能力，它是教师问题研究能力的综合体现。这三方面能力分别构成了教师问题研究力的三个子项目：问题形成力、问题分析力与问题解决力。

三　转化创造力

教师的人格精神魅力为教师专业成长提供了驱动力，教师的知识理论吸附力为教师专业成长打下了基础，它们都难以构成现实的教师专业发展，实现教师专业潜力的增值。只有经过教师对之进行合实践的转化及自主的创造创新，这些成长力才可能进入教师专业实力的库存，成为教师专业成长的强大促动力。从某种意义上说，转化创造力是教师专业成长的爆发力，是教师对已习得的知识经验加工合成、融汇综合、吐故纳新的核心环节。因此，我们甚至可以说，转化创造力是教师的核心专业成长力，是教师成长能量的创造者。面对同样的教育情境、成长资源，不同教师之间专业发展的区分度源自对这些情境信息的组织与利用方式差异，源自其对新教师成长信息的综合生成能力。在转化创造力中，教师的求新、求异心态，创意、创造、创新的意识，参与教育实践的独特方式首当其冲成为其超越现实专业发展水平，实现专业提升的关键因素。一般而言，转化创造力的生成与拓展是从教师的课堂教学实践开始的。实践是教师专业成长的大舞台，是教师利用已经吸纳的知识经验和自己的实践智慧来创造出一节节鲜活的"课"的过程。在实践中教师的专业成长必然包括两方面：其一是对教育理念、知识经验的"适用"与转化；其二是在"课"中进行主体化的自由创造。因此，教师的实践创造力就基本上包括四个方面：知识理论转化力、策略执行力（即完成教育任务的实践力）、课堂实践创造力与教学惯习形塑力。

（一）　知识理论转化力

　　教育活动总是发生在复杂的教育情境中，它总是一连串教育问题环环紧扣、相互缠结的集合，相对而言，教育知识理论则是对真实复杂教育情境简化、视角化、抽象化的产物，是对其中某一两个纯粹教育问题进行静态化、去情境化观照思考的结果。这就决定了任何现成的教育知识理论都只对教育实践的推进、对真实教育问题的完成产生有限功能，它必须在经历情境化转变之后才能付诸实践。在学习活动中，教师关注的是零星性教育智慧、教育策略的积累与吸纳，只要自身专业有长进，教师的学习活动就是有效的；在实践活动中，教师关注的是教育任务的完成，只要能够有效完成教育任务，什么方法策略都可以选用。因此在真实教育实践活动中，每一个教育问题、每一种教育情境都存活于现实的教育任务之中，都被教育任务联结起来，成为教育任务的一个构成要素或环节。也正是如此，对特定教育问题、教育情境有效的教育知识理论不一定对于教育任务的完成完全奏效，它们必须在经过合乎新情境、合乎新问题的转化之后才可能对教育任务的解决产生直接帮助。例如，新课程理念要求我们要培养学生的学习自主性，这显然是课堂教学的一个长期任务，如何在语文阅读教学中培养学生的学习自主性则需要我们对"学习自主性"问题进行操作化的转化。这种转变的直接目标是让学生利用自主活动来完成某一课堂教学任务，如读懂某一课文的思想情感。教育理论知识是普适化的，是超情境、超个体、超时空的，而教育任务的解决却是"在什么山上唱什么歌"、"在什么情况下出什么招"。为了教育任务的解决采用一切知识、理论、经验，不惜让这种知识、理论、经验发生适度的修改、转变与嫁接、新生是真实教育实践活动的明显特征。教育知识理论只是理解一系列具有"家族相似"的教育实践的桥梁，只是人们认识教育实践、处理教育问题的半成品，只有经过"转化"它们才能被能动地、有机地融入到教育实践机体中去，转化成为教育实践的内在构成。教育知识理论的转化力是教师专业成长力的重要标识：转化力低的教师在教育实践中表现为对教育知识理论生搬硬套、机械搬用、不假思索；转化力强的教师在教育实践中表现为对教育知识理论的灵活运用、自主选择与驾驭意识。对教育知识理论的"转化"，它转化的是教育知识理论的四种形态：从普适形态转化为境遇化形态，从超主体形态转化为个体化形态，从无生命态转化为生命态，从观念形态转化为实践形态。实际上，教育知识理论永远存活在教育实践之中，研究者从实践中"抽取"出来的教育知识理论并对之加以语言化的东西只是赋予了这种知识理论以物质外形和可视化符号，其作用在于当教师置身于类似教育实践中时唤醒教师的以往认识经验与实践对策，完整的教育知识经验仍然存留在教育实践之中。因此，教师在完成任务时对教育知识理论的"转化"实质上是对理论生产者的实践历程的一次唤醒与寻觅，是对教育知识理论原初生成背景的一次回溯。这种"转化"绝非技术性、推演式的转化，而是沿着知识理论的符号"踪迹"继续其对教育实践的探险与思考，是对教育实践理论的一次新创造。教育知识理论的转化实际上是教师实践创造的另一种类型而已。深而究之，教育知识理论的转化是遵循以下流程展开的：按照教育任务的需要对相关教育知识、教育理论进行重新解读；根据教育情境与教育问题形成针对性的实践理论，以之作为教育对策形成的理论依据；结合教育实践理论，提出解决目前教育任务的有效对策。与之相应，教师的教育知识理论转化力应该包括三个子项目：其一对教育知识的实践表达力；其二对教育实践理论的生成力；其三对教育策略的形成力。

（二）教育策略执行力

教育策略是教师应对教育问题的主观预案与行动方案，它必须在向教育实践的延伸、再生中才能转化成为教师现实的教育行动方式。这一转化构成了教师的策略执行力或实践力。客观上讲，教育策略只是一种想当然的问题解决预案，只是教师从自身经验、知识理论角度提出的对于特定教育问题解决可能奏效的一种应然性、合理化教育方案，这种方案能否实现从"应然"向"实然"、从"合理化"向"合理性"的转变的确要经历一系列的中间变量。莫兰指出，"合理化"不同于"合理性"："合理化"是从观念系统角度思考现实问题时给出的一种论断，而"合理性"是指一种做法与现实需要之间的内在契合性与一致性。从"合理化"向"合理性"的转化是一种观念行动化、一种方案实践化的过程，是职业情感、主体意志、行动智慧的嵌入与运用的过程。对教育策略的"执行"绝非一种套用，一种技术化操作，因为"策略"与"行动"之间是异质关系，二者之间永远难以找到一种一一对应的关系。如果说二者之间真的存在某种特殊"对应"关系，那么，我们认为这种"对应"只是一种"模糊对应"，一种形似而神非的"对应"，中介变量的复杂性就是这种复杂"对应"关系的直接体现。我们认为，在教育实践中这些变量中起码有三个变量尤为重要：教师工作热情的注入、工作毅力的支持和教育智慧的运用。这三个变量在教师的教育策略转化过程中担负着不同的作用：工作热情使教师的教育策略与教育实际的结合具有了可能，为教育策略向教育实践的转化创造了需要与机遇；工作毅力的支持使教育策略向教育实践的转化具有了持续性与坚持性；教育智慧的运用使教育策略向教育实践的转化之间具有了科学渠道。教育策略是教育理论走向教育实践的中间环节，这就决定了教育策略向教育实践的转化所需要的"形变"程度要更小一些。因此，教育策略的实践化转变更为关注的是这种策略向教育实践嵌入、与教育实践结合、发生合境遇化形变等这些微细环节，关注的是这种结合与转化的自觉性、持续性与科学性。所以，上述三个变量就构成了参与这一转化过程的核心变量。当然，相对而言，教育智慧的应用在完成二者间的结合与转化中更为重要。教师能否针对教育情境的变化、教育问题的特殊性来变通教育策略，使之发挥预期效能，是教师教育策略执行力的重要体现。基于上述分析，我们认为教师对教育策略的执行力包括三项具体能力与潜力：策略执行动力、策略执行毅力与策略转化智力。

（三）　课堂实践创造力

教学策略执行力赋予教师一种利用外在理论知识来提升专业自我的潜力，课堂实践创造力赋予教师一种利用自我潜能与资源来提升专业自我的潜力。从某种意义上说，教师的课堂创造力才是真正属于教师自我的成长力，是教师专业自我的探究力、爆发力在课堂教学中的综合体现，是教师专业自我的增长点与实现方式。课堂实践创新赋予教师的工作产品——一节"课"以个性，形成着他与其他教师之间的差异性与区分度，课堂实践创新是教师自我成长的关节点，是教师专业成长力的聚焦点。真正的成长不是对外力的机械借用，而是自我的创新求变。对教师而言，每一次课堂教学创新都不可能是教师自我的局部变化，而是会产生"牵一发而动全身"的放大效应。在课堂教学活动中的一点创意、创举、创造可能会引发教师对教育生活全局全程的重新思考，引发教师对自身教育哲学的悄然重构，进而波及教师的整个身心。也正是在这个意义上，我们认为：课堂教学实践创新的效能绝不限于其对当下教学活动的影响上，它对教师发展的影响是转基因式的，它可能触及教师专业自我的"硬核"，带动教师教育观念的结构性形变。可以说，每一次课堂教学实践创新都会带来教师全新自我的生成，引发教师行为方式的持续转变，推动教师专业的迅速成长。课堂教学创新的实质是对既有教育行动方式的改变或放弃，是对更有效、更合理的教育行为方式的寻求，是对新自我新形象的期待与向往。教师的课堂教学创新力就体现在他对自身在教育生活中的存在方式的微妙转变与调整上，这种"转变"的完成是一系列环节协作配合的结果：教学创意的形成能力，如教师在参与教学活动中体现出来的求新求异念头，在备课环节中体现出来的创意，在教学板书设计中体现出来的创意，在教学环境设计中体现出来的各种新意，对教学活动形成的新理解、新认识与新思维等；在教学活动中体现的创造性应变力，如在面对课堂教学新问题时教师体现出来的教学创举，在面对课堂偶发事件时体现出来的创造性反应，在教学活动组织中体现出来的种种新异做法等；对课堂教学活动整体的改革意识与能力，如教师所采取的新颖课堂教学结构，教师对传统课堂教学模式的变革力度，对传统教学思维模式的认同度与实践变革，对新课程改革理念的适应性与接受力等。结合上述分析，我们认为：教师的课堂实践创新力主要由三种力量构成：教学创意形成力、教学活动创造力与教学结构变革力。

（四）教育惯习形塑力

课堂实践创新力的形成为教师即时、临场解决新教育问题提供了智慧之源，不断改变教师的教育行为图式、行事方式与教育意识，但它并不能保证教师在一段时期内解决类似教育问题的效力，这就需要教师把在课堂教学实践中形成的创举、创意、创造累积起来，并将之延伸、泛化到教师教学实践的所有方面与环节中去，形成教师应对教育情境的一般智慧。这就是教师的教育惯习。所谓教育惯习，不同于教育习惯，是教师身体应对教育实践难题的相对稳定的图式与倾向，是不断形成中的教育活动倾向。教育惯习的根本特性是储存性与可塑性：一方面，它能够将那些有效的教育行为图式与策略储存下来，使之不至于随着时过境迁而消失；另一方面，它能够不断自我更新，及时将那些新教育图式、新教育策略吸纳进来，形成一种应对教育情境的新倾向与新图式。从惯性程度来看教育习惯只是教师教育生活中那些模式化的教育行为方式、认识方式的重复与再现，而教育惯习比教育习惯要更为易变、模糊一些。在教师发展中，教育惯习能否灵活运转并发挥其预期效能是教师专业成长力的重要内容：成长型教师能够及时调整教育惯习，及时将其在教育生活中形成的创见、创意与创举吸附进来，形成一种更具生命力与实践效力的教育活动图式，而生存型教师则难以实现这种转换，他们被动保持着一种稳态、封闭的教育惯习，久而久之，其专业自我与教育实践封闭、割裂起来，将自己封闭在狭隘的教育惯例、教育习俗世界之中。针对流转的教育实践和复杂的教育情境不断实现教育惯习的自塑、自调与转换是教师专业成长的重要形式，教育惯习的形塑力如何直接事关教师专业发展的未来。如果说教师的教育实践创造力是其专业自我的增长点，那么，我们也可以说教育惯习形塑力是教师专业自我实现整体创新的依托。其实，教师的专业自我不是教师自我形象、自我意识的代名词，不是教师行事方式在教师心灵世界中的投射，而是那些实在的教育惯习形成的联合体。教师身上所体现出来的教育惯习是由其专业自我的实体构成，教师专业成长就是这些教育惯习的新生与转变。教师新教育惯习的形成与三个要素密切相关：对自我教育惯习的清晰意识、对教育惯习效能的判断能力与改变教育惯习的自觉与行动。这三个方面的连续就构成了教师专业惯习塑造转变的过程：惯习自知—惯习判断—惯习调适，它们分别构成了教师的三种专业成长力：教育惯习意识力、教育惯习判断力与教育惯习变革力。

四 优势整合力

教师专业成长所需要的支持性力量是多样化的，而其专业成长所需要的现实力量却是上述力量在相互作用、交错重合中所形成的合力，因为"成长合力决定成长的趋势方向和发展加速度"。如果教师的上述成长力缺乏整合、难以聚焦，就可能出现"散射效应"，导致教师专业成长的乏力感出现。实际上，教师在教育实践中的成功及其在专业社群中的竞争力显现直接决定于其在某一方面专业优势的形成，而非其在所有专业发展方面的成功与胜出。"金无足赤，人无完人。"在专业方面十全十美的教师是不存在的，教师专业成长成熟的直接表现是其某一方面专业优势的日益明显，专业优势就成为凝聚教师身上的各种专业成长力的节点和聚合点。换个角度讲，利用专业优势培育来带动教师各方面专业成长力的提升，在各具体专业成长力的培育中形成教师专业成长的综合优势，是教师专业成长的一般路径；在特定专业优势中体现着教师个人具体专业成长力的发展水平，教师的一般专业成长力发展水平决定着教师形成特定专业优势的实力和潜力。专业优势就是教师在教育教学活动中表现出来的核心专长，是教师独有的"绝活"、绝招，这些专长与"招数"使教师的教育活动效能卓异、高人一筹。尽管专业优势只体现着教师在某一教学环节或方面的有效，但它却是教师教学风格与个性的集中体现，是教师专业成长力的核心指标。可以说，它对教师专业成长力而言具有高度的代表性、综合性与辐射性。教师的具体专业成长力只有通过其专业优势形成这一环节来展现其存在价值，教师专业优势就是其他具体专业成长力的熔炉，教师的人格精神力、知识理论吸附力、课堂实践创造力等是孕育教师专业优势的资源，它们通过加速专业优势形成环节来提升教师在专业社群中的专业地位，增强其对专业实践的驾驭力，提高其对教育活动的影响力。专业优势是教师参与社群竞争的核心竞争力，它就是"一系列的知识、经验和技能等的组合优势"，是教师利用既有专业发展资源基础上形成的一种优势专长。只有优势专长才是教师在专业社区、教育实践中站稳脚跟的基础，优势专长是教师在教育实践中表现出来的精神力、学习力、创造力的连接点与结合部，如何在组合、熔炼教师的各种专业成长力基础上形成教师的专业优势是教师专业发展潜力的重要体现。

　　教师专业优势的形成实际上是一个对各种专业成长力发展进行方向调控和有机聚合的过程。在教育实践中，教师自身的人格个性、任教学科、学生学情、教育环境等条件就决定了在他身上有利于培育哪些专业优势，不利于培育哪些专业优势，教师必须对之进行准确抉择与科学定向。当然，教师专业优势的形成具有一定的随机性，教师所选定的专业优势发展目标不一定成为教师的最终专业优势。在教师专业优势形成中，那些不可控因素，如教师在日常生活中形成的兴趣特长、处世哲学以及在教学活动中教师偶尔体会到的自我效能感、教学成功感等往往成为教师专业优势形成的重要影响因素。教师要善于在自身生活爱好的基础上结合专业成长长远需要，自觉形成有利于自身专业终身、持续、快速发展的专业优势，以确保自身的专业成长力持续走强。专业优势在教师"心目"中定位的完成并不代表教师专业优势的最终形成，它只有在和教师的其他专业成长力联合起来，并成为其他专业成长力的聚力点时才可能对教师专业发展产生统合作用。因此，教师专业优势的整合力还包括教师对具体专业成长力的利用、组合和综合、再造能力。同时，专业优势一旦形成，教师能否将之持续巩固，并一以贯之地坚持终身，使之精益求精，达到熟能生巧、世人叹服的境地决定着这种优势能否在教师身上永续存在，发展为真正专业优势的关键。对教师成长而言，对这种专业优势的巩固与坚守又构成了另一重要观测指标。

　　由上可见，我们认为教师的专业优势整合力主要包括三种成长力：专业优势的定位力、专业优势的聚合力和专业优势的巩固力。

（一）专业优势定位力

　　专业优势的确定是教师在对其专业自我优势进行全面观照，对自身的一般成长力进行全面考虑中完成的，它需要教师冷静、理智、审慎的教育抉择来实现。专业优势的确定需要具备两大条件：一是教师对自身专业成长态势的准确把握；一是教师对同行专业发展状况的深刻觉知。所谓"优势"，对教师而言它是一种"人无我有，人有我优"的东西，它是教师自我的特质所在，是教师自我与他人相比而言的优越之处。这种"优势"的形成是教师将其与自我、与同行相参照的结果，教师的专业优势就是在自我与同行的参照系中显露出来的。因此，在专业优势的定位中教师一方面必须深刻理解自身专业结构状况，找出自己的强项，将之与教育教学工作需要相结合，从中嫁接、延伸出自己的专业优势；另一方面教师必须在对周围同事优势专业能力了解的基础上寻找专业优势的盲区，以之作为自己专业优势的培育方向，实现与其他教师专业优势的错位发展。

（二）专业优势的聚合力

专业优势定位的完成为教师专业成长力的聚合提供了平台，能否将有助于教师专业成长的各种因素与力量凝聚起来，使之转变成教师的核心专长是教师专业发展的关键。一切为了专业优势的形成，一切服务于专业优势的强化是教师其他专业成长力的存在目的，专业优势是统合、统领教师其他成长力类型的中枢神经。在教师成长中，要围绕专业优势把其他专业成长力凝聚起来，教师必须关注两个问题：其一是具体成长力的统筹，即教师围绕专业优势的形成来科学安排其他专业成长力的发展重点与方向。教师的各单项专业成长力是有不同发展内容与培养重点的，一个成长型教师必须善于按照教师已定专业优势这一主线来确定各专业成长力的培养重点。如一个将专业优势定位在教学语言上的教师就应该关注对教学语言方面知识理论的学习、锻炼自己对新教学语言的实践创造力、关注教学语言习惯的形成等。相对而言，教师对其他专业成长力内容的关注要在专业优势培育优先的前提下进行。其二是教育实践中的聚合。教师的专业优势体现在教育实践中，在教育实践中形成、服务于教育实践目的的完成，教育实践是实现教师各单项专业成长力有机复合、自然关联的途径。在教育实践中，教师应围绕教学活动效果效能提高这一主题来科学配置自己的专业成长力，并在优化其结构关系的基础上催生并凸显自己的专业优势，让教师的各项专业成长力围绕专业优势这一主藤组织起来，形成教师自身的绝门招数与个性风格。

（三）专业优势的巩固力

教师的专业优势是教师在教育教学生活中体现出来的具有相对稳定性的优势品质，它绝非教师在教育生活中偶尔闪现出来的雕虫小技或"小聪明"。教师在教育实践中表现出来的那些创意、创举只有在持续的学习、钻研、发展、完善中才可能成为教师的稳定优势，即专业优势。反之，在专业优势培育上朝令夕改、见异思迁只会事与愿违，最终将教师的专业优势扼杀在萌芽状态之中。可以说，聚合单项专业成长力只是孕育了教师专业优势的胚芽，要使之发展壮大，最终成为教师长期稳定的专业优势还需要对之不断加以滋养、巩固与呵护。这就需要教师能够在平凡的教育生活中始终坚守、加固自己的专业优势，为自己专业优势的成长与定型创造良好的外围环境。在巩固专业优势中，教师要善于通过自己教育惯习的形成、教育个性的培育、教育思维的转换来固化那些优秀、有效、创意的教育行为方式，使之逐渐风格化、稳态化，沉淀为自己参与教育生活的秉性与定式。教师的专业优势巩固力主要表现在三个方面：教师对教学专长的珍视、对自己专业优势的自觉呵护和专业优势的稳定程度。

五　环境作用力

教师专业成长的实质是教师针对外在教育情境的发展形势进行专业自我的自觉调适，进而适应甚至超越教育环境变化的过程。教育环境是教师发展的对手与昵友：在与教育环境的周旋中，教师专业成长力迅速增长；在与教育环境的合作中，教师专业发展得以实现。教师的专业成长实际上是在其与教育环境之间相互促进、相互作用、相互催生的动力循环中实现的。正如有学者所言，"$L < C = D$"（其中"L"代表"学习速度"，C代表"变化速度"，D代表"死亡"）。也就是说："如果学习速度跟不上环境变化的速度，那就只能死亡。"所谓"教育环境"，就是教师的教育活动赖以发生的一切外围事物与条件的总称，它包绕着教师，教师是整个教育环境的内核与焦点。利用教育环境、改变教育环境是教师专业成长的直接内容，在应对教育环境中教师的专业成长力得以不断提升。教师在教育环境中的发展方式有两种：一种是适应教育环境，即通过融入教育环境，感受教育环境对自我专业发展要求中获得一种在教育环境中如何生存的方式。教育环境不是一切自然物的机械拼合，而是具有内在相互作用方式与机制的有机体，教师如何加入这种作用机制本身就考验、提升着教师的智慧。在适应教育环境中，教师获得的专业成长力主要体现为适应力，它是教师自觉作用于教育环境的前提和基础。一种是驾驭教育环境，即通过自

觉作用于教育环境，促使其发生合目的、合价值的变化，以更好地服务于教师发展与学生发展。作为一种自然存在物，教育环境也制约着教师专业成长，调控教育环境，创造一种更有利于师生成长的教育环境是教师一切教育活动的最终目的。杜威指出，一切教育活动必须经过环境的媒介来实现，通过干预教育环境来促进人的发展是教育活动的根本机制。因此，教师对教育环境的调控力、应变力、建构力是教师专业成长的最终目的，教师从变革教育环境中所获得的专业成长力是对教育环境的干预力。在与教育环境的相互作用中，教师专业发展最终要获得的是一种对教育环境的作用力，环境适应力与环境干预力是教师的这种专业成长力的两种基本类型。

教师的人格精神魅力、知识理论储备、实践创造能力等通过参与教师专业优势形成的方式来进入教师的专业自我，参与其对教育环境的实践活动，教育环境就是教师专业成长状况的最终试金石与量具。如果说教师专业成长由两部分构成：内部素质成长与外部效能提升，那么，我们认为：专业优势的形成是教师内部素质成长的终端产品，这些优势能否成为一种有生命力的优势最终取决于它的外部效能——在与教育环境作用中呈现出来的效果、效能。教育环境是外在于教师专业自我的，应对教育环境是教师自我专业发展的最终目的，是教师直接从外部汲取发展资源与营养的渠道。然而，教育环境与教师之间大多数情况下保持着一种无意识状态，教师身处其中却无法感知到环境的存在，在其周围只有一堆零零碎碎的事物。教师与环境发生关联的媒介是问题，问题既隐藏在教育环境背后又影响着教师实践目的的达成，是沟通教师与环境之间的桥梁。问题的出现激起了教师对教育环境的警觉与意识，教师必须对教育环境作出应对——要么适应它，要么干预它、改变它。教师的这两种成长力就在问题中发生。

（一）环境适应力

在没有遇到教育问题时，教师与教育环境之间实现了一种平衡，教师对教育环境处于适应状态。一旦进入新教育环境，这种平衡态就会被打破，教育问题出现，教师必须适应新教育环境，环境适应力问题就出现。作为一名成长型教师，他不仅能够适应各类教育环境，而且还能用很短的一段时间适应教育环境，进而达到一种最佳的教育状态。教师对新教育环境的适应涉及两大问题：其一，新环境的同化力与教师自我保持力之间的关系问题；其二，新平衡点的选择问题。就第一个问题来看，教师对教育环境的适应不是机械顺应其要求，让教育环境把自己完全彻底同化了，转变成为教育环境中的一个自在构成要素，而是要用自我的专业优势、专业知能、专业眼光来征服教育环境，实现教育环境与教师自我之间的新平衡。换言之，"适应"不是简单地加入教育环境，不是教师自我的放弃与优势的丧失，而是要在环境的同化力与教师自我保持力之间建立一种新平衡。就另外一个问题而言，教师与环境之间如何建立一种高位平衡点问题是教师专业成长的关键。对教师而言，"适应"到底是走向盲目顺应还是走向主动发展取决于平衡点的选取问题。环境不是"沉默的羔羊"，而是"能动的存在"，教师对教育环境的不妥看法、不当行动方式都随时可能受到教育环境的"报复"或"制裁"。教师对教育环境的适应就是要在适应其内在机理的同时并向其中嵌入新的因素与成分，如改变自身对教育环境的"定义"，加入新的事物，创造新的教育事件等，以此促使教师与环境之间的平衡点向"高位"运动，影响教师对教育环境的适应质量与水平。可见，教师的环境适应力就包括三个方面：一是新平衡点是否建立；二是平衡点的高度；三是教师自我优势与积极发展势头的保持状况。

（二）环境干预力

　　教师的专业成长力来自其与教育环境之间的良性作用循环的形成。这一循环就是：提升自我素养——改变教育环境——生成成长经验——专业成长力提升—提升自我素养……因此，干预改变教育环境、创建新教育环境是教师专业成长的重要一环，是教师自觉按照环境要求调整专业自我发展方向、聚合各种成长潜力、实现快速、持续发展的重要方式。从某种意义上说，教师对教育环境、教育问题的应对力、干预力与调控力的提高是一切教师发展实践的终极目标，是一切教师专业成长力的终端归结点。教师对教育环境的干预既是一种实践学习、探索式学习，更是教师专业成长的归宿点，教师干预教育环境的方式、力度及效能是教师专业成长力的核心评价指标。教师对教育环境的干预实际上是教师基于对教育情境的理解和对教育问题的把握，凭借自己的教育判断，利用教育行动对教育环境进行积极应对的过程。这种干预的效度包括两种类型：其一是主观效度；其二是实际效度。所谓"主观效度"是指由教师对教育情境的主观认知水平所决定的效度，它是在情境干预行动发生之前就已经存在的，它决定了教师情境干预行为的成功概率；所谓"实际效度"是指教师针对教育情境发出行为反应后所产生的实际效力，即它对预期教学目标的实现程度。与之相应，教师的情境干预力就包括两种专业成长力：一种是预期干预力；一种是现实干预力。前者与教师对教育情境的主观效度相关，后者与教师对教育情境干预的实际效度相关。

在实践中，针对同一问题情境不同教师对其所采取的反应方式可能是千差万别的，究其原因，产生这种差异的首要因素是他们对教育情境的主观认识与判断，它预先决定着教师情境干预行为的主观效度。教师对教育情境的干预绝不是在"头脑真空"的情况下发生的，而是基于丰富的前期认识、前期经验储备情况下做出的，这些前期认识、经验状况决定着教师教育情境干预行为的成功概率与预期效果。所以，教师对教育情境的认识判断是与教师对教育活动认识的深度、知识经验的储备状况密切相关的，提高教师的知识吸附力与理论学习力的目的就在于干预教师对教育情境的认识方式与程度。换个角度讲，提升教师的知识理论学习力，改变教师的认知结构，就是增强教师对教育情境的间接干预力。另外，影响教师对教育情境干预力度的另一因素是教师能否用正确的教育行为方式来应对教育问题情境，它决定着教师情境干预行为的实际效度。对教师而言，有力、有效、科学的教育行为方式源自教师丰富教育经验的积累，源自其对课堂教学情境的创造性反应，源自其教学惯例的优化水平，源自教师专业优势的成长。理想的不一定是合理的，合理的不一定是现实的，现实的不一定是可行的。基于较高"主观效度"教育行为意图能否转化成为教师干预教育情境的真实图式，其间经历的中间变量繁多复杂，难以一一预计并加以控制。面对教育情境，教师对教育行为的选择是一种机智，那些成功教育经验、专业优势能力、日常教育惯例、即时涌现的创举常常成为教师行为优选的对象，转化成为教师现实采用的教育行为图式，推动教师对教育问题的解决。从这个角度来看，教师对教育情境的干预方式与干预效度表面上体现的是教师的情境干预力，实际上体现的是教师所有专业成长力的综合水平与整体状况。

综上所述，教师专业成长力是一个多维立体的存在，人格精神力是其众力之源，是驱策教师专业成长的发动机，是最具长效性、稳定性、潜隐性的一种专业成长促动力，是激活、放大其他各类专业成长力的酵素。相对而言，教师的知识理论学习力、课堂实践创造力、专业优势整合力则是驱动教师专业成长力增长的操作性机制，是教师专业成长力的发生器和储存器，是教师实现专业增长与积累的必经之途。教师专业成长力的节点是问题情境作用力，无论是对教育环境的适应还是对教育环境的干预，它们都是教师其他专业成长力的释放对象与作用力点，对教育环境的适应力和干预力是教师专业成长力的归宿点。

第六节　教师专业成长力的培育思路与提升路径

与一般教师专业发展不同，教师专业成长力是教师的潜在成长、隐性发展，是教师发展潜力的增长与发展势头的好转，这就决定了对教师专业成长力的培育与提升不能走"缺啥补啥、零敲碎打"的补偿式思路，而必须走"全面培养、综合提升"的素养拓展式思路。也正是由于它走的是一条"准备未来、预先培养"的路子，故教师专业成长力的提升既可以在教师入职前进行，也可以在入职后进行。客观地说，教师专业成长力从培育到爆发之间必然要经历一个周期，因此，对它的培育具有一定的先导性和准备性，我们只能基于对教师专业成长力结构的分析来确定培育思路与实践路径。

一　教师专业成长力的一般培育思路

如上所言，教师专业成长力在其形成上具有四个明显特点：积累性、持续性、综合性与潜隐性，它们在某种程度上体现着教师专业成长力的发展规律。为此，对教师专业成长力的培育应遵循这四个特点，力促其迅速、健康发展。从这四个特点出发，我们认为，教师专业成长力的培育应坚持以下四个思路。

（一）生活培育思路

教育生活是教师专业成长的沃土，是其教育经历的形成之地，也是教师蓄积发展实力的重要场所。教育生活具有日常性、大众性与常规性，是所有教师身处其中的教育时空，在参与教育生活中教师的教育观念、行为图式、思维方式无意识地发生着量变。教师的专业成长力就是在平实、平淡的教育生活中被孕育、被滋养起来的。与传统教师发展观不同，教师专业成长力培育走的是一条缓慢积累、滴水石穿的道路，而传统教师发展观倡导的是一条自觉、激进、短平快式的发展道路。这条道路可以即刻改变教师的行为方式和认识角度，却难以改变教师专业的根基——教师应对教育问题与课堂情境的稳定倾向。实际上，教师看待、应对教育问题的一贯方式、教育倾向是教育知识的教化力量所难以轻易触动的，是教师技能训练课程所难以须臾改动的，不经过教育经验的反复洗礼，没有教育生活的润泽与侵蚀，对教师教育倾向的改变几乎是不可能的。实际上，教师专业成长的潜力首先来自其教育倾向的准确性与至高性，来自其教育认识、教育行为之根底的有力性与有效性。让教师在教育生活浸润中逐渐改变认识、应对教育问题的倾向，是教师专业成长力培育的日常化路径。教育生活具有立体多维性、复杂涌现性和不可回避性，其对教师专业成长力的培育是全面带动、齐头并进、难以预期的。只要教师身处教育生活之中，在其身上就会生成教育经历，这些教育经历的叠加与反复久而久之会渗透到教师的"骨子"里去，最终彻底、全面、深刻地改变教师应对教育情境、处置教育问题的惯性与倾向，最终积累起教师专业成长的爆发力，引发其专业成长力的实质性增长。

（二）长线培育思路

教师专业成长力的培育必须经历一个由微至著、由弱增强的漫长集聚过程，一定的时间周期是其发展的必需条件。所以，我们不能采取短期训练、刻意强化的短线方式来推进，而只能通过潜移默化、积习熏染的长线方式来实现。所谓"长线培育"，就是指对教师专业成长力培育中我们应该采取"慢节奏、长效能、重长远"的教育思路。这种教育思路集中体现在三个方面：一是微细处着手的细节性教育思维；二是全程关怀教师专业成长的教育原则；三是文化转变为本的教育理念。

首先是细节性教育思维。教师专业成长力的培育从生活着手，着眼于教师成长潜能的扩充与拓展，不求教师在竞赛、考试中胜出的短期效应，而是强调教师身上存在的教育行为方式与生活方式的实质性、稳定性、点滴式的转变，强调在细微转变中根本性地改变教师的教育倾向、教育作风。这就要求教师教育者更要关注教师身上发生的细枝末节式的转变。"细节决定成功。"对教师专业成长而言，教育生活细节的转变与发生并不一定直接带来教师对教育活动的理解与行为的根本性转变，但是它毕竟意味着教师对教育活动的猜摸与关注已经达到了一定深度与水平。从这个意义上看，教师在一言一行上的细节性转变是标识其教育生活方式发生根本转变的地标。在教育活动中，教师对教学活动每一个细节的考究与设计，对教学方案、教学进程的细微琢磨、对名师教学活动细节的学习、对学生生活的细节性关怀等，都是教师专业成长力纵深发展的标志与方向。关注教育教学细节的转变势必是一个缓慢的成长过程，它需要教师具有一种"磨课"精神、"挑剔"精神与"螺丝钉"精神。尽管每一个教育细节并不一定带来教师的教育成功，但它毕竟表明教师的专业功底在增强，表明其专业成长力在发生着量变。

其次是全程关怀原则。教师专业成长的过程具有波澜性和阶段性，在何时完成专业成熟、遭遇"高原现象"是无法预料的。在教师专业成长全程中，教师专业成长力水平与其专业发展水平都有其高峰期与低谷期。一般而言，教师专业成熟期常常在教师专业成长力发展的高峰期之后出现，其水平直接决定着教师后续专业发展水平的制高点。在对教师专业成长力进行培育时，我们必须关注教师专业成长的全程，善于在平时积累突破未来成长"瓶颈"的智慧与力量，善于在日常生活中集聚专业成长的爆发力，努力提高教师未来专业成熟的顶点高度。这个"高度"体现着教师专业成熟的水平，代表着教师一生的专业成就。可以说，为提高教师未来专业发展水平高度而努力，不断超越教师未来的专业成长极限，是对其专业成长力进行培育的最终目的。全程关怀的教育原则要求我们在对教师专业成长力培育时不能过分关注眼前，回避"一时患得患失"的念头，而应该面向未来，把专业努力聚焦于未来，积极关注未来、长远的成功，不局限于眼前的成败与得失，时刻为专业发展的最终成功蓄积力量、储积智慧。

最后是文化转变为本的理念。与教师专业成长力的隐性增长方式相适应的文化转变的教师培育方式。教师文化是教师参与教育生活的方式与图式，是教师应对教育生活的惯常方式，如经验、惯例、常识等的惯性图式构成的综合体。教师文化是教师专业成长的硬核，是最难以改变的生活气质之一，相对而言，教师的教育观念、教育认识、教育理念是教师教育生活中的表层构成要素，它只有波及、辐射或沉积到教师教育生活的惯性层面中去才可能加入到教师的文化领域中。文化转变代表着教师教育生活全局的转变，是长期学习、实践、摸索的结果，从微细处着手改变教师在教育生活中的行事与思维方式是教师文化转变的基本思路。换个角度来讲，教师专业成长力的内核是一种文化力，而非简单体现为其对教育情境问题的分析力、理解力、探究力，对教育知识经验的吸纳力、加工力及对教育事业的精神力和创造力。换言之，这些成长力只有转换成为教师参与教育生活的一种文化秉性时才可能被"传载"到教育活动的各个环节和层面中去，最终对教师的教育实践产生现实的促动力。对教师专业成长力而言，一切教师的成长潜力都不是影响教师当下教育样式的直接力量，它必须渗透、融入到教师应对教育情境的惯性方式中去才可能起到直接影响教师教育生活转变的功效。这种惯性方式就是教师文化，它正是将教师专业成长力"传递"到教师未来教育生活的桥梁。如果说教师的实践创造智慧、教育理念储备是教师专业成长的硬实力，那么，我们可以说教师文化是促使教师成长的软实力。硬实力的转变是立竿见影式的，而软实力的增长却是潜隐曲折的。在教师成长力培育中，我们只有善于将那些利于教师专业成长的积极因素，如教育认识、教育经验、教育惯习、教育优势固结为教师文化，转化为促使教师专业持续增长的长效因素，教师专业成长的爆发力才可能被蓄积起来，进而成为教师走向辉煌教育人生的坚实支柱与可再生资源。

（三）内功培育思路

致力于教师专业成长力培育的教育思路要求我们把教师专业发展重点放在教师教育教学内功的磨炼与强化上，放在教师教育教学基本功底的增强上。对教师成长而言，"内功"指教师的一般教育教学能力及其修养，是与教师在具体教育教学活动中体现出来的具体教育教学能力相对而言的。与之相比，教师的教育教学内功具有内隐性、基础性和强大的扩展力、迁移力，它是教师所有专业成长力的集结点和共通点，是具体教师专业成长力生发的根基。教师的专业内功广泛体现在教师的所有教育教学活动中，是决定其教育教学活动的潜质、潜资、潜能的一种专业品性。甚至可以说，教育教学内功是修炼教师专业成长力的主途径。教师的教育教学内功的形成绝非朝夕之功，它是教师长期磨炼、缓慢积累的结果。一次培训，一节课，一次研讨，一次创造，都只能触及教师专业内功的边缘，难以引发其整体性的转变。在内功培育上，教师教育必须有崭新的教育思路。我们将这些教育思路概括为三个：教育者人格信念修炼、核心专业能力锤炼与教育风格塑造。

首先是教育者人格精神修炼。相对于专业能力而言，教师的教育者人格与精神最具扩张性与辐射力。教师在教育生活中的一举一动、一言一行都能折射出其作为教育者的人格魅力与教育信念，教师的专业内功首先体现为其在教育者人格与教育信念方面的基本功。教师的人格精神力来自其与学生交往中体现出来的道德精神与教育精神，爱生尊师、关怀成长、忠诚事业的品性与品行是教师的人格精神散放光彩与磁力的根源。这种人格信念力量影响教育效能的方式不是外力干预式的，而是内力辐射式的，它是通过一种无形的精神磁场来影响学生身心成长的。这种力量无形、无声、无痕，影响力能够触及教师教育生活的角角落落，只要教师介入教育活动，这种力量就会释放出来。正是由于这种独特的作用方式，教师的人格塑造与精神修炼实践才对其未来发展具有至关重要的意义。苦练这项内功是教师专业成长力持续提升的基石。

其次是核心专业能力锤炼。核心专业能力是教师在任何教育教学活动都适用的那些通用能力、基本能力，它构成了教师专业能力的公共项。教师的核心专业能力主要有：人际沟通、组织能力、教学设计能力、语言能力、说服能力、讲解能力、学习指导能力等，这些核心能力是教师顺利开展教育教学活动的物质基础。就具体教学活动而言，教师的这些专业能力错综复杂地交织在一起，共同推动着教师专业成长力的形成。要强化教师的内功，教师应该刻意对这些专业能力进行精意训练，如通过阅读《演讲与口才》来提高语言表达能力，通过课堂实践来提高讲解能力，通过教案比赛来提高教学设计能力，通过学习方案设计来提高学习指导能力，等等。没有这些核心专业能力的专项训练，教师专业成长力的提升就失去了实践依托，教师专业成长就可能遭遇"瓶颈"。值得注意的是，教师核心专业能力可以通过日常学习修炼、课堂教学实践等专项训练方式进行，但这些方式同样需要在教学实践中整合为教师的专业优势才能成为教师的现实成长力。也就是说，单项能力训练只是为教师专业成长力的综合提升提供了可能，能否最终转变为教师应对教育环境的实在力量还需要进一步的匹配、综合与合成。

最后是教育风格塑造。教育风格是教师专业成长潜力的综合展现，是教师的教育活动方式个性化的产物。教育风格的形成是教师的人格秉性、专业信念、（个体）教育哲学、专业优势在教育实践活动中的特殊表现，它的形成是教师专业成熟的标志。教师的教育风格具有可塑性和定型期。教育风格的定型需要一段漫长的过程，而该过程的起点却是教师踏入教育行业的那一刹那间，可以说，整个教师专业成长的过程都是为教育风格的形成而存在的。关注教师教育风格的形成，密切监控教育风格的形成方向与进程，是培育教师专业成长力的切入点。在教育实践中，教师的专业优势常常是其教育风格的着生点，教育环境与教育经历是影响其形成方向的重要变量，而教师的人格品性又常常赋予其个性化的外形。教育风格是教师的精神力、学习力、创造力综合着力的结果，教师的专业成长力提升的最终目的就是要服务于一种优质、高效、有力的教育风格在教师身上的着生与形成。教育风格定型过早必然导致一种早熟型教育风格的形成；教育风格定型过晚势必不利于教师专业的成熟。一种健康、强势教育风格的形成能够为教师专业成长提供强大的后盾，为其专业成长力的释放提供宽阔的空间和舞台，反之，一种畸形、弱势教育风格的形成很可能抑制着教师专业成长力的释放空间。把控教师教育风格形成的节奏与方向，是历练教师专业内功、为教师专业发展空间扩容的重要方式。

（四）关联培育思路

教师专业成长力的类型是多样化的，但这些具体类型之间是有内在关联的，它们之间既可能相互促进、相互催生、相互增力，也可能相互抵牾、相互阻滞、相互减力，进而产生不同的效应与结果。因此，对教师专业成长力的培育必须立足于这种内在关联之上，努力提高其专业成长合力和环境作用力，为教师专业发展储存能量、产生推力。我们认为，各类教师专业成长力的出现是沿着教师专业成长这条主线对各种教师成长相关要素进行分析的结果：那些有利于教师专业成长的因素被赋予"发展助力"的内涵，而那些不利于教师专业成长的因素被赋予"发展阻力"的内涵。事物之间是相互作用的关系，只要事物存在就要与周围事物发生作用，产生一种"力"，"力"实质上是事物发展相关要素之间的一种关联方式。基于此理解，我们不难看出：每一种教师专业成长力的出现都是教师专业发展与教育环境发生关联的结果，教育环境中的每一种与教师成长相关的事物都会对其发展产生"力"的作用，并延伸出一种"力"的类型。人格精神力是教师的主观精神与教师发展之间产生的一种作用方式，教师创造力是教师与教育实践发生关联的一种方式，教师学习力是教师与外界教育知识信息间的一种关联方式，专业优势整合力是教师与专业自我发生关联的一种方式，环境作用力是教师与整个教育环境产生作用的一种方式，等等。因之，连接所有教师专业成长力类型的主藤是教师的成长与发展问题，是教师专业自我的更新与重构问题。一切教师专业成长力的培育如果偏离了这一问题，它就失去了意义，进而沦落为一种华而不实的作秀行为。为了遵循、体现并自觉适应这种内在关联，在教师培育中我们应该坚持以下教育思维：

首先是两类问题对接思维。在教育实践中，教师专业成长往往会遭遇两类问题：自我专业素质结构不良问题和应对教育实践不力问题。表面上看，这是两个非同源问题，由此许多教师会沿着两条道路来解决专业成长力培育问题：一条是着力通过"场外"（即教育现场之外）学习与专项强化的方式来改变自己的专业素质结构，使之趋于最优化、合理化，在此途径中教育学理论、名师教育经验、核心教学技能强化会成为其专业发展的主要资源；一条是面向教育实践遭遇的难题寻找处方性解决方案，着力考虑某一特殊教育问题的求解，在此情景理解、实践创造、问题研究会成为其专业发展的主渠道。人为地将两类问题割裂开来并对之分别求解的方式是教师专业成长力培育中的最大障碍，这是一种撕破事物自然关联的不当教育思维。实际上，这两类问题在教育实践中是难以分开的：教师所遭遇的教育难题昭示着其专业素质结构的缺陷，是教师专业自我诊断的最准确依据和量表，教师应对教育实践难题，寻求创造性解决方案、吸附相关教育知识理论的过程正是教师完善、优化自己专业素养结构的过程。教师专业成长力的培育只有及时到教育实践中去"试水"才能够找到自己的改进方向，帮助教师找到专业自我更新的着手点，实现专业发展与实践变动之间的动态平衡和主动调适。

其次是双线发展思维。任何脱离具体教师专业发展目标的专业成长力培育方式都可能会落入死胡同，最终成为教师工作的"负担"和"包袱"。客观上讲，这种"包袱"的产生首先是源自专业成长力培育偏离了教师专业发展的需要，其次源自专业成长力培育给教师心理上造成的不良体验。从前一层面看，教师专业成长力的培育必须坚持"一切为了教师发展，一切服务于教师发展"这一主题，确保单项成长力培育与教师长期专业成长计划间的绝对契合，这就构成了教师专业成长力培育的主线；从后一层面来看，教师专业成长力必须让教师从眼前看到希望、尝到甜头，感受到一种自我效能感，这是教师成长力培育的辅线。从主线上讲，教师应该规划自己的成长道路，在把握自身专业优势的基础上确立自己的教育风格培育方向，并据此调整人格塑造方向、专业学习重点、实践探究主题，促使自己应对教育环境的方式逐渐向自己所设定、所期待的教育风格上落地定型。在这一层面上，教师就可能用教育风格塑造将自己的各项专业成长力有效关联起来，有效减少教育实践中产生的大量虚浮教育信念、无用学习、过度学习、平庸实践等现象。从辅线上讲，专业成长力的培育应该让教师从细微枝节上亲自感受到自己专业的发展和进步，领略到自己专业成长的真实效能感与感官效应。在教师成长中，自我效能感不是可有可无的，而是制约教师后续专业成长力培育的一个重要节点。在日常生活中从某一关键事件的成功中获得的效能感常常会使教师"保持较高的知识水平，有明确的期望和强烈的责任心，相信自己有能力给学生以积极影响，满怀信心地帮助每个学生得到良好发展"[1]。自我效能感是教师教育生活中的点滴兴奋感与成就感，这种感觉能够将教师其他专业成长力的培育实践激活起来，让教师在漫长的专业成长周期中体验到成长的乐趣与兴奋，激发其迈入下一专业发展阶段的信心和动机。在教育成长中，主线是把所有教师专业成长力类型从宏观规划上关联起来的一条主藤，而辅线是把教师专业成长力类型从微观心理上关联起来的一条线索。用主线来

---

① 童富勇、程其云：《中小学名师专业成长的影响因素分析》，《教育发展研究》2010年第2期。

统筹教师专业成长力培育的全局，用辅线来维系教师专业成长力的延续性，二者相互交错、相互支撑，教师专业成长力的培育就会更趋强劲有力。

二 教师专业成长力提升的理论路径

专业成长力是导致教师专业成长状态与态势的内在动因，是驱动教师掌握超越的精神引力与现实推力。不同于教师专业发展训练，教师专业成长力培育的目的不是帮助教师应对眼前教育情境与实践难题，不是教师取得暂时教育成功的应时之举，而是要让教师获得一种应对未来教育情境与可能问题并在将来教育竞争中胜出的潜力。从某种意义上说，教师的一切学习与发展活动都是指向其专业成长力提升这一目的的，只是其专门化程度有所差异而已。在教师成长力培育中，我们主要关注的是那些专门用于提高教师未来发展潜能，影响其未来发展态势的培育方式。在实践中我们发现：一旦教师在教育岗位上找到了自己的归属感，确立了坚决的从教信念，其专业成长力就已形成，并且驱策着教师专业成长历程不断前行，只是这种成长有强弱之分而已。也就是说，教师的专业成长力始终处于量变之中，教师教育活动是否有效关键在于它能否改变教师专业成长力的常规节奏，干预教师专业成长的不良势头，使之在短时期内实现迅速、健康、持续的发展，产生教师专业成长的转折点。抓关键、抓重点，为教师成长创造种种新契机、新机遇，创新教师教育者介入教师专业成长进程的方式，是撬动教师专业成长力根底的有效路径。在教育实践中，我们主要形成了以下几种实践途径。

（一）难题跟进路径

所谓"难题"，就是教师凭借既有经验结构、知能修养难以应付的问题，是教师必须通过专业自我调整才能适应的问题。遭遇问题与难题是教师专业成长的契机：难题的出现是教师专业素养结构缺陷的显示器，难题的求解是教师专业知能的全面激活，难题的挑战是教师专业成长的引线。因此，教师专业成长力的调速点常常在教师遭遇教育难题时出现，在此时介入教师专业成长进程是绝好的教育契机。在难题出现后，教师主体结构与外界间的平衡被打破，教师处于困惑迷茫期。如果通过积极探求或外界辅导跨过了这一时期，教师的专业成长力会顺利进入新的发展阶段，否则，其成长力的发展会减速，甚至停滞，教师发展可能进入退缩期。面对教育难题，教师专业成长力的发展很容易走向两极分化，如何帮助教师扭转乾坤是教师教育者的使命所系。在遭遇难题时期，教师心灵向教师教育者的指导是开放的，指导的效果是有保证的，此时跟进教师专业成长进程是难得的机遇。

当然，基于教育难题这一桥梁的跟进并不意味着教师的任务是直接帮助其解决当下问题，而是要以此为媒介全面干预教师专业发展的方式与路径，导引其转向一条更具潜力的发展路径。围绕教育难题这一中心，教师教育者要帮助教师分析其专业成长方式的缺陷，帮助教师认识到导致这种专业成长困境的病根，为其形成更为科学的、处方式的发展建议，引导他们凭借自身的力量与实力攻克教育难题，自觉调整专业成长的方式。在难题跟进式培育路径中，教师教育者对教师的辅导既始于问题、围绕问题但又不局限于问题、专注于问题，而是要让教师在自觉克服教育难题时发生两重转变：其一是专业发展道路的全局性转变，形成一种实践为基、善于吸纳、优势凝聚、创新自强的成长路径，坚实其专业成长的基础，提升其未来专业发展的可能高度；其二是专业发展动力的及时补给，即善于利用教师在自我攻克教育难题过程中形成的自我效能感来恢复其持续发展的信心、增加其自我发展的精神能量，走上一条自我激励与自我探索相互促进的良性发展轨道。

在难题跟进式路径中，教师专业成长力的培育集中体现在教师教育者对教师发展的帮助、辅导与促进、支持上。"解铃还须系铃人。"凭借问题的跟进，教师从心灵上接纳了外来的援助，难题将教师与教师教育者紧紧相连，他们成了同患难、共呼吸的亲密战友，随之教师与教师教育者之间的事业共同体日渐形成，教师获得了坚持的精神与智慧支持，其内在的成长潜能随之会被激发和唤醒。经由难题解决这一通道，教师就可能彻底转变其专业成长模式，走上一条崭新的成长道路，其教育实践就可能焕发出新的生机与态势。没有难题就没有成长，没有难题就没有共同体的形成，教师教育者的难题跟进给教师专业成长力的提升带来了新的契机与希望。

（二）精神充能路径

教师专业成长的爆发力一方面来自其精神能量，一方面来自知识经验能量。在特定教育工作上，这两种能量得以聚合和释放，从而转变成为驱使教师成长的动力与劲头。相对而言，教师知识经验的充实是其经历积累与认知结构转换的结果，精神能量充实是教师的事业心与教育信仰被不断激励的产物；知识经验能量直接参与新智慧、新做法的建构，精神能量则以外力形式间接参与教师教育行为的生成。精神能量是教师向教育生活倾注的情感、热望、成就感与从中感受到的价值感、效能感与意义感。精神能量一旦形成，它就会形成一种兴奋场，降低教师对教育问题的敏感阈限，引发教师对教育问题的感悟、顿悟与领悟；能够调动教师的身心感官，使其高效能地运转，以最低的能耗获得最大的收效。如果说教师专业成长力是其知识经验能量与精神信仰能量的乘积，那么，教师精神能量的增强对教师专业成长力的提升能产生倍增效应。教师对教育工作的精神能量就是一种非认知因素，它对教师专业成长发挥着一种激活、加速、促进与强化的功能，坚实与放大教师的精神能量对教师专业成长力的拓展而言意义重大。总体而言，教师精神能量充实是通过对其内在活力的激发与激励来实现的。在实践中，它一般可以通过以下路径来实现。

其一，德性升华。教师德性的纯化程度是与其教师专业成长后劲密切相关的。德性是教师成长的无形推手，是蓄积其专业潜能的重要渠道。在教育实践中，教师在学生面前的现身方式都负载着德性的内涵，都在影响着其教育行为的效力，都在范导着学生的行为与处事方式，都在暗示、召唤着学生的发展。教师德性是托起教师专业实力的翅膀，是延伸教师教育效力的助手，教师德性的纯化与升华就是教师专业实力的抬升。教师德性是一种高尚人性，德性升华是人性重塑与改造活动，它需要一种撬动人内在秉性的教育形态。教师德性升华无法通过集中培训的方式来实现，它只能通过环境陶冶、文化熏染、生活经历、触动心灵的方式来进行。在教育生活中，那些感人的师德事件、师德楷模，那些期待成长的学生眼神，那些圣洁、奋进的校园景观等，都在无形地将一种高尚的精神要素嵌入到教师的心灵空间，干预着教师专业志向、专业信念、专业情操的形成。从显性走向隐性，从外在走向内在，从语言教导走向情境植入，从直接干预走向自然生成，是教师德性升华、专业成长的现实渠道。

其二，价值参比。价值不仅是主客体间的关系性反映、功用性评价，更是主体对不同事物重要性的理解与体验。价值是事物重要性及其程度的一种主观尺度，是事物与人关系中表现出来的为人性、属人性特点的表现。对教师而言，他对专业活动、教育活动的重要性认识是其精神能量的生成源头。在不同事物中，那些主体认为"很重要"的事物常常定位着人的价值宇宙的中心，确定着人的精神力量聚焦点。客观上讲，相对于教师而言，所有教育相关物在特定情境中都有价值，只是其价值有大小之分，这种价值大小是通过价值参与来确定的。那些相对重要的事物会被教师认为"更有价值"，进而成为教师信奉、坚守、努力的对象。在教育实践中，工作与家庭、学生与孩子、素质与成绩、同事与自己等之间的价值参比实践贯穿于教育活动的始终，影响着教师专业潜力的形成。引导教师在价值参比的各个关节点上理性选择、谨慎判断、全面考虑，以此来考量教师的专业良知，磨炼教师的专业信念，最终把那些有利于自身专业生命延伸、专业自我增值的教育事物作为"最重要"、"最有价值"的东西来珍视，以此来干预教师专业成长的势头与强度，促使其专业成长力不断增长。

其三，情感激励。在学生心目中，教师是有情人、有心人，高尚、积极、健康的教育情感是教师专业成长的重要推力。教师对教育活动的情感基调是爱还是恨、是喜还是厌是决定其教育成就、专业实力的潜隐要素。任何积极教育情感的原始构成要素都是"爱"，对学生、工作、事业的"爱"是教师专业迅猛成长的秘密武器，对积极教育情感的培育、激励与强化是教育工作无往不胜的力量。可以说，正是对教育事业的爱才使教师在工作中全力以赴、毫无保留地把热心、信心、关心、耐心奉献给学生。积极、深沉的教育情感会让教师调动全身心的力量去攻克教育难题，迎接教育困境，创新教育方式，走向专业实践的成功。相对于教育知识经验而言，教育情感不可习得，只能在教育环境与氛围中自然生成，任何语言的力量都是有限的。对教师教育情感的激励包括两方面工作：其一是情感主调的摆正；其二是情感程度的升华。对前者而言，教师只有自觉全身心地投入到教育工作中去，并善于从平凡教育工作中看到自己劳动的价值与意义，体验到一种"自我效能感"，从教育对象——学生那里体验到"被需要感"时，教师对教育相关物的积极情感才会油然而生。积极教育情感形成的前提是教师"看到"自己的工作的价值，这种"看到"的实现一般有两种途径：一个是周围同事在教师实践成功之后由衷的鼓励；一个是教师自身的切身感受，感受到自己在教育环境中生存的意义。通过这两种渠道，积极教育情感就会在教师身上形成。对于后者，教师只能从对教育对象、教育工作的持续关注中去获得。教育情感的深化需要一种水滴石穿的积淀过程，需要教师爱心的持续在场。一旦教师的"爱心"结出硕果，得到学生、家长、社会的认可与回报，一种深沉的教育情感就会永远在教师的心坎上驻留下来，成为教师稳定专业素养的构成要素。

（三）索引学习路径

从教师学习方式来看有两种：一种是一般准备性学习；一种是问题索引式学习。所谓"一般准备性学习"是指教师以应对未来教育活动中的种种可能需要为目的，开展泛泛的、一般性的专业学习，其常见方式是教师素质教育，即将一般教师专业实践所需要的各种可能理论、知识、经验、技能等分门别类地加以培训，以帮助教师应对未来教育情境中可能面临的一切问题；所谓"问题索引式学习"是指教师以教育教学实践中面临的现实难题为线索，围绕这些难题解决需要来搜集学习资料，整合学习资源，选择学习方式，力促教育实践难题的解决。要提升教师的专业成长力，教师不仅需要一般准备性学习，更需要的是问题索引式学习。相对于一般学习而言，索引式学习具有三大优势：其一，自导性。这种学习无须刻意的精神意志力的支持，整个学习活动自然展开，教师解决教育难题的本能需要就可以推动这种学习的展开与发生，教师是这种学习需要的生产者。其二，实用性。这种学习始于教育问题，维系于教育问题，终结于教育问题，其学习结果可以直接付诸实践，无须任何中介，不像教育理论学习那样，它必须经历一个实践活化的过程才能产生实际教育效能，所有学习对象无一不是有助于教师专业成长的，因为成长的实质是教师解决现实教育问题能力的增强。其三，连续性。这种学习可以连续进行，各个学习环节之间是环环紧扣、顺藤摸瓜的关系，实践内在自我延伸的逻辑带动着这种学习的前行，所有学习活动之间是相互引申、相互毗连、相互串联的关系，教育问题能够带动教师去接近、寻找自己最需要的教育理论、教育经验。

要提升教师的专业成长力就必须培养教师索引学习的意识与自觉，索引学习就是教师实现自我成长、自我创造、自我发展的一条重要路径。在教育实践中，帮助教师发现优质教育问题，鼓励教师持续开展学习，扩大学习面，形成多视角的认识眼光与多渠道的解决路径，是确保教师专业迅速成长的有效渠道。实践问题、学习方向与全身参与是教师索引学习的三个支撑点。帮助教师学会鉴别实践问题，判断实践问题价值大小，准确把握影响自身专业成长的难题是启动索引学习的关键。对教师专业成长而言，那些富有挑战性、专业性与普遍性的教育难题是对教师专业成长最有营养含量的问题，围绕这些问题展开的学习是最能增强其主要潜力的学习。同时，在问题确定之后教师要善于利用一切学习平台，如专家讲座、理论书籍、网络资源等多向度、多渠道地搜集有助于问题解决的资源、资料，并结合问题解决对之进行研读、猜摸、思考、探寻，开展理论实践联动式学习，确保实践问题的顺利解决。最后，教师要全身心地投入到学习中来，既要通过亲"身"实践来检验学习结果，又要善于用"心"来体悟、感觉，身心并用、认识与行动并举，努力形成学习与实践间的互动回路，确保教育问题的顺利解决。实践证明：索引学习是教师喜欢、学用一致、知行并重的一种学习方式，是一种围绕教育问题来选择教育理论、组织教育经验、创生教育智慧的学习方式。这种学习习惯的形成必将对教师专业成长力提升产生有力推动。

（四）惯习自调路径

教育惯习是一定时期内教师应对教育问题、教育情境与教育事件稳定倾向与实践图式，是教师千变万化的教育行为方式背后的稳定行事方式。从某种意义上说，正是由于教育惯习的存在才使教师的专业发展水平可以稳步提高而不至于退化到原来水平上：教师在应对当前教育情境、特定教育问题中表现出来的创意、创举会被其教育惯习作为新因素、新智慧吸附进来，进而微妙地改变着教师应对未来教育活动的方式，促使教师超越其原有认知水平与实践水平。总之，教师的教育惯习始终处在型构之中，恒变性是其根本属性。因此，教师当前的专业发展水平与其当下教育惯习的结构之间具有某种一致性与契合性。要考量一名教师的专业发展水平就必须利用形形色色的教育情境、教育问题来诱导出教师的教育反应方式，以此来判定这种教育惯习的品质与效能。换言之，教师专业发展的实质是教师教育惯习的持续、缓慢、渐进式地变迁过程，不同教育惯习代表着教师的不同专业发展水平中潜藏着教师专业发展的契机，代表着教师未来教育成就的可能水平。所以，要提高未来专业发展潜能，教师必须关注教育惯习的形塑与调适。

教师的教育惯习是其认识图式与实践图式的统一，引导教师调整教育惯习就必须改变其看待教育问题的眼光，改变处置教育问题的自然倾向，形成应对教育问题的新举动。看待教育问题的眼光不同就会导致截然不同的后续行为，眼光决定选择、视角决定行动；处置教育问题的方式是多样化的，每一种方式在未被现实选定之前都只作为自然倾向、心理态势而存在，不同倾向在比较中展示出各自的优势与局限，改变自然倾向是教师专业潜能的增长点；举动是教师面对教育问题的身体反应，教育举动是教育惯习的直接表现与外层构成。可以说，每一个教育惯习都是教师的教育眼光、教育倾向与教育举止的统合体，调整教育惯习就是要调整教育惯习的这三个元素及其关联方式。教育惯习的调整与重塑始于教育眼光的变动，教育倾向的选择与教育举止的创生，完成于"眼光—倾向—举止"之间有机链环、内在逻辑的形成。为此，教师教育惯习自调的路径包括三个环节和步骤。

其一，教育视野调整。眼光就是一种认识视野，一种看待教育问题的主观思路。思路决定进路。教育视野的选择具有绝对优先性，它能预先一步保证教育实践的成功。教育眼光的形成是教师的教育经历、教育理念与教育风格参与教育情境解读的产物，它是教师之间个性差异的表现。用什么眼光看教育，就会看出什么样的问题，看到问题的什么方面，最终影响着教师教育策略的形成。成长型教师应该致力于形成一种科学、内行、深邃的眼光，形成一种动态、宽广、复杂的眼光，以此来引导教育惯习的形成方向，让教育视野调整与现实需要实现联动。

其二，教育倾向调适。事物是现实性与可能性的统一，可能性就是其发展的倾向。在面对真实教育情境问题时，有许多种教育倾向在干预着教师的行为选择，不同倾向之间的博弈与较量是必经之途。一旦一种倾向被选择并稳定下来，它就可能成为教师后继教育行为生成的内在法则，直接干预教师教育实践图式的形成。教育倾向具有前瞻性与预期性，它是教师所有教育行为举止中隐藏的一条内线，它隐秘地、一贯地决定着教师的教育行动。一种稳定的教育倾向一旦形成，它就最终会发展成为教师的职业秉性，干预着教师教育风格的形成。教师教育倾向的调适实际上就是与时俱进、因应时势、灵活机变地调整自己的惯性倾向与教育心态，达到对外在教育情境持续适应的过程。

其三，教育举止定型。教育惯习的外在构成要素是一连串的教育行为举止，但这些举止不是混乱无序的，而是围绕一根主线——教师的稳定教育倾向组织起来的，这种稳定教育倾向堪称教师的"教育性格"，它是教师参与教育生活的习性与惯性。在教育惯习调整中，教育眼光影响着教师的教育倾向，而教育倾向影响着教师的教育举止，一系列教育举止的形成是教师教育惯习形成的外在标志。在教育惯习中，每一个教育举止都是教师教育惯习的体现者与实现者，它是受教师的教育倾向制约的，是难以游离出这一教育倾向制约的。教育举止定型的实质是其所体现的教育倾向的稳定化，而非构成它的每一个教育行动的模式化、程式化和标准化。如果说教育举止的定型有两种：外在定型与内在定型。其中，外在定型是指所有教育行为细节及其关联方式的固定化，而内在定型是指所有教育行为的内在统合点——一种教育认识、思维与理念的一致化。那么，在教育惯习中教师的教育举止定型指的是后者，即内在定型。

可见，教师教育惯习的自调正是通过教师教育眼光、教育倾向与教育举止的连锁化自我调适实现的。通过这种自调，教师的专业成长潜力势必不断提高，其应对教育难题的成功率在增加，教师专业成长的态势会日趋强劲。

（五）风格评估路径

教师专业走向成熟的标志之一是稳定教育风格在教师身上的形成，教师专业成长力培育的最终目的就是要加速这种风格的形成与定型。因此，教师与这种教育风格之间的差距反映着教师专业的成熟度，反映着教师专业成长力的状况。基于此，我们认为：对教师教育风格的成熟度与优势方面进行评估是培育教师专业成长力的重要思路，是有效操控教师专业成长进程的实践路径之一。

所谓教育风格，是指每个教师在长期教育教学实践中形成的有效应对教育问题、个性化地参与教育活动的一系列稳定、独特、练达的教育方式的总和。任何教育风格都具有三大特点：独特性、稳定性与有效性。在教育实践中，所有教师遇到的教育问题都是大致相似的，这种"相似"体现在两个方面：一方面，所有教师都是在同样的教育情境中遵循相同的教育思路去处理同样的问题的；另一方面，每个教师所面临的具体教育情境、教育问题，所采取的具体教育思路又是存在绝对差异的。"相似"，就是同中有异，异中有同。这种既相同又不同的教育问题、情境、行动导致了教师之间教育风格的相似性。对教育风格而言，它强调教师在用自己独特的教育方式来应对这些特殊教育问题时所体现的稳定有效性。"有效"是教育风格的硬指标和内在指标，有效教育行为方式的组合及其熟练化是教育风格形成的前提条件；"稳定"是教育风格的形式性要求，是一种教育行为被风格化的外在指标；"独特"是教育风格存在的标志性要求，是它之所以能够被他人观察到、意识到的显著特征，它是指一种教育风格与其他教育风格之间的区别性。正是如此，对教师教育风格的评估就是要对其教育行为方式的效能性、变异性、区分度进行全面评估，以把握教师教育风格的成熟度。

1. 有效性。教育风格的有效性是相对于教师所面临的教育问题而言的。教育风格的外显是一些具有独特组织结构的教育行为方式，其内在是教师所秉承的教育思维与个体教育哲学。从表面来看，教育风格的有效性是指这些行为方式能够有效应对教师在教育情境中面临的大多数问题，或者说，在教师的教育风格中能够找到解决这些问题的一般策略与思路。从实质来看，教师教育风格的有效性证明了教师个体教育哲学的有效，这一教育哲学已经能够应对教师教育生活中的大多数难题。

2. 稳定性。实际上，构成教师教育风格的那些教育行为方式都是教师在应对教育问题中久经考验并被教师继承下来的行为方式。经过了教育实践的洗礼与优选，这些教育行为方式已经变得相对熟练、练达，成为教师应对一般教育问题的似本能性反应。相对而言，教师应对教育问题的特殊教育行为方式都是在此基础上形成起来的，它们构成了教师教育生活中的"硬核"，成为教师秉性的一部分。

3. 独特性。独特性就是事物的差异性与个性，它是一事物与他事物之间的区分度。每个教师的个性是其教育风格建构的底色，每个教师置身其中的独特教育环境，所经历的独特教育事件，所面临的独特教育问题是其教育风格形成的根源，每个教师都有形成其独特教育风格的基础与潜质。教师教育风格缺失的原因不在于其成长条件与环境，而在于其对其他教师教育风格的态度。如果一个教师盲目模仿、复制其他教师的教育风格，就会导致其自身教育风格的消弭。只要教师具有专业自信心，致力于专业实践，善于借鉴他人风格，其教育风格就会自然形成。教师独特教育风格的形成是其投身教育实践，自主、自觉、自信地开展教育实践的结果，教育风格的独特性是教师专业自我存在的物质载体。考察教育风格的独特性就是要看那些专属于教师自身的教育行为方式的成长状况。

实际上，每一种教育风格都有其内在潜力，都是教师专业成长力的重要构成要素。幽默风趣的教育风格有助于创造一种愉悦的教育氛围，严谨审慎的教育风格有助于培养学生缜密的逻辑思维，泼辣开朗的教育风格有助于学生打开思路，深沉稳重的教育风格有助于培养学生沉着的思维举止，等等。教师专业成长力培育的目的之一就是要帮助教师发掘每一种教育风格的潜力与优势，对之进行放大、延伸，将之扩散到教师的一切教育教学活动中去，实现教师教育活动品质的整体提升。对教师教育风格的评估不仅要对教师教育风格的定型水平加以判断，而且还要对其教育风格的优势加以发掘，帮助教师调整教育风格的塑造方向。有了稳定有效的教育风格，教师专业成长力的提升就有了坚实支点；对自身教育风格优势有了准确把握，教师专业成长力的培育就有了明确方向。教育风格评估是帮助教师更好地掌控自己专业成长力发展的着手点。

（六）自我成像路径

教师专业成长是其专业自我的成长，专业自我的后劲与走势是其专业成长力的核心内容。相对于教育风格、学习状况而言，教师专业自我是其整体形象的展示，是教师专业面貌的再现。在教育实践中，教师如若能够对其专业自我状况获得一种反馈信息，能够从这种反馈信息中觉知到自身专业成长的态势与状态，其专业成长力自然会实现迅猛增长。因此，有学者指出：专业成长的目的在于"使一个人不断变成'更好的你自己'以及'最好的你自己'"。教师自我成像技术就是为了解决这一问题而产生的。在教育实践中，这种自我成像技术我们可以通过以下方式来进行。

1. 情境创设，引发反应

教师要完成专业自我的画像就必须求助于其教育行为反应，教育行为反应就好似书写教师掌握画像的画笔，它描绘着教师专业自我的完整轮廓和轨迹。因此，要完成教师专业自我成像还必须求助于教师的教育行为反应，而要诱发教师的教育行为反应就必须创设一定的教育情境。情境的核心是问题，问题是情境的聚焦点，创设教育情境的目的是为了创造一个具体、典型、真实的教育问题，以此来引发教师的一系列教育行为反应。这些行为反应可以是自己的想法，也可以是自己意图改变教育现实的一些做法。要顺利引导教师完成自我画像，教师要将教育情境的各个构成细节进行周密设计，让这些细节成为触发教师特定教育行为方式的突触和节点。譬如：要了解教师的教育认识，我们必须在教育情境中嵌入一些两难选择性问题，让其成为教师教育认识的显影版；要了解教师学习方式，我们应该给教师提供一系列备选项供其选择，考查教师对各种学习策略的利用能力，等等。教育情境的结构、细节是启动教师自我成像过程的起点，情境的完备程度与问题的代表性是决定教师所成之像是否完备的关键。在教师的教育反应中，我们必须对教师以下三方面的表现情况进行细致观察，或者要求教师必须对这些方面的问题进行细致描述：其一，对教育问题的判断；其二，自己的（预期）做法；其三，为自己的做法提供认识上的辩护。

2. 利用表格，形成素材

教师的一系列教育行为反应是我们分析教师专业自我成长态势的素材，我们可以按照以下维度对之进行分类、归纳，逐渐形成教师专业自我的相关数据与图像资料。在此，我们可以按照以下表格来分析教师专业成长状况，以此来判定其未来成长势头。

教育情境	行为预期	教师反应						效果反思	自我解释
		对学生	对环境	对问题	对工作	对学习	对自我		
1									
2									
3									

上述素材是生动再现教师专业形象的关节点，是教师认识其专业自我的主要方面的直观资料。

3. 节点拼接，生成图像，对照反思

在表格分析之后，我们可以将上述教师形象的关节点拼接、联结起来，形成一幅完整的教师形象图。在该图中，我们可以对教师的三重形象，即"学生面前的教师"、"工作中的教师"与"自我心目中的教师"进行刻画，帮助教师形成完整的专业自我形象。在此，每个教师的专业自我形象一般描述方式是：在学生面前，我……在工作中，我一般会用……方法解决……问题，对他人的好做法我能……在我的心目中，我是一个……的老师。我们可以引导教师形成一幅相对完整的自我画像，让教师从中获得准确、丰富、具体的反馈信息。没有比较就没有鉴别。在自我画像形成后，我们可以向教师再呈现成熟教师的做法与想法，为他们提供一个对照的范本，以此帮助教师准确地把握自己的专业发展水平，激起他们进一步发展的欲望与动机，获得专业成长力提升的实践策略。

（七）成长曲线路径

教师专业成长力的最大特点是波动性与变化性。相对于教师专业成长而言，教师专业成长力关注的是教师专业成长的持续性与动态性，关注的是教师专业成长潜质、潜能、潜力的增强。因此，最能反映教师专业成长力状况的不是一个分数、一个结论，而是一条成长曲线，这条成长曲线的坡度"起伏"是教师成长势头的外显，而这条曲线的波峰则是反映其成长力水平的标量。正是如此，教师教育者要实质性地指引新教师专业成长力提升就必须参与到其整个专业成长历程中去，努力通过跟踪研究、阶段性量表测量的方式及时把握教师专业成长力的走向，探明制约其专业成长的壁垒与障碍，确保教师专业持续、快速、正向地发展。

教师专业成长力发展曲线应该由两个维度构成：其一是教师的各项专业成长力的加权平均值；其二是教师专业成长的时间阶段。这两个问题的顺利解决是绘制出教师专业成长力发展的动态曲线的关键环节。就第一个问题而言，根据教师的上述各项专业成长力——人格精神力、知识学习力、转化创造力、优势整合力和环境作用力都可以通过量表开发的渠道来制定出每一种专业成长力的单项评价表，达到对教师每一种专业成长力的精确化评估。从技术角度来讲，这是完全可以实现的。但是，在教师专业成长中，上述各项成长力与教师最终专业成就实现之间的相关度是不同的。按照重要性程度由高到低的顺序排列，它们分别是：转化创造力、环境作用力、知识学习力、人格精神力与优势整合力，故此，其相应权重应该为0.3、0.2、0.2、0.2与0.1。按照该权重给各项成长力赋值是比较合理的。就第二个问题而言，我们认为：对教师专业成长力测量时间段的确定问题非常重要。总体而言，该时间段的确定应该把握好教师专业成长的关键期，在该时期对其专业成长力进行测定是比较合理的。实践证明：新教师专业成长力的关键期理应是实习就业时期、入职试用期、成长早期（入职后3～5年内）与成长中期（参加工作5～10年内）。在这四个时期内对教师专业成长力进行测定并给出论断是非常必要的，因为这四个时期是教师专业成长力的激变期，如若能够对之进行及时施测，我们就可能准确找到其专业成长力变化的波峰与波谷期，以便采取有针对性的特殊举措。

　　绘制教师专业成长力曲线的目的是为了给教师制定出更为完美、合理、科学的专业成长力提升方案。教师专业成长力变化曲线给我们提供的主要信息有两个：教师专业成长力的势头强度与教师专业成长力的绝对水平。这两个信息都预言着教师在未来一段时期专业发展的可能水平与状况，都代表着教师未来专业成就大小。我们认为：制约教师专业成长态势的主要是教师的人格精神力、知识学习力这些内隐化程度较高的成长力要素，而决定其成长力水平的主要是教师的转化创造力、环境作用力、优势整合力这些较为外显的成长力因素。根据这些信息，我们可以形成有的放矢的教师专业成长力提升方案。在此，我们应区分四种情况进行发展对策设计。

势头 / 水平	高	低
正向	巩固	激励
负向	诊断	辅导

　　上图表明，针对不同发展态势与水平的教师，教师要采取不同的成长力干预举措。对于那些发展态势良好，且成长力水平高位的教师，我们应该巩固这种成长状况；对于那些发展态势积极但成长力水平偏低的教师，我们应该激励他们利用自己的能力克服发展困境，走出成长力低谷期；对于那些成长态势下行，而成长力水平较高的教师我们要帮助他们诊断症因与"瓶颈"，帮助其迅速走出发展萎缩期；对于那些成长态势与水平"双低"的教师，我们要及时采取干预性举措，以专业发展辅导的形式及时介入，帮助教师走出事业的迷茫期。

第四章

教师专业成长力发展的实践研究

理论源自实践，实践反哺理论。为了完善、验证、补充教师专业成长力研究成果，我们以免费师范生为案例，进行了有针对性的实践研究。从2008年开始，我们紧跟免费师范生的成长步伐，对近百名免费师范生专业成长力发展进行了跟踪研究与干预性举措，并取得了一定实践成效。在实践中，我们主要开展了三方面的探索：其一是免费师范生专业成长力的量化研究；其二是免费师范生教师专业发展共同体研究；其三是免费师范生在职读研的科学模式研究。我们相信：以免费师范生专业成长力测量为媒介，借助于科学专业发展组织与发展模式的改革，他们就可能在短期内成长为优秀的基础中小学教师。

第一节　免费师范生专业成长力的测定

借助于教师专业成长力构成理论，我们开发了相应的测量量表，以此作为基础性测评工具，对免费师范生进行了系列化的研究。

一　免费师范生专业成长力测量量表的设计

教师专业成长力的理论架构成了我们设计免费师范生专业成长力测量量表的理论框架，借助于前述教师专业成长力理论研究成果，我们将涉及依据再次加以呈现。

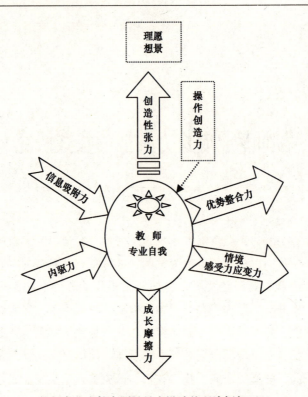

教师专业成长力测量量表设计的理论框架（1）

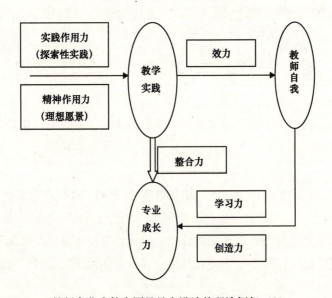

教师专业成长力测量量表设计的理论框架（2）

基于上述框架，我们开发了免费师范生专业成长力测量量表的设计蓝图，参见下图：

项　目		教师专业成长力类型		
1 人格精神力	1.1 价值力	1.1.1 职业理想	1.1.2 职业追求	1.1.3 职业信念
	1.2 情感力	1.2.1 热爱事业	1.2.2 热爱工作	1.2.3 热爱学生
	1.3 生命力	1.3.1 成长主动性	1.3.2 自我超越性	1.3.3 自我效能感
	1.4 人格力	1.4.1 师生关系	1.4.2 对学生态度	1.4.3 人格魅力
2 知识学习力	2.1 知识吸纳力	2.1.1 理论鉴别力	2.1.2 理论吃透力	2.1.3 理论延伸力
	2.2 经验借鉴力	2.2.1 经验敏感性	2.2.2 经验接受力	2.2.3 经验结合力
	2.3 情境理解力	2.3.1 情境解释力	2.3.2 情境判断力	
	2.4 问题研究力	2.4.1 问题形成力	2.4.2 问题分析力	2.4.3 问题解决力
3 转化创造力	3.1 知识理论转化力	3.1.1 实践表达力	3.1.2 实践理论生成力	3.1.3 教育策略形成力
	3.2 教育策略执行力	3.2.1 执行动力	3.2.2 执行毅力	3.2.3 转化智力
	3.3 课堂实践创造力	3.3.1 教学创意形成	3.3.2 教学活动创造	3.3.3 教学结构变革
	3.4 教育惯习形塑力	3.4.1 惯习意识	3.4.2 惯习判断	3.4.3 惯习变革

（续）

项　目	教师专业成长力类型		
4 优势整合力	4.1 专业优势定位力	4.1.1 专业强势意识	4.1.2 专业劣势意识
	4.2 专业优势的聚合力	4.2.1 专业优势统筹	4.2.2 实践聚合能力
	4.3 专业优势的巩固力	4.3.1 珍视教学专长	4.3.2 专业优势呵护 / 4.3.3 专业优势稳定性
5 环境作用力	5.1 环境适应力	5.1.1 平衡点建立	5.1.2 平衡点高度
	5.2 环境干预力	5.2.1 预期干预	5.2.2 现实干预

教师专业成长力测评表（蓝图）

二　免费师范生专业成长力测量量表的研发

借助上述研究框架与设计蓝图，我们开发了一份专用的《教师专业成长力测评表》，参见附录。

第二节　免费师范生专业成长力发展跟踪研究报告

所谓专业成长力，就是"一切导致教师专业发展的各种力量的合成，是在教师专业发展状态中潜藏的积极发展势头的汇聚，是教师不断改变专业自我面貌以更有力地应对未来教育情境挑战的专业潜能，多元化、多源性、多层次、多面性、隐形性是其根本特征"。对免费师范生而言，其专业成长力内蕴着多样化的构成要素，人格精神力、知识学习力、转化创造力、优势整合力与环境作用力都是其重要构成。2011 届免费师范生是我国首届毕业的免费师范生，对其专业成长力发展状况进行跟踪研究意义重大。它不仅是对我国免费师范生教育制度的一次综合考量，更是对部属师范大学教师教育能力的一次全面检阅。在课题组的有序设计下，我们借助课题组研制的问卷有序开展了本次调研，并取得了一些一手研究数据。在此，我们将本次调研情况及其结果加以全面分析与思考。

一　调研整体设计

本次调研在基本理念与具体做法上进行了全面细致的设计与安排，在此，我们对之从以下五个方面加以交代：

1. 调研思路

以预制的"教师专业成长力蓝图"为依据，对免费师范生整体的专业成长力发展状况进行跟踪研究、重点研究，整个调研按照"分阶段、分步骤、有重点"的原则来设计，在调研中利用电话访谈、在职攻读免费师范生、E-mail 网上专业交流等形式对跟踪对象进行行动性的教育干预，促使调研活动与教师专业成长效能提升结合起来。

2. 调研对象

2011 届全国免费师范生 172 名，整个调研分布在语文、数学、物理、化学、小学教育、思想品德（政治）、历史、心理辅导、信息技术、音乐、体育、美术 12 个学科。从学校分布来看，主要是华东师范大学、西南大学、华中师范大学与陕西师范大学等五所部属师范大学毕业的免费师范生。由于调研对象联系不够便利，本研究在跟踪对象上有所变动，以便于调研样本的获取。

3. 调研进程与阶段

本调研共进行了三次，基本调研组织状况如下表所示：

免费师范生专业成长力调研阶段设计

调研序次	调研时间	调研对象	调研人数	发放问卷	回收问卷	问卷回收率
1	2010.7	2007 届在校生	96	100	96	96%
2	2011.10	2007 届参工师范生	37	50	37	74%

续表

调研序次	调研时间	调研对象	调研人数	发放问卷	回收问卷	问卷回收率
3	2012. 7	2007 届在职读研师范生	46	50	46	92%
小计			179	200	172	86%

4. 调研数据处理

本调研数据主要采取 Excel 工具进行统计，利用图表、曲线图直观地反映免费师范生专业成长力的发展状况。

二 调研结果分析

在此，我们将按照"专业成长力蓝图"中的框架对免费师范生专业成长力发展状况进行分析。

1. 人格精神力

教师专业成长力的首要元素是其人格精神力，是免费师范生在教育信念、教育精神、教育情感、教育者人格等方面表现出来的柔性力量，是促使免费师范生专业自我不断走向膨胀、增值与壮大的总动力源，人格精神力主要包括价值力、情感力、生命力与人格力等。在首届免费师范生的三次关键发展阶段，即入职前期（Ⅰ）、入职期（Ⅱ）与入职完成期入职一年后（Ⅲ），其人格精神力是不断变化的，见下表所示：

表1　　　　　　免费师范生人格精神力发展状况（百分点）

调研阶段	价值力	情感力	（专业）生命力	人格力	平均值
Ⅰ（2010）	84.0（242/288）	84.7（244/288）	86.5（249/288）	86.8（250/288）	85.5
Ⅱ（2011）	82.8（92/111）	82.0（91/111）	90.1（101/111）	90.0（100/111）	86.2
Ⅲ（2012）	79.0（109/138）	79.7（110/138）	85.0（131/138）	88.4（122/138）	83.0
态势	↓	↓	∧	∧	↓

（注：本统计中百分比的计算方式是：问卷中选项为"非常符合 + 符合"的频次／（受调查人数 * 3)，其中"1.1.3 我希望有改行机会，离开教育行业"、"1.2.1　我对当教师没有好感"和"1.4.3 学生好像不大喜欢我的性格"等三项统计对象为选择"不符合 + 非常不符合"的频次）

【结果分析】在人格精神力上，免费师范生的专业成长力发展整体处在下降状态，整体变化明显，其根本原因理应是：免费师范生在脱离大学环境后，其对教育事业的情感与认知正发生着由理想化向现实化的转变过程，尤其是在遭遇真实教育情境之后，他们对教育事业的热情、理解会发生一个"沉降"过程。我们相信：在经历这一沉降过程之后，免费师范生的人格精神力会走出起伏与波动，逐渐趋于稳定，最终在新的专业情感与专业价值观念低谷期探底，之后向上升腾的势头与力度将会不断加大。

2. 知识学习力

免费师范生在教育实践中展现出来的学习动力、学习毅力、学习能力等的综合体现就是知识学习力，它是未来教师在未来竞争中胜出的关键资源，是教师专业发展潜能的缔造者，是教师专业成长内力的孕育者。按照"就是专业成长力理论蓝图"，此项专业成长力包括四项元素，分别是：知识吸纳力、经验借鉴力、情景理解力与问题研究力。在三次测查中，免费师范生的知识学习力发展状况如下表所示：

表 2　　　　　　　　免费师范生知识学习力发展状况（百分点）

调研阶段	知识吸纳力	经验借鉴力	情景理解力	问题研究力	平均值
Ⅰ（2010）	84.0（242/288）	92.7（267/288）	57.6（166/288）	71.1（247/288）	92.2
Ⅱ（2011）	76.6（85/111）	86.5（96/111）	56.8（63/111）	76.6（85/111）	74.1
Ⅲ（2012）	65.2（90/138）	58.7（81/138）	74.6（103/138）	61.6（85/138）	65.0
态势	↓	↓	↑	^	↓

（注：本统计中百分比的计算方式是：问卷中选项为"非常符合＋符合"的频次／（受调查人数＊3），其中"2.1.1 我发现在大学学到的许多教育理论没用"和"2.2.2 身边教师的优秀教学经验不怎么样"等两项统计对象为选择"不符合＋非常不符合"的频数）

【结果分析】免费师范生的知识学习力发展具有以下三个鲜明特点：

其一，整体处于下降状态，尤其是对教育知识的学习力与周围经验的借鉴力下降，其主因是免费师范生在脱离校园环境后整体处在专业环境适应期，他们还没有看到其他教师教育经验的珍贵与重要，正处在新经验的探索期与专业成长的迷茫期。

其二，对周围教育情境的理解力处于飙升态势，这与免费师范生开始接触真实教育环境，也需要加深对教育环境的理解有密切关系。

其三，对教育问题的研究力呈"倒 V"形，即经历一段爬坡时期后迅速回落，这应该与免费师范生的专业发展热望密切相关。在入职初期，免费师范生希望通过研究来创造性地解决问题，在这一过程中势必会碰壁，由此引发他们对现成教育经验的反省，产生对实践经验的高度关注。

总而言之，在本阶段，免费师范生专业知识学习的对象处在交替期，即由理论知识为主向以实践知识为主，这一转换过程会给他们知识学习力的变化产生直接影响。

3. 转化创造力

免费师范生对理论知识与书本教育策略的转化与创造力是其专业成长力的关键构成，是他们摆脱形成知识框架体系的束缚，自觉走向专业成熟的关键阶段。在入职头几年，免费师范生对教育理论知识与教师教育技能的实践转化能力是决定其专业成长实力的重要指标，它主要包括以下四种成长力类型，即知识理解转化力、教育策略执行力、课堂实践创造力、教育惯习形塑力等。在免费师范生专业成长的三个阶段，这一成长力类型的发展变化态势也非常明显，参见下表：

表3   免费师范生转化创造力发展状况（百分点）

调研阶段	知识理论转化力	教育策略执行力	课堂实践创造力	教育惯习形塑力	平均值
I（2010）	87.5（252/288）	92.7（267/288）	57.6（166/288）	86.8（250/288）	62.0
II（2011）	83.8（93/111）	73.9（82/111）	47.7（53/111）	88.3（98/111）	73.4
III（2012）	84.8（117/138）	76.1（105/138）	51.0（70/138）	83.3（115/138）	73.8
态势	V	V	V	↓	↑

（注：本统计中百分比的计算方式是：问卷中选项为"非常符合＋符合"的频次/（受调查人数＊3），其中"3.2.2 我无法在工作中将一个好做法持之以恒地"一项统计对象为选择"不符合＋非常不符合"的频次）

【结果分析】免费师范生的转化创造力变化态势具有其独特特征，我们可以将之归结如下：

其一，免费师范生的转化创造力发展态势整体处于波折中上升态势，可以说整体处于"探底转而爬坡"的时期，应该说，这一变化表明免费师范生正在逐步走向专业成熟，这是他们入职后在专业成长力发展上获得的最大收获。出现这一态势的主要原因应该有两个：一个是免费师范生在入职后变得"脚踏实地"了；另一个是免费师范生处在新的教育惯习、教育实践样式的探索期。

其二，免费师范生的教育惯习形塑力处在下降过程中，其原因在于：在入职后头两年内，免费师范生的新教育惯习几乎处在形成中，离定型的目标尚有一段距离，值得教师教育机构予以关注。尤其是免费师范生任职学校应该积极引导与促成他们良好教育惯习的形成。

其三，在免费师范生入职后，其在教育实践中表现出来的转化创造力处在稳步上升期，说明他们开始关注教育知识、教育技能与教育策略向教育实践的转化，开始关注如何把死教育转变为活教育智慧这一重要问题。

4. 优势整合力

所谓优势整合力，就是指免费师范生把自身各种专业特长、优秀资质与自己的具体教育工作相结合，最终形成自己的专业优势的能力。专业优势既是教师专业成长的目标，又是教师出类拔萃、超越他人的关键手段，需要免费师范生加以重点培养。免费师范生专业优势的形成大致包括三个方面，即优势定位能力、优势聚合能力与优势巩固能力，课题组从这三个方面对之进行了细化研究，研究结果详见下表：

表4　　　　　　　免费师范生优势整合力发展状况（百分点）

调研阶段	专业优势定位	专业优势的聚合力	专业优势的巩固力	平均值
I（2010）	60.0（173/288）	63.5（183/288）	63.9（184/288）	62.5
II（2011）	59.9（66/111）	63.1（70/111）	69.4（77/111）	74.0
III（2012）	60.1（83/138）	60.0（87/138）	66.7（92/138）	63.3
态势	—	↓	︿	︿

（注：本统计中百分比的计算方式是：问卷中选项为"非常符合＋符合"的频次／（受调查人数＊3），其中"4.3.3我的工作强项还不稳定"一项统计对象为选择"不符合＋非常不符合"的频次）

【结果分析】免费师范生的专业优势整合力在发展上具有两个明显特点：

其一，总体处于相对平稳态势，波动很小，主要原因应该是：他们的专业优势尚处于萌芽期，许多师范生根本不知道自己的专业优势，这需要他们持续地去参与培训活动才能解决。

其二，从波动的总体态势来看，免费师范生的专业优势整合力处于下降状态，他们进入教育实践后的"专业沉降"过程还在继续，与其专业成长力的整体发展态势相吻合。对免费师范生负担专业成长而言，及时通过专业导引，促使他们向自己的专业优势良性发展并趋于定型，是免费师范生职后教育的重要任务。

5. 环境作用力

环境作用力是免费师范生对教育环境的干预力与影响力，是他们借助于自己的教育观念、教育行动积极干预教育环境与教育对象，努力达成预定教育目标的能力。应该说，干预教育环境，促使其发生正向的、积极的转化是免费师范生专业成长力培育的根本目的。在实践中，我们发现免费师范生对教育环境的作用力的变化是衡量其专业成熟度的一个关键指标，需要教师职后教育部门给予特殊关注。免费师范生对教育环境作用力变化态势如下表所示：

表5　　　　　　　　　免费师范生环境作用力发展状况（百分点）

调研阶段	环境适应力	环境干预力	平均值
I（2010）	36.8（106/288）	38.9（112/288）	37.9
II（2011）	33.3（37/111）	39.5（35/111）	36.4
III（2012）	34.1（47/138）	39.1（54/138）	36.6
态势	V	↑	V

（注：本统计中百分比的计算方式是：问卷中选项为"非常符合＋符合"的频次/（受调查人数＊3））

【结果分析】免费师范生的专业优势整合力在发展上具有两个明显特点：

其一，免费师范生的环境作用力整体处在窄幅波动期，即"V"形，他们对教育环境的干预能力处在轻微波动期，其中原因就在于：免费师范生正处在适应教育环境时期，他们对教育环境的干预力正处在缓慢培育期。

其二，总体态势来看，免费师范生对教育环境的干预力处在回升期，他们对教育实践的干预力在增强，对教育实践的掌控能力在上升。这说明：免费师范生的整体专业成长力处于生长阶段，需要专业人士给予特殊的指导，需要任职学校给予呵护，为他们环境影响力的提高创造良好氛围。

就免费师范生专业成长力的整体发展态势来看，具有以下几个特点：

1. 总体处于"沉降期"。免费师范生在从理想教育环境向现实教育环境转移的过程中，他们对教育事业的抱负，对教育知识的理解，对教育优势的定位等整体处在由理想化向现实化的转变过程中，在沉降过程中，免费师范生才能够更准确地定位专业自我，寻求合适的发展方向，找到自己的发展重点。

2. 成长力发育过程起步。免费师范生专业成长力的发育正处在起步期，需要经过一段漫长时间的积累期才可能迈向理想的发展高度，这需要职后教育机构给予精心的指导与辅助性的规划。通过这些方式，免费师范生就可能顺利走上专业成长力的"爬坡"阶段，迈向更高的专业发展目标。

3. 专业成长力培育的重点是专业转化成长力与知识学习力。魔法释放必须重视教育理论知识与教育实践经验间的对接，通过"对接"来迈过专业发展的波折期，走向专业发展的新起点。初入职场的免费师范生对教育理论知识的认可度极低，但又缺乏足够的实践知识积累，又不愿意放下架子，去向身边的优秀教师学习，这就导致了一系列教育问题的产生，阻滞着他们专业成长力的迅猛发展。因此，免费师范生必须调适自己的专业知识态度，审慎对待他人的专业经验，更要积极地反思实践、转化知识、生成经验，不断提升自己的知识转化力与实践创造力，迅速提高自己的专业成长力。

4. 免费师范生专业成长力发展处于脆弱期与萌动期。免费师范生对自己的专业优势缺乏定位，对教育环境的作用力脆弱，无法适应现实教育实践的要求，处于相对滞后的发展阶段。如若能够对之进行专门指导，引导免费师范生进行自觉规划，自觉帮助他们破解专业成长力形成中的"瓶颈"，他们的专业发展就可能迅速获得后发优势，最终实现专业水准的持续发展。

三　免费师范生专业成长力提升的政策建议

基于上述研究，我们认为：要助推免费师范生专业成长力的持续提升，相关政策部门应该认真考虑以下十条建议：

1. 建立基于教师专业性向测试的免费师范生选拔机制，弱化高考分数的遴选功能，让那些有"教师性向"的高中生能够进入师范大学校门，接受职前教师教育，成长为终生愿意从教的卓越教师。

2. 加大对初入职免费师范生的培训力度，促使其顺利渡过专业适应期，顺利实现心态转换，建立起立志从教的意向与热望。

3. 建立多层次、多形式的免费师范生职后培训与指导体系，配备足够的免费师范生导师，包括理论导师与实践导师，使其得到先进理念与先进经验的双重熏陶与润泽，及时将教育理论与教育实践转化成为自己的教育智慧。

4. 改革免费师范生就业制度，建立一种有助于职前教师专业发展的成长激励制度，让那些从教意志不坚定、专业情感不浓厚的教师及时通过就业环节从教师行业中分离出来，给予其二次选择的机会，确保输入教师行业的新教师合乎双重质量标准，即专业能力与专业情感德艺双馨、双双达标的卓越教师。

5. 建立免费师范生专业成长综合干预体系，对那些专业成长力发展滞后的师范生及时给予政策性的警示，对于那些专业成长力旺盛的免费师范生及时给予政策性的激励，确保免费师范生不忘专业发展方向，坚定专业发展意志，获得良好的专业发展。

6. 加大针对免费师范生的专业成长激励制度建设，建立起经济激励、职称激励、精神激励三位一体的激励体系，及时让免费师范生看到自己的专业成长水平与差距，及时调整专业发展的方向、策略与思路，缩短专业成长的周期。

7. 完善免费师范生职后教育服务跟踪体系，建立"师范生任职学校、县（区）教研室、师范大学"三位一体的免费师范生教育综合服务机构，负责定期对免费师范生专业成长力发展状况进行监测、诊断与引领、培训。

8. 完善免费师范生专业成长的"绿色通道",建立起"招生、教育、就业、职后发展"四环节一体化、一条龙、流水线式的专业成长通道,满足免费师范生专业成长的特殊制度环境与专业要求,促使其一心一意、潜心研究教育教学工作的规律。

9. 加大对在职免费师范生的心理疏导,帮助他们及时解决专业成长中面临的困境,如专业志向徘徊、职业倦怠早生、专业成长环境不满等问题,帮助他们顺利渡过专业成长的危机期、迷茫期、失落期等,顺利完成专业角色的转换与重塑。

10. 建立免费师范生专业成长的目标责任体系,落实各级教育行政部门、相关参与机构、相关教育主体的责任,定期进行督导、考核,确保各项免费师范生教育政策落实到位,产生预期的政策效应。

第五章

面向教师专业成长力培育的
教师教育课程建设

　　教师教育课程是教师教育学研究的核心问题之一，是培养教师专业成长力的物质支撑点。用什么课程来培训，培养师范生、培训在职教师，大力提高教师的专业成长力，是决定其教师教育实践效率与效能的关键和依托。当前，我国教师教育课程大致可以分为两类：一类是教师教育理论课程，一类是教师教育实践课程，如何协调二者之间的关系，形成一种较为科学、合理的教师教育课程体系，是免费师范生教师教育课程探讨的焦点。我们认为：从核心教育出发，按照教育理论与教育实践两个线路来改革教师教育课程体系，构建合理的教师教育课程框架，是确保教师教育课程助推教师专业成长力形成的重要思路。在本章中，我们将在宏观探讨有助于教师专业成长力的职前教师教育课程基础上重点对教师教育实践课程体系加以探讨。

第一节　教师教育课程建设的理论基础
——核心教育知识理论

　　教育知识是滋养教师专业成长的营养品，是支撑教师专业成长的智慧结晶，是教师教育课程的主体构成，教师教育课程建设必须依托核心教育知识，这似乎已成为教育学界的共识。毋庸讳言，在当今教育时代，没有零知识起点的教师发展路径，只有知识前导型的教师专业发展路径；对教育知识的占有量、广阔度与深刻性是优质教师专业成长的核心元素，教育知识的匮乏与结构不良是一切教师专业发展缺陷的总根源。在教育学界，这些隐性共识一直统率着教师学的研究，设计着教师教育系统，它似乎已经成为一条颠扑不破的教育至理。然而，这些学界共识能否得到实践领域——教育界的内心认可，是否得到了一线教师的默许与坚守，还难以达成定论。理论的不一定成为可行的，理想的不一定成为现实的。在当前，初入职教师对"教育学"及其知识体系效能的普遍质疑足以表明：教育学界与教育实践界是双行道，遵循着迥异的语法体系与逻辑行程，教育学者与教育实践者在教育知识上表现出来的看法差异、立场悬殊时刻存在，难以实现完全的弥合与一致。然而，这是一个信奉教育知识的时代，一个教育知识叱咤风云的时代，教育学界生产出的大量教育知识轻易避开了教师受众的检视与审查，鱼贯而入教育实践领域。不论这些教育知识对教师专业发展的贡献率有多大，一线教师都必须悉数尽收，甚至美其名曰："提高教师的教育素养。"在这种情势下，借助于教师培训这条渠道，教育学界给教师"制造"了大量的教育知识学习任务，超量的教育知识"垃圾"占据了教师的教育"头脑"，超出了教师"内心真正信仰并践行"① 的范围，挤压着教育智慧的存活空间，教育界面临着史无前例的教育知识臃肿的危机！反省并校正畸形的教育知识观，让大量教育知识在遴选、精化、向实践而生中提高教育知识的效能与品质，让教师摆脱平庸教育知识"包袱"的拖累，是成为一个当代教师教育研究需要尤加关注的实践课题。

一　教师专业成长对核心教育知识的需求

教师教育的核心问题是教师专业成长问题，一切教师教育活动的实质是从教师专业成长的阶段性要求与客观规律出发，为他们提供力所能及的专业教育服务，进而实现助长教师专业成长、加速教师专业成熟。回顾我国教师教育发展历程，一条清晰的教育主线油然而现，即以专业教育知识的"生产——传播——消费"为主轴的路线，它构成了现代教师教育活

---

① 任永泽：《教育知识的重新概念化》，《现代教育论丛》2010 年第 10 期。

动的脊梁与主心骨。无疑，教师专业成长是多路径的，经验成师、模仿成师（即师徒式教师教育）、制度成师、研修成师等都是其重要表现，但与以教育知识为媒介的知识成师相比，这些路径都显得黯然失色。可以说，在历史上，教师从没有像现在这样对教育知识充满渴求，似乎离开了教育知识中介的一切教师的成长路径都是反科学、太离谱、低效能的。一句话，以教育知识为媒介的教师成长观已经主宰了整个教师教育领域，成为撑起教师教育大厦的一枚定心丸。诚然，教师成长对教育知识的渴求是天经地义、无可厚非的，但问题是：一切教育知识都是教师成长的必需品吗？无疑，当代教师教育的危机不是教育知识匮乏、供不应求的问题，而是教育知识大量过剩、过度饱和、总量过量的问题。在教育知识充斥的时代，过度教师教育随处可见，令人反省。进而思之，一切教育知识都对教师专业成长有效吗？教师需要学习一切教育知识吗？这正是当今教师教育面临的一道时代性难题。在此，让我们从当代教师教育的深层反思入手来切入这一问题。

（一）知识中心型教师成长观：现代教师成长的知识学思维审视

教育知识的批量生产、向教育实践的无节制输入必定与知识媒介型教师成长观密切关联。整个师范教育赖以建立的源头问题就是：如何能使新教师在一个人为构建的教育环境中实现快捷式发展？催生教师专业才艺的有力资源是什么？在这个知识论一统天下的时代，其回答自然是教师专业教育知识。在所有教师教育者眼中，教育知识最有资格在教师教育大厦中领唱主角，其他无一能够取代，这就是知识中心型教师成长观。在此，我们把该教师成长观的理念元素梳理如下：

1. 教育知识可以浓缩教育智慧、移植教育智慧、表达教育智慧

教师参加一切培训、学习活动的最终目的是将来能够胜任教师工作，是获取在教育工作情景中生效、在教师身上流转运行的教育智慧。教育智慧是零散、无形、易逝、个体化、不易言明的，教师专业成长的实质是这些教育智慧在教师身上的隐性增长与累积沉淀，教师教育的目的就是要解决这些教育智慧如何在一个拟任教师身上的重现、再生与聚合、优化问题。在此问题上，许多学者给出的解决方案是：借助于教育知识的生产与再生产来实现。教育知识是教育智慧的翻版、定型与简缩、结晶。借助于

教育知识的生产，将他人原创的生动、鲜活、流转、无形的教育智慧有形化、图式化、技术化，然后经由教师教育的"管道"将之移植到新任教师身上，借此瞬间将新任教师武装成为一个教育智慧充盈的老练教师。这一做法被学界公认为迅速实现新教师专业成长的捷径。这也正是知识中心型教师专业成长观的基本思维模式。绝大多数学者认为：教育实践创造教育智慧，教育研究提纯教育智慧，教师教育传播教育智慧的结晶体——教育知识，随之成为当代师范教育赖以建基的理念"硬核"与精神之基。

2. 教育知识吸附教育经验、纠错教育经验、整合教育经验

教育知识离教育智慧最为接近，二者之间具有某种亲缘关系，相对而言，教育经验则相对疏远，且具有可错性、粗陋性、无序性。只要教师身处教育情境、教育世界之中就会产生教育经历，形成教育经验，它就是"人和自然建立起来的'认识'关系"[1]。每一个教育经验既可能是在一定教育理念指导下的教育行动产物，也可能是教师面对新异教育情境试误性反应的产物。教育经验具有情境依附性、个体依存性、自然存在性，因此，只有借助教育知识生产这一途径，教育经验才可能从教育情境中"剥离"出来，与教师个体的身体相分离，公开接受人类理性的检点、审视，最终围绕某一认识主题组织起来，整合、组织、结晶成为条理化、系统化的教育知识。教育知识就是教育经验的总库存与处理器，就是教育经验的"塔顶"，它是正确、有效、系列化教育经验的变形与组装，是用以直接武装新教师的教育头脑的认识武器，因为教师更愿意相信公共性的教育知识而非他人的教育经验。

3. 教育知识规定教育行为，定位教育生活世界中心

行动源自认识，认识来自知识，这是人类理性化行为的一般行程。动物靠经验行动，人类靠知识来行动，教师的每一个教育行动都需要教育知识的导航与辅助。教师教育研究领域几乎普遍认为：对新教师而言，教育知识对教育行动具有至上性，而教育行动对教育知识的反哺性是有限的；教育知识是撑起教师教育生活世界大厦的顶梁柱，它以"一变而应万变"的方式参与着教师的教育生活世界建构与教育生活方式形成，教育知识就是教师教育生活世界的"超稳定结构"，一位理性的教师始终难逃教育知

---

① 任永泽：《教育知识的重新概念化》，《现代教育论丛》2010 年第 10 期。

识的控制与左右。在教育实践中，教育知识可以改变教师对教育情境的定义、思考教育问题的视角、审视教育事物的眼光，诱导教育价值观的生成方向……"当工具性问题的解决建立在系统的、倾向于科学的知识基础之上时，实践能力方具有专业性。"① 可以说，教育知识正是通过影响教师的眼光、立场、视野、观念来干预其教育行为，规划、设计教师的教育生活世界；教育行为是教育知识作用于教师身心后产生的一种"效应"，教师的整个教育世界就是教育知识的演绎、延伸与扩展，教育知识就是教师的教育行为与教育世界赖以衍生的内在程序。

至今，教育学界对教育知识强大功能的信奉似乎从未发生过真正的动摇，知识中转型教师专业成长观如日中天的地位也未发生彻底的改变。由此，教育知识对教师专业成长的支柱地位异常坚固，教育知识的生产顺势走上了规模化、批量化的道路，教育生活研究化、教育问题学术化、教育反思知识化成为教育领域中的一道风景线。进而，人们误以为：离开了教育知识，整个教育世界就无法正常运转，人类教育活动甚至可能会一下子回到原始社会的水平。实际不然，与教育知识的信仰同步增长的是反教育知识因素的增长，教育知识的权力与权威正面临挑战，现代教师专业成长的知识论缺陷日渐暴露。面对教育知识，我们既需要看到它优势的一面，又要看到它脆弱的一面；既要看到科学教育知识的持续增长，又要看到伪科学知识的猖獗与泛滥。我们的确需要教育知识，但我们需要的是科学、优质、高效的教育知识；针对教育知识，教师必须做到态度上的谨慎与行动上的理智。

（二）教育知识祛魅论调的扩散：现代教师专业成长的知识论局限

教育知识真是万能的吗？教育知识无往不胜吗？教育知识都是教育认识的精华吗？对这些问题的思考成为引发人们质疑教育知识地位的开端。尤其是在知识社会学、后现代知识观产生之后，教育知识的缺陷与漏洞日渐为人们所察觉，教育知识祛魅论调日渐扩散。诚然，在教师专业成长上，教育知识的营养不可或缺，教育知识论不无道理，真正存在问题的环节是人们对教育知识论误区的避而不谈、视而不见，对教育知识的优劣缺

---

① ［美］舍恩：《培养反映的实践者》，郝彩虹等译，教育科学出版社 2008 年版，第 8 页。

乏鉴别与省视。我们无须对教育知识论存在的合法性与必要性恣意猜疑，因为这是一个已被教育实践反复确证的定论，毕竟"反思教育知识，使教育知识具有由有限向无限的延展性和由部门向整体汇总的统一性，但并不制造教育知识，教育知识还必须以教育生活为本"①；我们真正应该关注的是其他类型的教师专业成长论，是对教育知识论的反对"声音"，毕竟教师专业发展绝非单面、单维的教育知识增长所能全部包容的。"偏听则暗，兼听则明。"从悖论中汲取智慧，从不和谐声音中汲取营养，是学者的立场与选择。我们相信：对教育知识论的各种抨击与批评的宽容与理解是保证我们的教育知识立场不偏不倚、趋于中庸的现实选择。

1. 发展多端性与教育知识单维增长论的冲突

所有教育学、教师学的轴心问题只有一个，即如何促进教师发展问题。教师发展是现实的、具体的、实存的一个教育现象，教育学、教师学都只是这一教育现象衍生出来的"副现象"，都只是对这一复杂现象进行"言说"、"解读"、"透视"的主观产物。作为一个实存物，教师发展是个多面体，是各个维度，如知、情、信、行、能、德等的发展并进与交织的过程，多端性是教师专业发展的根本特征。在教育实践中，不仅教师的主观世界，如对教育活动的认识、态度、智慧、情感、思维、精神、人格在发展，他们的行事方式、教育行为也在发展；这些方面的发展常常不是平均发展、"齐步走"，而是优势带动、不平衡推进的，即教师身上的一个职业专长常常会带动他其他方面的发展，最终引发教师整个专业自我、人格面貌、素质结构的重塑与飞跃。在现实中，教师各个方面的发展是作为一个整体的面貌与姿态出现的，这就决定了教育知识论对教师专业发展影响的有限性：它只能直接推动教师专业认识的发展，间接带动教师其他专业素养的发展，这种直接推动力与间接带动力都是有限的，都不能代表、代替教师专业发展的全部。只有综合利用教师各个专业维度，如教育情感、教育信念、教育精神等对教师专业水平的直接推动力与间接带动力，教师专业发展的合力才可能达到最优化、最大化。然而，在教育知识论强势的今天，业界人士开始潜意识地认为：教育知识学习是教师专业发

① 张进峰：《解析教育知识：发生在教育哲学领域的一种新思维——兼评刘庆昌的〈教育知识论〉》，《教育理论与实践》2008 年第 7 期。

展的象征；只要这种学习发生，教师专业发展会自然发生。从而把教育知识与教师发展间的或然关系、多线路关系窄化为必然关系、唯一关系，导致了教育知识单维增长论的教师专业发展论调，无视教师专业发展的其他维度、其他影响源，致使教师专业发展观陷入简单化、单维论的误区。所以，坚持教育知识唯一论不利于凸显教师的多维发展与整体发展，无法实现教师素养的高水平发展。

2. 知识资源与教育知识决定论的冲突

可见，教师发展不能等同于专业知识增长，这是从教师发展的内容上讲的，因为教师发展具有多维、复杂、丰富的内容，其整体表现就是教师从教能力的发展。换个角度，从教师发展资源来看，教育知识也不是教师实现发展的唯一工具与依托，甚至也不是制约教师发展的决定性因素，这就是教师专业发展的知识资源论与知识决定论之间的矛盾。在旧的教师发展观中，笃信教育知识对教师教育活动的决定性表现在许多方面，如认为拥有足量教育知识的教师对教育问题的解决会十拿九稳，甚至相信教育专家能够给出棘手教育问题的完美解决方案，教师发展的理想就是教育理论专家，等等。其实，教师工作是一门专门"技艺"，从教育知识到"教师的知识"需要一个实在化的过程，"合理的知识结构是教育知识实在化的客观条件"①。因之，教师实际发展与专业知识储量的增长之间是非同步、不直接相关的，正如舍恩所言，优秀实践者"并非比别人拥有更多的专业知识，而是拥有更多的智慧、天分、直觉或是技艺"②。教师专业发展的内驱力始于教师的教育认识与其现实教育水平间的落差，而直接导致这种落差的物质因素构成了教师发展的资源。也就是说，任何教师专业发展过程都是在教师自主、自助、自导中实现的，外界因素介入教师发展的接口就是影响教师的发展内驱力，教师发展资源只是能激起教师发展动力的物质诱因而已。在教师发展中，教师对新教育知识的习得自然能够打破"认识—现实"间的平衡态，促使教师对教育问题与现象的认识图式与行事方式的转变，从而成为促使教师专业发展的一种物质资源。但我们应该

---

① 王雪娟：《论教育知识实在化过程中教师应具备的素质》，《山西高等学校社会科学学报》2006 年第 3 期。

② [美] 舍恩：《培养反映的实践者》，郝彩虹等译，教育科学出版社 2008 年版，第 11 页。

清楚地看到：对教师而言，这种发展资源不是唯一的，它只是促使教师发展的物质因素群、发展资源系列中的一个，而且，它也不可能完全决定教师专业发展的全部、全貌、全程，它只是影响教师专业自我、专业形象、专业水平的一个变量而已。进言之，在教师发展中，教师身处其中的教育环境、教师的切身经历与体验、教师的专业成就动机、教师的教育情感与信仰、个人的教育阅历、身边的重要教育人物、人生历程中的关键教育事件等，都可能会进入教师专业发展的资源库，直接或间接影响教师专业自我建构的方向与方式。一句话，教育知识无法规划、规定、规范教师专业发展的图景，它最多只能以"关键变量"的身份，以"自觉干预力"的角色参与教师专业发展进程与方向，教师专业最终发展状况如何只是和教师的教育知识状况部分相关，而非完全与之同向、同构或同一。

　　3. 多路径发展与教育知识线路论的冲突

　　正是基于上述理解，我们认为：教师发展是多线路、多路径、多条腿行进的，而非单线条、单条腿式的，这是从教师发展的方式角度而言的。在过去，尤其是在知识论一统天下的学术环境中，经由教育知识学习来实现教师专业发展的途径被奉为圭臬、视为正途，视为教师专业成长的必经线路，甚至是唯一线路，整个教师发展观被等同于教育知识习得观，而对教师发展的多路径现实则视而不见，从而导致了一种理性唯一、知识至上的不健全教师发展观。其实，当代教师发展具有较大的不可控性，教师的自我建构与外因影响共同决定着教师专业发展的现实路线，用"多因素交互作用、互促共生发展"来解释这一发展过程最为合适不过了。如果说教师专业发展的终端是具有一定专长的成熟教师或教学名师，那么，"条条大路通罗马"，教师可以经由多条道路实现这一目标。譬如，以教育实践为本的自然成师之路，以理论学习为本的自觉成师之路，以师徒模仿为主的经验移植之路，以"理论—实践"交互交融为主的穿梭之路，等等。而且，对每一位教师而言，他还可以在不同教育时空、不同发展阶段来选用或并用这些发展路径，最终实现教师专业发展的理想目标。教师发展不是在教育知识牵引下的单行道，不是受控于教育知识的单线路行进。诸多教学名师的专业成长经验表明：身陷书本教育知识的"旋涡"，一切教育行动都诉诸教育理论的支撑，不考虑教育情境的合理性要求，教师发展只会被沉重的教育知识所负累。因之，多路径、多线路、多轨道是当代教师专业发展的鲜明特征，基于教育知识学习的传统教师发展线路不再具有唯一合法性。

4. 专业知识与泛教育知识论的冲突

随着教育知识地位的攀升，教育知识的生产提速，向一切教育实践领域的扩散速度猛增，甚至一切教育认识、教育观念、教育意见都在"教育知识"的名义下堂而皇之地进入教师教育领域，成为教师的必修课。随之，教育知识的品质、品味在下降，一切教育想法、看法、意见都被堂而皇之地列入"教育知识"的清单，一股泛教育知识化的潮流在现代教育领域中迅速形成。客观地讲，任何教育知识都可能对教师的教育行动产生现实的启示、促动、影响，都会对教师的教育生活产生或大或小的积极效应，但问题是，教师的大脑容量是有限的，教师的核心实践领域是有界限的，如果不分良莠，把一切"教育相关知识"都纳入教师学习的范畴，那么，一种过度、超限、高耗的教师教育形态就会形成。其结果是，教师学习的负担可能会被加重，学习的效能会打折扣，一种高耗低效的教师教育模式就会产生。真正有意义的教育知识是教师需要、教育实践需要、教育效能显著的高效优质教育知识，这就是专业教育知识。在教师教育领域中，"专业"代表的不仅仅是教育行业特有的知识，它更代表的是优质、高效、实用、创意、深刻的教育知识。这些教育知识的专业性不仅因为它们是学者从教育知识群体中精选出来的，更重要的是，它们经过了教育实践的考验与筛选，经过了教师专业共同体的确认，属于一种经过了学者的学理性与实践的效能性双重检测的教育知识。只有把这些专业知识从"教育相关知识"中遴选出来，将之上升为教师学习的对象，一种有效、优质的教师教育才可能在教育实践中形成。

5. 教育知识崇拜与知识批判论的冲突

进入启蒙时代以来，科学成为人们仰慕的对象，知识成为稀缺公共产品，信息成为知识再生产的必经之途，人类知识进入了批量生产与广泛传播的新时代。对教育知识而言，"一人得道鸡犬升天"，它搭了"科学知识"的便车，在教育领域迅速获得了霸权地位，统领着教师的教育思维、教育行动，教育知识的合法性空间空前膨胀，实现了人类教育知识的"第一次革命"。随之，教育知识成为教师的教育行事方式合法化的证照，似乎教师的一切言行不带着"教育知识"的光环与装裱，不靠"教育知识"的理据来撑腰，就没有资格合法地进入教育实践的圈层。随之，未来教师对教育知识的学习变成教师培养中的一个专门化阶段，成为教师进入教育行业的必需条件，传统的师徒式教师教育、经验成师的教师造就方式被排挤、被摈弃。可见，对教育知识的崇拜与依附就是现代教师教育的鲜明特征与独有主题——凡是在教师发展过程中面临的一切难题与困境都可以通过教育知识的补给与学习来解决，教育知识就是教师解开一切教育难题的万能钥匙。其实，教育知识尽管是所有教师发展资源中最有效、功能最为强大的一个，但毕竟不是最完美的一个；从根源上看，"教育知识并非由'（科学意义上的）知识'演绎所得，而是教育学科发展过程中内在生发出来的理论术语"[①]。在当前，与教育知识权威力量同步增长的是教育知识批判力量的增长。尤其是在后现代语境中，教育知识的定论性、普适性、法定性、中立性、长效性等特征正在受到质疑，一种情景摄入、价值卷入、个体参与、性能多变、永恒建构的教育知识观走上舞台，教育知识崇拜论被请下神坛，回归教师专业发展的"辅助者、促进者、启蒙者"的理性地位成为大势所趋。教育知识就是教育生活中的道理、事理、至理，教育实践者只有在使用教育知识的过程中才能释放这些道理的潜能，使之成为一种推动教育活动优化、变革的现实力量。所以，教育知识的生命在于其"向实践性"，即"在原直接经验、原理论的基础上适当地、进一步地走向具体的教育实践，创造出能够直接指导教育实践的'中介'体系，把教育知识转化为一个教育思维图形"[②] 之后才具有立足实践领域中的资格。进而言之，教育活动是检验教师的教育效能的重要舞台，教育生活的多变性、复杂性、情境性、特异性决定了并非一切教育难题都可以借助于教育知识来求解。教育活动是活的，教育活动的主事者——教师也是活的，他们只有运用自己的智慧灵活地解读教育情境、处置教育事件，才可能在教育活动中达到"从心所欲而不逾矩"的自由境界；反之，过于信奉教育知识的效力，不会结合教育情境来活化知识、稀

---

①　雷云：《教育知识的探究——兴起、现状与研究取向的思考》，《东北师大学报》（哲学社会科学版）2009 年第 2 期。

②　郭三娟：《从教育知识实在化看教育知识应具备的素质》，《教育理论与实践》2007 年第 6 期。

释知识，即便是他人证明是"最好"的知识，对自己也是徒劳而无益的"教条"而已。对教育知识功能进行合理定位，既不过分夸大也不小视它的力量与存在，在接受评判中引导教师合理教育知识的形成，这才有助于我们放弃教育知识为本型的教师发展观，审慎解决好教育活动的知识基础问题。

因之，教育知识不是教师专业发展的唯一内容、唯一资源与唯一方式，教育知识也不都是教师专业发展的必需品，不都是教师专业发展的顶头上司。清理教师专业发展中的教育知识论误区，形成应对教育知识的科学态度，是当今教师教育领域必须关注的一大问题。

（三）联体教师教育体制的定型——对教育知识的被迫选择

如果说是知识量的增长导致学校教育制度的产生，那么，我们也可以说：正是由于教育知识的增长才导致了专门性教师教育制度——师范教育的产生。客观地讲，我国教师教育制度属于一种联体式教育制度，即由职前教师教育（或师范教育制度）和教师继续教育两大要件构成，其中，职前教师教育制度就是专门为教育知识的传授而设置的，其主要使命就是完成对教育知识集中化、专业化、系统化的传授，解决新教师的教育知识不足、知识结构不良等问题。客观上讲，这种教师教育制度既是对教育知识在教师专业发展中的重要地位的确认与体现，又是对一个时代主导教师教育路径的选择。在教育知识大量生产之前，人类教师教育制度是一种教育实践制度与教师培养制度合二为一的同体化制度，而在教育知识出现量增与大量积累到一定程度之后，人类教师教育制度被迫分化为两段——以教育知识习得为主的预备教师教育阶段和以教育知识运用为主的在职教师教育制度相继连接而成的联体式教师教育制度。这种分化既是教师教育进化的表现，又是教师教育迈向专业化的必经阶段。

因之，在联体式教师教育框架下，我们必须继续坚持教育知识的主导地位，重视教育知识对教师发展的先导性、基础性地位，这是由特定教师教育发展阶段的实情所决定的。但在教育知识祛魅的新时代，我们必须对教育知识的功能、地位加以重新评估，在教师发展中给教育知识安顿一个合适的位置，以此实现教育知识效能的最优化。进言之，支撑联体式教师教育体制的关键是承认教育知识对教师专业发展的必要性，选择基于知识培养论的教师教育理念；在教育知识功能阈限被廓清之后，教育知识地位的摆置与主干内容的确定必须符合教师专业发展的整体需要。当前，教育知识的完美光环日渐褪去，暴露出了"有缺陷的教育知识"的真面孔。在此情势下，教育知识的合法存在空间应当适当收缩，对其内容应当加以优选，以确保教育知识在教师教育实践领域中的继续合法存在。一句话，对教育知识的坚守与选择成为继续延续"教育知识育师"这一教师教育理念的必由之路，成为当代教师教育实践的明智选择。

1. 永恒的教师教育话题——知识育师论

教育知识尽管遇到了来自实践的种种质疑与抨击，尽管人们对教育知识持有种种误解与不当态度，但是我们不可否认，教育知识对教师发展的内在合法性依然存在，这就是：其一，教育知识代表着人类认识教育问题的重要成果，即便它不能直接指引教师的教育实践，但也能有效干预教师教育视野的形成，影响教师认识教育问题的眼光，为教师教育行动方式的选择提供一种重要参照与智慧借鉴；其二，教育知识是教育活动理性化的产物，代表着理性教育力量在教育活动中的存在，无视或轻视教育知识对教师专业成长的重要性，只会使教师发展退回到原始状态与经验轨道，人类教育行动的品质与内涵只会大大降低，换言之，到目前为止，教育知识尽管不是促使教师专业成熟的唯一营养品，但仍旧是最佳智慧营养品之一；其三，教育知识的功能具有双重性：从最低层面讲，它能够改变人的教育行动的随意性、盲目性，增强人对教育行为的自控力，强化人对教育情境的影响力，从最高层面讲，它能够将种种教育想象、教育创意、教育洞见嵌入到人们的日常教育生活中去，促使教师的教育行动轨迹发生转机、转轨，实现专业水平的不断超越与质变。显然，这两种功能都是教师的教育活动所需要的，都是改变其教育行为的内涵与品质的决定性因素。正是由于这些原因的存在，我们相信：教育知识缺陷的暴露并不能说明教育知识的生命力已经衰竭，它只是表明我们对教育知识的期待显得有点"过分"或"超重"，对教育知识的态度变得有点"偏宠"或"失去理智"，这并不能为知识育师论的失效提供充分理由。任何事物都不可能是完美无瑕的，正是由于种种缺陷的存在才表明事物的真实性与有待完善性，缺陷本来就是由事物的本性构成的。任何事物都有两面性，在许多问题上，我们首先应该改变的是个人的主观态度与不当认知，其次才是改进事物的结构与属性。换言之，凡是教育知识发生病变的地方都是人的观念在作祟，几乎都是由人的不当运用与过分期待造成的，而非教育知识本身的客观"瑕疵"所致。

在当今教育时代，基于知识育师论的教师教育观并没有彻底过时、失效，我们应该调整的是对教育知识失常的心态与做法，而非彻底摈弃这一教师教育理念。教育知识育师理念的基本内核是：科学、有力、健全的教育知识能够改进教师的教育行为，提升教师的专业品质，增强教师对教育生活的干预能力。对教师而言，教育知识始终是其行动的武器，是他们参与教育世界改造的关键资本，知识育师论是教师教育的永恒话题。我们相信：在经历了种种教育知识责难之后，人类的教育知识观只会更加成熟而非相反。坚守教育知识的阵营、转变教育知识内能的释放方式、充分发挥教育知识的潜能，是教育实践的不懈追求，是教师专业成长的永恒秘诀。

2. 教育知识合法性空间的缩减与甄别

在教育知识遭遇质疑的背景下，教育知识的合法性阈限开始成为一个真正值得学者深究的话题。当然，教育知识合法性空间的形成是教育知识的消费者——广大教师赋予、确认的结果，这种赋予的方式就是认可它的合理存在，认可它对教育实践的领导或主导地位。教育知识的存在是一个客观事实，教育知识合法性的空间其实就是指这些知识的合理使用范围与生效领域，这一空间即是教师群体的实践效验与主观体认的结果。在教育知识缺陷日益暴露的今天，我们尽管依旧需要教育知识，但这种"需要"是有选择、有限度的。对教育知识的适用范围加以限制，对其存在的合法空间加以重新界定，就构成了教育知识的合法阈限。我们认为：在当前，教育知识的合法空间必须适当缩小，使之回归到一个理性的存身空间。所有教育知识都有它的适用空间与功能阈限——在这个阈限内，人们赋予它的所有期待与要求都是可能而又现实的，而一旦逾越了这一空间，教育知识的合法空间就可能被夸大或缩小，进而导致教育知识运用中的失调、失控与失度。在教育知识受宠的年代，教育知识的适用空间超出了其合法功能阈限，其合法空间被夸大，教育知识被用于那些不妥的教育实践领域、教师发展环节，进而抑制了教师发展的进程。在这种境况下，合理勘定教育知识的边界，规定教育知识的使用方向，就成为教师教育改革的新枢纽。对教育知识的合法使用方向、程度进行鉴别，廓清哪些使用方向、使用程度是妥当的，哪些是不妥当的，据此为教育知识的使用加以限定，有力扼制教育知识四处蔓延的"触角"，正是教育知识在新时代焕发生机、再现活力的出路。

3. 时代呼唤核心教育知识

在新的教育知识视野下，我们所坚守的教育知识不是徒具虚名、滥竽充数的教育知识，而是经过精选、功能对路、富有实效的教育知识，是对教师发展具有专业效能、独有价值的教育知识。也就是说，"教育知识"的名义和称谓不是一切教育相关知识进入教师学习领域的挡箭牌，只有经过"高效"标准过滤、精选过的知识，即在教师专业发展中具有持续自生力、再生力与衍生力的知识，以及在各种教育境遇中具有广泛适应力、结合力与扩展力的知识，才有资格成为教师学习、研磨的对象与内容，这就是核心教育知识。对一般教育知识而言，核心教育知识是教育知识体系的筋骨、主体与灵魂，而一般教育知识则位于教育知识体系的边缘、附属、次要地位；核心教育知识对教师成长而言具有主导、引领功能，而一般教育知识则对其发挥着辅助、补充功能。对教师而言，并非任何教育知识都是学习的对象，不是教育知识存量越多越好，有时候过度拥塞的教育知识恰恰是降低教师大脑"转速"、抑制教育智慧生成的拖累。在教育知识万能论时代，教育知识走在一条粗放式的增长轨道上，任何教育知识都可以恣意决定教师的教育行为与思想方向，可以占据教师大脑的内存，而在教育知识理性化时代，教育知识的增长转向了集约、高效的新轨道，只有核心教育知识才能干预教师对教育情境的解读、反应方式，决定教师专业发展的方向与内容。在当前，随着教育知识万能论的衰落，核心教育知识必将成为启动教师教育新时代的一个旋钮，成为师范教育自我反省、积极转轨的新起点。可以预言，"核心教育知识"将成为未来教师教育时代的关键词，将彻底引爆人类教育知识的"第二次革命"。

二　新教育时代对教育知识的选择——核心教育知识

教育知识尽管不能决定、安排教育领域内的一切事物，但却能够给教育者提供一种思考问题的思路与角度；教育知识不能在教育圈层内为所欲为，但却能够引导教师选择一种理智、合理、稳妥的应对教育情境的行事方式；教育知识尽管不能模塑、设计、规划教师的未来教育生活世界，但却能够为他们提供一把打开未知教育世界的钥匙……总之，随着人们对教育知识过度狂热时代的逝去，教育实践者需要重新拷问、思考教育知识的科学定位与实践态度问题。我们认为：摈弃那种悉数尽收、拿来主义式的教育知识观，将教育知识大厦中的高理智含量、高实践价值、高教育效能、高迁移能力的知识成分，即核心教育知识析取出来，使之成为教师专业学习的焦点对象，是教育工作者在新教育时代应坚持的科学态度。

（一）核心教育知识的三重含义

核心教育知识是整个教育知识体系的基座、内核与主体，是贯穿整个教育知识链条的关键一环，是维系整个教育知识系统的线索、骨干与经脉。客观地讲，教育知识体系是无形、无边、流转的，谁也无法获知教育知识体系的全貌、全图，我们所言及的教育知识体系都是学者主观臆断的结果。换言之，真正的教育知识体系是理论工作者想象的产物，它不一定真有其形。在现实中只存在我们心目中的主观意义上的教育知识系统，或言之，顶多只存在学者梳理出来的"教育知识体系图示"。核心教育知识就是这一无形教育知识体系中存在的那些相对稳定、持续再生、教师必备、工作必需的教育知识，是教育实践者在教育理论修养与教育实践素养两个层面上不可或缺的知识构成。应该说，教师一旦具备了这些教育知识，就能够顺利形成看待教育问题的专业眼光，生成教育行动的专业实践策略，面对教育情境做出专业化的教育反应。进言之，教师必备的核心教育知识实质上具有三重含义：

1. 核心教育知识是教育领域中的通用知识

如上所言，稳定可见的教育知识形态是不存在的，存在的只是不断变动、动态流转的教育知识体系，因此，核心教育知识是教育领域中万变不离其宗的通用教育知识，是教育知识体系中那些变动相对缓慢的基础教育知识，是在大多数教育领域中经常会被提及的高频次教育知识。这些教育知识已经成为教育领域中的常识常规，成为教师行业的基础知识。从某种意义上说，正是被使用的频率决定着教育知识的实际价值，决定了某一教育知识在整个教育知识体系中的地位与重要性，使用频率是判断具体教育知识是否属于核心教育知识的关键指标之一。通用教育知识是教师在所有教育领域中使用到的教育知识的交集与公共成分，是教师在各具体教育领域之间实现灵活转换与自由流动的桥梁与跳板，是教师适应一切教育领域内工作的认识基石。换个角度看，教师在接受专业学习之前，只是确定了自己未来工作的大致方向——成为某一学科的教师，至于其走向专业成熟的具体道路与方向，其最终要发展的优势专业领域，例如，是在教学方法上突出还是在教学理念上制胜，是在教学结构设计上成功还是在教学理念上成名，是在课堂教学上出彩还是在教学管理上出色，等等，这是一个生成的过程，不是新教师的教育意愿所能完全控制的。也就是说，在具体教师专业发展进程中，教师的工作环境、成长机遇、工作对象等偶然因素最终决定着教师的具体专业发展方向。一个教师最终会成长为哪一类教师，任何教师教育者都无法提前预知，也无法对教师的未来专业发展进行强制性规划，毕竟他们不是教育领域中的"先知"。教师的优势专业能力正处在形成与涌现之中，我们最多只能做一个粗略的预计与判断：一般教师在教育工作中都会用到的公共教育知识在其未来教师专业发展中肯定是有用的。所以，只有这部分身为教师必定需要的教育知识是我们所言的"核心教育知识"，让新教师学习这些教育知识绝对不会做无用功，绝对不会产生教育知识的垃圾。无论教师未来如何发展，无论他们将来分流到哪个学科领域，教师对各教育实践领域中的通用教育知识的学习都是必要的。

2. 核心教育知识是教育实践中的成长型知识

"通用教育知识"概念是从核心教育知识的统摄水平角度来说的，这种教育知识是否具有生产力、生发力构成了教育知识的另一特性，毕竟对教师发展最有意义的不是"死基础知识"，而是有活性、可膨胀的自我扩展性教育知识。核心教育知识一定是具有超强实践结合力、内在扩展力、自我增殖力的教育知识，一定是具有可持续发展力的教育知识，这就是核心教育知识的生产性特征。正如有研究者所言："在很大程度上，知识的接受和应用者本身就在每日创造着新的知识。换言之，一线教师也是教育新知的创造者。"[①] 在此意义上，核心教育知识能否给一线教师提供一个高屋建瓴的知识生产起点决定着其自身的存在价值。从类型上看，教育知识大致可以分为两类：一种是已经成为民众熟识俗见的大众教育知识，即

①　吴岩、樊平军：《教育知识转化的现状研究》，《教育研究》2007 年第 5 期。

所谓"社会的教育知识"①，这一教育知识具有一定的惰性与保守性，它们无法被融进一些批评性意见与创造性歧见，故属于一种不具有衍生性的教育知识；一种是介于教育创见与大众教育熟识之间的中间层知识，即刚刚被教育界公认的教育知识，这些知识还具有一定的活性，一旦它们被运用到教育实践情景中去，就会启动教师的思考，进而诱生出一些新的教育见解，这就是可生产性的教育知识。这类教育知识的最大特点是可增殖性、可衍生性，即成长性，具有"一带多"的优势。教师在习得教育知识之后，他们能够在这些知识的媒介下形成对教育情景的新认识、新思维、新策略，推动教师对教育问题的创造性应对能力的提升。这些知识就是核心教育知识。显然，尽管核心教育知识的首要属性是通用性，但过度"通用"的教育知识，如民间教育常识、大众教育哲学等不能成为新教师学习的核心教育知识，因为这些教育知识的生产性已经非常脆弱了。在教育知识群落中，核心教育知识主要表现为一些专业圈子中公认的教育理论知识、先进教育经验和科学教育信念。这些教育知识的科学性虽然没有得到最终的确证，但它们能够为教师科学教育行动策略的形成提供认识启示与智慧资源库。或言之，在教师迈向专业成熟的过程中，这些教育知识就是教师专业成长的垫脚石与桥梁，是教师科学教育认识、教育创建创意形成的酵素、媒介与诱因、先例。

3. 核心教育知识是教师工作取向型的知识

理论是完美的，实践是有缺陷的，核心教育知识的根本价值立场不是追求完美，而是追求实效。在教师所应拥有的教育知识系统中有一个整合中心，即实际从教需要，核心教育知识是一切有助于教师"学会教学"的教育知识总汇。正如有学者所言，教育知识只有"与实际体验者具有同构性"并"与教育实践者的'消费'结合起来"②时，它才具有意义。在现实中，教育知识的取舍、组织与调配往往有两条主线：其一是基于教育理论逻辑的知识主线；其二是基于教师工作需要的知识主线。客观地讲，依托前一主线组织的知识系统是教育学知识，而依托后一主线组织的

---

① 刘庆昌：《教育知识论》，山西教育出版社2008年版，第30页。
② 郭三娟：《从教育知识实在化看教育知识应具备的素质》，《教育理论与实践》2007年第6期。

知识系统则是教育知识。在此意义上，核心教育知识不是"教育理论领域"意义上的核心，而是"教师工作领域"意义上的核心，是教师从教需要的一切实际知识与理论知识组成的知识群落、知识总体，是"各个领域学科形态的知识在个体的教育活动中被综合起来，或者说，当这些知识用在个人的教育活动中时，才构成了教育知识"①。当然，教师工作取向的核心教育知识并非只包括教师工作需要的实践性教育知识、技艺性知识、经验型知识，它还包括那些有助于教师教育素养提升的教育理论知识、观念性认识、哲理性知识，这两种教育知识尽管与教育实践间的亲缘性与可转化性水平是有差异的：教育理论知识与教师的教育素养密切相关，但对教育实践不具有直接可利用性，它以决定教师看待具体教育问题、教育现象的一般眼光与视野的途径来间接参与教师对教育问题的解决，增进教师的教育潜力；教育实践知识以直接为教师教育工作提供认识图式、行动策略的方式参与教师对教育问题的解决与行动，增进教师的教育实力。客观上讲，两种教育知识都是教师专业发展所必需的，它们能否够格"核心教育知识"，完全取决于它们服务于教师的教育工作情况，取决于知识本身对教师工作的实际贡献力，而非单单看其教育知识类型，即归属于教育理论知识还是教育实践知识。那些纯粹的、无法与教育实践产生关联与化合的教育理论知识，以及那些教师在教育实践中一见即懂的教育知识无论如何都不能被归入核心教育知识范畴，因为这些知识对教师而言不具有学习价值和衍生价值。

4. 核心教育知识是教师身上现实运转的行动性知识

在教育实践中其实存在两种意义上的"核心教育知识"：其一是教育学知识体系中的核心教育知识；其二是教育实践领域中的核心教育知识。相对而言，前一核心教育知识的前身是逻辑严谨、系统完善、结构有序的教育理论知识，其形成是教育专家筛选的结果，它的轴心就是基本教育概念按照逻辑法则链接而成的"学科基本结构"（布鲁纳）；后一核心教育知识的前身是复杂多变、与时俱进、开放生成的教育实践知识，它的形成是教育社区自然选择的结果，是围绕教育工作顺利展开这一主题而组织起

---

① 朱小蔓、严开宏：《论个人化教育知识及其建构》，《南京晓庄学院学报》2009 年第 4 期。

来的实用教育知识，其轴心是一系列教育行动图式按照教育问题或教育工作事项链接而成的工作方式。在教育学知识体系意义上，"核心教育知识"本质上是基本教育概念的组装与推演，是教育思想者的"脑中之轮"旋转、运思的结果，借此生成的教育认识扩充的是人的教育视域、教育眼界，拓宽的是人的主观教育世界，改变的是人的教育素养，它是人们认识教育世界的一种符号化、抽象化产品；核心教育知识关注的是狭义的"教育知识"，即在教育实践中真实运转、与教师的教育行动合二为一的行动性教育知识。尽管教师专业发展也需要教育理论知识，但我们更为关注的是各个教育实践领域与不同专业发展阶段最需要的核心教育知识类型与内容，故后一意义上的"核心教育知识"正是我们所言的"核心教育知识"。正如有学者所言："教育知识是有关教育过程的知识，提供一种可操作性的图景，而教育学知识是一种论理知识，提供的是一种思维，一种视界，一种价值观。"[1] 这类教育知识不是漂浮在教育实践洪流之上的一层"油"，不是给教师"镀金"的饰品，而是真实地参与着教师教育生活世界建构的实在构成要素。无论这些教育知识是参与了教师认识教育问题的眼光形成，还是参与了教师情景化教育行动方式的生成，它们都是在成熟教师身上真实运转的知识，都是融入到教师的教育生活世界内部的教育知识。这才是核心教育知识不同于学科基本结构的根本差异所在。

（二）核心教育知识的关键特征

核心教育知识之所以被冠以"核心"的称谓，是因为它具有一些一般教育知识所不具备的关键特征。正是这些关键特征的存在，才使它从教育知识群落中"脱颖而出"，成为对教师专业发展来说最有营养、最有效能、最有价值的教育知识类型。总而观之，教育知识的关键特征主要有六个，即必需性、阶段性、层次性、主题性、多效性与统领性。

1. 必需性：教师专业成长的营养品

"在教育知识的诸种价值中，教育的应用价值应该是最为根本的。"[2]

---

① 吴原、郭军：《教育知识与教育学知识》，《湖南师范大学教育科学学报》2008 年第 2 期。

② 刘庆昌：《论教育知识的实在化》，《山西大学师范学院学报》2001 年第 2 期。

核心教育知识的首要价值在于其对教师专业发展而言的高营养性特征，它是教师专业发展最急需的教育知识形式。核心教育知识的"必需性"有两重含义：其一，它是一名成熟专业教师的知识结构中最为重要的知识构成。教师一旦获得了这些教育知识，他的专业认识与专业行为方式会在瞬间发生飞跃与转变，他的专业素养会获得全面改观，他的专业绩效可能迅速走向卓异、显赫。其二，它是一种成长型教师最为缺乏的教育知识类型。对一个成长型教师而言，正是因为缺乏，它才显得"必需"。尽管具备了这些知识不能保证新教师立刻成长为优秀教师，但能引导教师步入一条成就名师的通道，为他指出奋斗的方向与行动的途径。对教师而言，核心教育知识起着指路搭桥的作用，一旦教师走上这条便捷之路，他就可能减少探索的曲折与风险，并在短期内达到一般教师的专业水准。所以，核心教育知识的重要性在于它是教师专业成长的智慧营养与策略库存，是教师在未来教育工作中的备选项与发展资源。一旦能够在教育实践中将这些知识与教师个人及其工作情景相结合，教师就可能迅速找到专业增长点，实现工作方式与思维方式的转轨与飞跃。相对而言，那些一般教育知识对教师专业发展则难以达到这种功效，因为这些教育知识涉及的是教育实践领域的边缘问题而非主流问题，处置的是教师专业发展的常见问题而非专业问题，故它们在教师专业成长中起到的只是辅助、补充、次要作用，难以在短期内激发教师的专业潜能，实现教师专业实力剧增的效能。显然，对一般教育知识的学习不能为教师发展提供较为丰富的智慧营养供给。故此，核心教育知识一定是教师专业发展的高营养品，是对教师的工作与成长具有特效力的知识类型，只有它才可能满足教师在成长中对知识信息资源的渴求。

2. 阶段性：不同成长阶段的核心教育知识差异

显然，在不同专业发展阶段上，教师所需要或拥有的核心教育知识内容应该是有差异的，这种差异主要体现在质、量、度三个方面。

在性质上，教师在不同成长阶段对核心教育知识类型的需求是变化的，在教师入职前需要的核心知识类型主要是职业准备性知识，如基础教育理论认识、学校生活常识、专业发展常识及一般程序性教育知识；在入职初期，教师最需要的核心知识类型是教学常规知识、教育经验知识、教育策略知识、教育案例知识；在专业成熟期，教师最需要的是个体教育哲学知识、教育研究知识、教育创造知识等。

在数量上，在整个专业发展生涯中，教师对外来核心教育知识总量的需求一直处于不断减少的态势：在职业准备期，核心教育知识是新教师认识教育活动、理解教育现象的唯一依托，它是新教师建构教育素养、形成专业视野、走进教育生活世界的基本途径，是教师预备专业化的根本依托；在入职期，准教师身处教育实践中，在教育经验、体验、情景的参与下，核心教育知识进入"知识—经验"的交互生长期，它被稀释、被消化、被补充、被拓展，最终成为关联、整合教师的感性教育认识与教育经验系统的一条主轴，教育知识与教育经验成为教师专业成长的"两条腿"，教师对现成核心教育知识的需求量开始下降；在职业成熟期，教师对核心教育知识的需求量最少，在该阶段教师只需要与自己的教育实践密切关联、理论水平上最为先进、自己深度认同的核心教育知识，许多新教育知识被创造，成为教师个性化认识教育世界的主要依托。

在程度上，不同专业发展阶段教师的核心教育知识饱和度是有起伏的：在职业准备期，新教师对核心教育知识吸收达到饱和状态的标志是他们对教育学专家认定的完整教育知识体系内的全部概念、理论、规则、技能等达到了全部同化、吃透掌握的水平；在入职初期，教师的核心教育知识饱和度走向两极分化：一方面，新教师身上会出现核心教育知识暂时"过度"现象，这是因为并非所有教师在职前时期习得的核心教育知识都能够在教育实践中找到相应的用武之地，这就导致大量的核心教育知识相对"过剩"，进而被闲置起来，显得教育理论知识饱和了，而教师工作实践急需的操作性、经验性教育知识供给不足，相对显得不饱和，对实践性教育知识的需求较为强烈；在职业成熟期，随着教师专业实践领域的拓宽与深入，上述"两极"现象消失，同时，由于原有核心教育知识迅速老化，教师在先进核心教育知识上表现出来的"不饱和"现象与日俱增。

3. 层次性：核心教育知识的圈层分布

"核心"常常是与"领域"相对而言的。应该说，每一个实践领域都会有一个核心；教育实践领域不同，其所指涉的"核心教育知识"内涵也就不同。教育实践也有类似的圈层结构，不同教育实践圈层上都分布着不同的核心教育知识，它构成了我们言说教育知识的重要背景。在教育实践中，教育实践的圈层有大有小，从而使核心教育知识的分布呈现出层级性特征，譬如，各个层次的教育人员，如教育管理人员、一线教师、教辅人员等都需要的核心教育知识是普通核心教育知识，一线从教的专业教师所需要的核心教育知识是专业核心教育知识；所有教育领域都会涉及的教育知识构成了公共核心教育知识，特定学科教学领域涉及的教育知识构成了局域核心教育知识；教师各个发展阶段都需要的核心教育知识形成了行业核心教育知识，在特定发展阶段才需要的核心教育知识则是阶段核心教育知识，等等。这样，核心教育知识就有层次地分布在大小不同的教育实践领域中。

在此，我们把核心教育知识的层级作以梳理，它大致包括以下各层次：

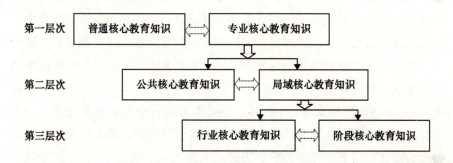

由上图可见，教师专业发展所需要的核心教育知识分布在教师发展的不同阶段、待发展的不同领域与不同层面上。一般而言，这些核心教育知识中，公共性较强的教育知识具有一定的基础性与广泛适应性，它构成了下一层级核心教育知识的形成根基与生长土壤；而较为专业、具体的核心教育知识对教育实践而言则具有直接可用性与较强操作性。所以，在特定教师发展阶段，教师最需要学习的是阶段性、局域性、专业性的核心教育知识，而非通识性的核心教育知识。对教师发展而言，行业核心教育知识、公共核心教育知识、普通核心教育知识只是教师学习的辅助内容，这些内容完全可以在日常教育生活中自然习得，无须专业化的教师学习环节来完成。

4. 主题性：核心教育知识的内线

教育理论即便是达到了尽善尽美的水平，也难以在教育实践中找到与其完全对应的工作对象，毕竟教育实践是不完美的，对每一个具体教育问题的解决都需要组织一系列教育理论来应对。现实地看，教育理论是为教育实践而存在的，"但这并不意味着教育理论是按一定的尺寸和模样给教育实践做衣服。相反地，教育理论是在对教育现实批判的基础上表达'教育应该是 X'"①。因之，对特定教育实践问题而言，教育理论永远是被组织者，教育实践才是组织者、主导者，教育实践问题构成了用以组织教育理论、教育实践艺能的主题。核心教育知识就是基于实践问题需要而对教育理论选择、组装的结果，而非教育理论知识本身。

因之，核心教育知识的基本出发点是强化教育知识的实用主义价值立场，弱化普适主义的素养论立场，以教师工作活动领域为主题重筑教育知识的结构与系统。与之相应，核心教育知识的基本组织单位是教师的教育生活主题，而非以教育概念为元素的教育观念；教师相对完整的教育生活单元构成了核心教育知识的聚焦点，抽象的教育命题退居次要地位。这些教育知识发端于教育情景中的教育问题，它们是围绕真实教育问题的解决而被整合、聚合、综合在一起的，甚至有些教育学知识也会被"卷进去"，但这些教育知识的真实构成单位是教师的一个完整教育行动、一个完整的教育生活主题，它的别名就是主题性教育知识。核心教育知识的习得对教师而言绝非一种耐看不中用的"装饰品"、"花架子"，而是能够帮助教师解决实际教育问题的理智武器与智慧库存，它们是能与教师的教育生活形式胶合在一起，并不断丰富人们解决教育难题的策略与图式的高效教育知识。从这一角度来看，核心教育知识的学习不仅仅是为了提升教师的教育素养，更重要的，它是增强教师对教育问题的解释力、应变力与变革力的有力工具。进言之，如果以教育观念为元素，以知识逻辑为主线，以理论体系为形体来组织核心教育知识，这些教育知识与教育实践之间的"距离"会被拉大，其与教育实践间的结合力会下降，进而难以对新教师"学会教书"产生真正裨益，难以对教师专业能力的提升产生现实效力。核心教育知识必须是主题性教育知识而非概念性教育知识，必须是基于现实教育生活的需要而从人类教育知识总体中析取出来的有用教育知识、教育事理，而非在形形色色的哲学原理支撑下推演出来的深邃教育道理、教

---

① 刘庆昌：《论教育知识的实在化》，《山西大学师范学院学报》2001 年第 2 期。

育哲理。正是如此，对教育生活单元进行划分，以教师的教育生活主题为组织单位，据此构建核心教育知识的基本模块，形成教育知识的呈现主线，是核心教育知识课程化的基本思路。

5. 多效性：对教师走向专业成熟不断生效的教育知识

"效"是核心教育知识的基本立足点。强调释放教育知识对变革教师的教育实践的效力，体现教育知识引领、优化、变革教师的教育实践的效应，是核心教育知识探寻的基本价值诉求。当然，核心教育知识毕竟仍旧归属于"知识"的范畴与领域，任何"教育知识"都是一种间接经验，都是教育工作者认识教育生活的智慧结晶，这就决定了它不单单是要给从教者提供一种具体"做法"、一种行动"范例"，而是要告诉教师一种变革教育世界、优化教育实践的思路、想法。这是教育知识作为"知识"身份的本性使然。或言之，教师只有善于利用这些思路、想法，并用自己的教育经验、教育行动去践行它、发展它，才可能产生预期的多样化教育效能。所以，一种教育知识到底会和哪些教育情境、哪些教育主体、哪些教育事物相结合，会产生怎样的实际教育效能，恐怕教育知识的发现者也无从得知。因之，在核心教育知识上，我们言及的"教育效能"不仅指单一意义上的可以即刻显现、直接感知的"显效"、"短效"，它还包括那些无法直接感知、瞬间实现的"隐效"、"长效"，这些效果、效能合而为一就是核心教育知识的"多效性"特征。作为一种"知识"形态，核心教育知识效能的彰显必定需要一个过程，它对教师专业成长的生效是慢慢实现的，需要教师耐心地等待。在这个过程中，核心教育知识渐渐与教育实践相"磨合"、相"融合"，变得与教育实践的需要日渐吻合，最终为教师的教育实践变革产生强大推动力与作用力，由此，核心教育知识的"隐效"、"长效"最终走向现实；作为一种有鲜明价值取向的知识形态，一种以服务于教师专业成长为直接目的的知识类型，核心教育知识必须对教师眼下的专业发展产生促进与推动作用，必须对教师"学会从教"这一直接受教育目的提供帮助，进而对教师发展产生"显效"、"短效"，让教师顺利进入教育实践领域，学会如何去扮演教师的角色，履行教师的职责，否则，这种教育知识就难以激起教师学习者的学习兴趣与动机，最终走上一条远离教师发展需要的"不归之途"。在教育效能这一点上，核心教育知识必须追求"显效"、"短效"与"隐效"、"长效"二者兼顾、兼求的思路，努力将核心教育知识服务于教师的长远发展与当下发展、提升教师的未来竞争力并使其与现实竞争力结合起来，切实实现教师专业成长力与专业实力的同步增长。

6. 统领性：教育领域中的横断教育知识

作为教育知识体系的内核，核心教育知识一定是具有较强外向延伸力与统摄力的知识，是能够跨越时代、跨越地域、跨越主体的超能教育知识。只有这样，教师对它的学习才可能"一次学习，终身受益"，才可能让教育知识成为教师专业共同体的共同财富。

核心教育知识的统领性主要体现在三个方面：

其一，这种教育知识的思想内核是具有较强生发力与再生力，是可以实现跨时代、跨时空传递的人类教育认识精髓。就如赫尔巴特的"教学阶段论"、杜威的"教育生活论"那样，它的思想内核得到了数代教育工作者的认同与坚守，成为一种生命力超强、划时代的教育理念，可以说，只有这种教育知识才有资格入选"核心教育知识"阵营。

其二，这种教育知识与各类教育情景的结合力强，能够实现跨时空、跨领域的运用，并为教师对各种教育情景的解释提供稳妥有效的行动立场。譬如，学习作为教学根本的理念，能够引导教师对任何教育情景的解释都站在"关注学生的学习效能"这一立场上，从而有助于教师作出更为妥当的教育决策。

其三，这种教育知识能够成为引领一个教育时代的专业共识，统领全体教育工作者的"教育头脑"的旗帜。譬如，"学生是一个具有自我建构能力的主体"这一观念，几乎成为当代教育实践者认识学生的基本共识，它能够成为全体教师应对一切教育问题的公共立场。

正是由于核心教育知识具有统领各教育时代、各教育情景与各教育主体的专业领导力，才使它成为新教师学习者学习的对象。知识的统率力如何既是我们判断核心教育知识的尺度，又是核心教育知识具有潜在广泛价值的原因所在。显然，新教师只有习得了这些"关键知识"，才可能保证自己的教育理念与认识在一段时期内、在相关工作领域中都取得理想的教育效果，形成实际教育工作能力与教学问题处置能力。

三　当代教师核心教育知识抽取的四种模式

基于上述分析，我们认为：教师待学习的教育知识是否属于核心教育知识直接取决于它的质量与效能。当然，不同教师群体、不同教育工作领域、不同教育时代不仅存在横断性核心教育知识，还都有自己专属的核心教育知识，我们不可能也没必要对之进行一一探讨。就当前而言，教育知识运用较为密集的一个领域是职前教师教育——师范教育，这些教育知识的主要载体是《教育学》课程，因之，探讨该领域当代需要关注的核心教育知识，告诉新教师学习哪些教育知识对其专业发展是最具实效性、长效性的，就成为一个需要我们尤加关注的问题。在此，我们主要探讨的不是具体的核心教育知识内容，即教师教育课程的内容体系，而是核心教育知识的技术性提取方式与析取思路。我们认为：只要找准了析取方法，我们对教师专业发展领域中的核心教育知识提取就可能更具针对性、操作性与合理性。

从理论上讲，核心教育知识的"析取"可以有三种途径：

（一）自下而上式

教师到底需要哪些核心教育知识？这是一个一线教育实践者"心领神会"却又难以将之清晰地表达出来的问题。尽管教育学者善于表达梳理，但他们所想象的理想教师工作知识体系与教育实践中真正运行的教育知识体系之间始终存在着一定差距。这就需要一种把理想教育知识与现实教育知识对接、沟通起来的手段。笔者认为，以教师的工作实践、学习需求为本，坚持用自下而上的方式来析取核心教育知识当属一种有效途径。利用这种下情上达的核心教育知识析取方式的起点是选好具体分析的典型对象、素材或样本，因为只有在具体的教育实践及其活动成果中才蕴含着教育知识的"原型"。或言之，教师的高效教育活动范例、原始知识需求才是核心教育知识的真正发端者。

据此，我们认为，自下而上的核心教育知识析取方式主要有三种：教师工作分析、现场课例分析、知识需求征集。

● 教师工作分析

教师工作是教育知识应用的主要实践领域，其所有环节与层面上都负载着教育知识，都离不开教育知识的支撑。因此，教师工作是核心教育知识的首要藏身之所，二者互为表里关系，核心教育知识的析取就是对教师工作的深度透视。核心教育知识析取时主要关注的是教师的三类工作：其一是成功的教师工作；其二是典型的教师工作；其三是教师工作的枢纽环节。这是因为：只有在成功的教师工作中才蕴含着有效的教育知识，只有在典型的教师工作中才负载着较为全面的教育知识，只有在教师工作的关键环节上才"寄存"着核心的教育知识。人的本性是理性，应用知识来控制自己的行为是理性的体现，知识是人的理性的结晶体。故此，教师工作的绝大部分环节都需要教育知识的介入与参与，教师工作分析的实质就是推测教师的有效、典型的工作方式背后承载的教育认识与理念。教师工作的主要领域与内容包括教育工作、教学工作、学习工作、管理工作，对每一项教师工作的分析就包括这四个维度。与之相应，教师核心知识的主要来源就是这四个领域，对这些领域中现实运作的主要教育知识就构成了教师工作的核心教育知识。同时，在每个领域中现实运作的核心教育知识大体都包括两个层面：其一是对教师工作效能提高有显效的教育知识，即效果性知识；其二是对教师工作效能提高有隐效的教育知识，即成长性知识。前者提升的是教师的一般教育素养，后者增进的是教师的具体工作能力，二者不可偏废。

可见，对教师工作的知识分析是多维度、多层面的：分析维度决定着分析内容是否全面，分析层面决定着分析是否深入。在上述四个领域中，教师的主要工作领域即教学领域中需要的核心教育知识应该居于教师待学习的教育知识的首位，在核心教育知识的比重应该相应增加，而其他核心教育知识的比重则应适当相应减少；对教师工作所需要的效果性知识与成果性知识应该合理兼顾，不宜将核心教育知识等同于"教学经验汇编"，或"教育理论拼盘"。

● 经典课例分析

教师的常规工作是上"课"，课是教师的主要工作途径与工作成果，围绕课的效能提升思考教师必备的知识构成，是析取核心教育知识的又一思路。课例是一节课的直观表现，是教师丰富多彩的课堂教学艺术的综合展台，尤其是那些现场气息浓厚、鲜活生动真实、代表性较强的课例，它们往往是教师核心教育知识的集结点。经典课例分析就是利用专业眼光对这些核心教育知识进行剖解、呈现与物化的过程。课堂教学的最大特点是：教师既需要遵循常规，又需要不断变通；既需要讲求教学规范，又需要追求教学艺术。在课例分析中，教师教育者应该坚持教学常规与教学创造两者并重的立场，尽可能探明上出一节好课所需要的主要教育知识资源：通过对一节典型课例所要遵循的教学常规分析入手，我们可以探明教师从业者需要掌握哪些教育教学常识，需要掌握哪些基本教学理念与教学技能；通过对经典课例的教学创造成分的分析，我们可以探明为了创造出好教学，教师应该具备哪些教学改革意识、教学变革经验、教育改革精神等。在典型课例分析中，研究者可以全面利用环节分析与结构分析、进程分析与效能分析、专题分析与全面分析等分析思路，对某一课例进行多层次、多角度的解读，从中得知以下重要信息：要顺利实施各教学环节，如教学思路、教学设计、教学组织、作业布置等，要达到预定的教学效果，教师必须具备的内容知识（know-what）与操作知识（know-how）。进而顺藤摸瓜，科学分析作为一名优秀教师所应具备的理想教育知识结构应该如何，在教师工作中现实运转的教育知识有哪些，据此科学描绘核心教育知识的大致图景，为教师待学习的核心教育知识选取提供实践参考与专业建议。

● 知识需求征集

从教师的工作与课例中推断出来的核心教育知识构架具有一定的可信度，但与从教师"口中"得知的核心教育知识相比，其准确性要低得多。因此，推断出来的核心教育知识常常与教师工作中实际运转的核心教育知识之间会产生"不匹配"现象，这种析取方式"误差"较大。上述核心教育知识提取路径要确保其准确无误性，还必须参照另一种较为直白的核心教育知识析取思路，即教育知识需求征集法。教师身处于教育实践的场景与情景之中，每每遇到自身知识结构难以应付的教育难题与困境时，一种教育知识匮乏的体验与感受油然而生；也只有在此刻，他们才会对教师成长所需要的核心教育知识心知肚明。在刚入职期间，新教师对自己大学"学到的教育知识"与"行动中的教育知识"之间的反差感体验深刻，此时引导他们表达这种感觉，呈现他们对教育知识的特殊需求，就成为我们析取教师工作需求的核心教育知识的有效路径。同样，在教师专业成长的其他阶段，我们可以用同样的方式来收集教师对核心教育知识的需求，为教师教育课程的设计提供科学依据。基于这一思路，不难推知：通过走访一线名师，深入基层开展教育知识需求调研，让教育知识的消费者与使用者表达他们对教育知识的见解与需求，在广大一线教师的公共教育知识需求区域中锁定核心教育知识，是析取核心教育知识的一条科学途径。借助于这一途径，我们就可能在核心教育知识这一领域中顺利实现针对教师的教育知识教授与教育实践需求间的吻合，确保教师最需要的教育知识进入教师教育的核心圈层，努力打造一种直击靶心、优质高效的教师教育服务。在具体操作过程中，教师教育者向教师征集核心教育知识需求的方法一般有两种：其一是有用教育知识列举法，即向受调查教师征集个人工作中使用到的"最有用的教育知识"，将之汇总整理、梳理加工，形成核心教育知识的基本条目；其二是匮乏教育知识调查法，即针对某一层次的一线教师，借助于访谈、座谈等调研途径，让他们表达自己的教育知识结构"盲区"，表达对特殊教育知识的渴求与需要，再由专业人员将之整理出来，形成核心教育知识的蓝图。

（二）自上而下式

在核心教育知识的析取中，自下而上式的最大优点是能够考虑教师的现实需要，确保核心教育知识的效用性，但它比较琐碎，不便于其基本结构的形成和教育知识系统的构建。显然，核心教育知识的根本特征之一是待学习性，是否有利于学习是核心教育知识的形式化要求，因为只有系统化的教育知识才便于教师学习者去同化它、接受它。自上而下式的核心教育知识析取路径恰恰能够克服这一缺陷，确保教育知识在组织上符合学习的规律与要求，它能够赋予核心教育知识以系统化、结构化的形态，确保这些知识在教师的教育世界中具有较强的迁移力。进言之，自上而下式的核心教育知识提取途径就是将理论上认为教师应该具备的教育知识列成清单，将之拿到教育实践及教师群体中去接受一线的筛查，让教师工作领域中的核心教育知识显露出来。

在实际操作中，常用的核心教育知识筛查途径有以下三种：

● 价值排序

教育学知识与教育知识之间实际上只有"一字之差"，那些密切围绕教育实践需要组织起来的"教育学知识"也便成了"教育知识"。在一定意义上，教育知识实际上就是实践价值较大的教育学知识、教育学理论知识的集合。基于这一假定，把所有教育学知识分为门类、章节、单元，对这些教育学知识单元的实践价值进行评估，对它们进行价值排序，由此，那些实践性价值较高、位于价值序列最上端的教育学知识，即核心教育知识便脱颖而出，进而获取了进入教师教育课程的资格。当然，实践性价值是一个较为模糊的概念，有必要对之加以澄清。教育知识的实践价值就是指某一教育知识被用诸教育实践后可能会产生的干预教师的实践意识、实践图式、实践效果的潜力与效力，或言之，就是它对高效能教育实践的可能会产生的贡献力与推动力。教育学知识的实践价值主要表现和来源有三个，即对教育情景的解释力、对教育问题的应变力、对教育视野的拓展力。

首先，对教育情景解释的有效性是教育学知识的实践价值的首要来源。在现实中，教育学知识对教育现象的解释具有多元性，其中有些解释是经验性的，有些则是哲理性的，有些是直击问题要害的解释，有些则是兜圈子式的解释，等等。无论哪种解释，只要是可行动化的，即能够转变成为一种教育行动策略、实践图式的解释，都是有高实践价值的解释，一种具有充分解释力的教育学知识。

其次，对教育问题的应变力是教育学知识的实践价值的第二来源。从理论化程度上来看，教育学知识可分为两类：一种是形而上的知识与形而下的知识。形而上的教育学知识主要涉及教育哲学知识、教育原理知识等，其实践价值主要表现在它对教师的教育视野的扩充力上；而形而下的教育学知识的实践价值主要体现在它对教师的教育问题应变力的提高上。后一类教育学知识大多数都可以归入本人所言的狭义"教育知识"之列，其主要类型是程序性教育知识与策略性教育知识。无论是哪类知识，只要在教育问题解决中占据了教师的"工作记忆"，对教师即时性教育智慧生成产生了启迪或促成功能，它就是一种高实践价值的教育知识，就属于核心教育知识。

再次，有助于扩充教师的教育视野的形而上的教育学知识也具有一定实践价值。教育视野的大小决定了教师的教育知识容量，那些高屋建瓴的教育学知识能够提高教师的认识层次与专业品质，改变教师认识教育工作与现象的立场，故属于一种具有潜实践价值的教育知识。

可见，教育学知识的实践性价值是有类型与量度之分的，它们为教师教育者分析各种教育知识的价值、确定在教育知识体系中的位次提供了理论参照系。在筛查核心教育知识时，教育专家只有充分考虑这三种实践价值，才可能把那些教育实践最需要的教育学知识载入"核心教育知识"的阵营，形成合理的核心教育知识框架，以期对教师专业发展提供多层次的知识援助。

● 效能评估

在教育实践中，教育知识与教育实践间的"一对多"现象比比皆是，也就是说，针对某一教育现象、教育问题，不同学者、教师会提出不同解释，从而导致多样化的教育知识形态。教育知识需要管理，强调其"对教师专业发展的重视与参与"，据此建立"有利于教师使用的知识库"①，这一管理的重要手段就是效能评估。在教育实践中，如若对这些教育知识不加选择，就会导致大量的重复现象，由此增加了教师学习的压力与负担，产生事倍功半的过量学习现象。这样，在确定核心教育知识时就需要教师教育者去甄别、去选择，以筛除那些实践效能不高的教育知识，保留实践效能较高的教育知识，即核心教育知识。核心教育知识概念的提出实质上是一个教育知识优选的问题，这一过程的关键是选取标准的确定，它是划分核心教育知识与非核心教育知识间的"分界线"。在实践中，核心教育知识优选的两条基本标准是：是否属于对教师发展可能有效的知识？是否属于在教师工作中实际有效的知识？前一标准的实质是基于一定实践价值推测的理性推断方式，这是上一核心教育知识的形成路线；后一标准的实质是用真实的教育实践来检验，即此处所言的"效能评估"。

效能评估的实质就是把核心教育知识的各种备选项拿到教育实践中去使用，判断其实际使用效果，分析它的使用价值大小。当然，要对某一对教师专业发展有潜效的教育知识是否属于核心教育知识作出效能评估常常需要较长的时间，而要对那些对教师专业发展有现效的教育知识作出判断则比较容易。实践中，基于不同的教育知识理念，开展"同课异构"的教学实验，就是测评不同教育知识效能的有效途径。在此情况下，针对某一教育问题所形成的多种教育知识，教师教育者应该尽可能在一线教师的

---

① 王继新：《教育知识管理与教师专业发展》，《教育技术导刊》2005 年第 1 期。

配合下将之付诸实践，进而比较各种教育知识的现实效能，以此将那些实践确证为效能最大、最优的教育知识列入"核心教育知识"的范畴。在效能评估中，教师既可以借助于一系列量化手段来进行，也可以采取执教者的模糊评判来进行。真金不怕火炼。我们相信：那些仅凭教育专家推测出来的所谓"有效"教育知识的可信度毕竟是有限的，而实践确证"有效"的教育知识一定属于核心教育知识。当然，每一种教育知识的实际效能都是复杂的，它会有真效与假效、长效与短效、高效与低效之分，故对教育知识的现实效能评估一定要坚持多种标准，努力将那些公认有效、综合效能最优的教育知识从知识群体中析取出来，赋予其"核心教育知识"的合法身份，使之成为教师学习的优质课程资源。

● 实践剪裁

理论知识的系统是缜密、严谨的，教育现实却是松散、芜杂的。任何教育知识的系统与结构都是人为赋予的结果，对教育现实而言，这种条理性、系统性、规则性是不存在的。教育知识的结构化形态——教材知识不可能是现实教育生活的复制与替身，它们只是教育研究者思维、想象的产物而已，而且这些教育知识必须在融入教育实践、干预教育实践、改进教育实践中才可能生效。因此，核心教育知识的形成实际上就是教育实践对教育知识系统进行筛选、剪裁、优选的自然过程。从这个意义上说，教育实践就是教育学知识的"剪刀"，那些在教育实践中被较长使用、为教师所偏爱的教育学知识会受到偏宠，进而变得"热"起来，而那些被实践者长期忽略且效能不佳的教育学知识则会变得越来越"冷"，最终退出历史的舞台。这是一个自然选择、优胜劣汰的过程，是决定教育学知识命运的大舞台。据此，我们可以模拟这一过程，形成核心教育知识优选的思路与方式，这就是实践剪裁法。实践剪裁法的实质就是要让系统化的教育知识接受教育实践需要的选择与取舍，就是把体系完美的教育学教材知识交由教育实践去评点、去检审、去选择，促使核心教育知识从教育知识丛林中脱颖而出。

在实践中，实践剪裁法的实施关键是把握好三个关键点：剪裁者、剪裁对象、剪裁方法。显然，这里，"剪裁者"就是一线教师，它们是教育知识需求的主体，是教育实践的法定代言人；"剪裁对象"是教育学知识，是条块化、单元化的教育学知识；"剪裁方式"是用教育实践来裁量核心教育知识，使之分流为"核心教育知识"与"非核心教育知识"的手段。我们认为：在现实操作中可以有两种具体剪裁方法。

其一是单元教育学知识赋值法，即以现行《教育学》教材的知识体系为依据，将其中所涉及的主要教育知识主题或知识点梳理出来，形成一系列教育知识单元，将之作为核心教育知识的备选项，制成调研表格，让一线教师根据自己的教育经验与实践把握对各类教育知识进行赋值评分，最终总体得分最高的教育知识即为核心教育知识。

其二是在课程实施中坚持"大教材、小学程"的理念，即教师教育者尽可能编制出大而全、体系完备的教育学教科书，而在具体教学中尽可能将学习内容选择权交给教师，让他们根据自己的专业发展需要与工作经验选学部分教材内容。通过这种方式，核心教育知识的轮廓就会在学习者的多次选择中慢慢浮现出来，教师选学内容的公共项就成为核心教育知识。此时，教师即可按照这些知识内容来组织教学。

（三）双趋式

实际上，教育知识的品质与效能常常是难以"一眼看穿"、"一次搞定"的。加之，在不同时期、不同教师社群中，人们对核心教育知识的理解与选择是有差异的，这就决定了单凭教育专家的判断或一线教师的一次选择都无法保证核心教育知识选定的准确无误性，核心教育知识的最终形成最好是经历一次教育专家与一线教师间的动态磨合过程。同时，如前所言，在教育学知识中有一类知识比较特殊，即实践价值潜在的教育知识。这类教育知识实践价值的显现需要较长一段周期，许多一线教师常常会忽视它的存在与价值。由于这两个缘由的存在，综合利用核心教育知识形成的两条途径——自下而上式与自上而下式的各自优势，沿着两个方向聚焦核心教育知识，就成为确保核心教育知识的遴选环节稳妥推进、精准实现的现实选择，这就是双趋式的核心教育知识选择路径。这一路径的常用方法是专家与名师间的对话，其实质是要搭建教育理论与教育实践间的双向选择平台。

在核心教育知识选定中，教育专家与教师实践者各具自身优势，实现优势的复合与综合是确保核心教育知识名副其实、不辱使命的关键。在实践中，双趋式理念要求搭建、完善核心教育知识形成的平台与机制，这些平台可以是创办各种各样的核心教育知识论坛，成立由中小学教师参加的教育学教材质量审议委员会，建立《教育学》教材参编教师的一线教育经历审查制度，成立中小学教师与教育学专业教师共同研发教育学教材的联合机构等。无疑，核心教育知识的集大成者理应是教育学教材，教育学教材研发制度的健全是核心教育知识形成的枢纽环节。在上述制度与机制的支持下，核心教育知识的利益相关者——教师、教育专家充分表达个人的专业见解与工作需求，两种教育知识——潜效教育知识与显效教育知识都会在教材中找到自己的合法存在空间，核心教育知识的形成过程就成为一个合作、对话、民主、科学的过程。也正是通过这一途径，教育专家对教育理论的偏好与一线教师的实践局限得到了有效的扼制与平衡，核心教育知识的高理论品性与高实践品性就可能同时实现兼顾，这样教师教育课程的质量才能得到有力的保证。

第二节　我国教师教育课程体系的改革①

目前，随着系列化《教师专业标准》的颁布，教师教育课程体系改革再一次被摆到教师教育改革者的案头。这一课程体系到底应该如何设计，整个设计应该遵循什么理念，自然成了令教师教育改革者关注的重要问题之一。我们认为：是否有利于教师专业成长，是否有利于教师专业成长力的培育应该成为这一课程体系改革工程的重要原则与着眼点。在大量调研的基础上，我们试图对该问题作以求解。

所谓教师教育课程体系，是指一所大学为培养师范生的教育素养而向他们开设的各类教育学科课程的总体，或言之，它就是师范院校为师范生开设的教育学课程群的总称。杜威指出，"职业好像磁石一样去吸收资料，又好像胶水一样去保存资料"②。对教师而言，一切关于教育活动的资料、知识与课程都必须围绕教师职业这个轴心来旋转，教师工作是串联一切教育理论知识的枢纽与主线。进而言之，以培养、培训教师为使命的

---

① 注：本节由笔者与栗洪武、朱智斌等老师合作完成。

② ［美］杜威：《杜威教育名篇》，王承绪译，教育科学出版社2006年版，第175页。

教师教育实践是一切教育学课程学习、开发与研究的聚焦点与作用点，是一架衡量教育学课程价值大小的天平。在当代，"课程不再被视为固定的、先验的'跑道'，而成为达成个人转变的通道"①。教育学课程为教师教育实践而生，为加速教师成长与转变而存，为提升教师教育效能而兴，不断优化教育学课程结构是教师教育走向勃兴的奠基工程。目前，随着"教育学课程"向"教师教育课程"、"教师教育课程模块"的扩充与延伸，教育学课程不断分化，迅速膨胀，并日益走向师范院校课程体系的中心，教育学课程群建设问题已经成为我国教育工作者关注的焦点。

一　我国师范院校教育学课程改革面临的问题与挑战

教育学课程群是师范生专业素养综合提升的基本依托，是促使其专业能力终身持续提高的理念支点，是我国师范院校不辱社会使命，办出特色、整体走强的根本保障。在当前，教育学课程的新发展对于打破封闭、僵化、单调、呆板的"老三门"课程框架，创造一种开放、灵活、多元、有效的教育学课程模块具有重要意义。任何事物的发展都有其两面性，在它对既往课程设计范式进行新一轮扬弃之后，一些新问题、新挑战又会接踵而来。如果我们对新的教育学课程模块缺乏一种理性检审能力与鉴别能力，教育学课程群建设就可能会面临新的危机。显然，在当代教育学课程群的新发展中亦然带有一些致命性问题有待于我们去克服，去积极应对。发现问题、自觉改进、与时俱进、优中更优是教师教育工作者推进教育学课程建设更上层楼的重要战略。

（一）忧思：影响教育学课程的枢纽问题

当前，教育学课程在其建设中所暴露出来的问题与弊端不乏其有。如果我们对之缺乏高度警惕，尤其是对一些枢纽性、关键性问题缺乏心理准备与应对预案准备，这些问题和弊端极有可能淹没课程建设的优势与进步，最终使其回复到以前的老路上来。在此，我们将这些问题归结为以下几个：

---

① ［美］多尔：《后现代课程观》，王红宇译，教育科学出版社 2000 年版，第 6 页。

1. 课程泛滥倾向

教育学课程门类的多样化不是一件稀罕的事情，这种趋势的产生具有其内在必然性和自然性。一方面，由于专业教育研究队伍的壮大、教育机构的上移、教育理论研究的活跃、教育实践研究的普遍开展、中西教育交流的制度化等原因，教育学知识呈现出突飞猛增的趋势，并患上了一种时代顽疾——"信息膨胀症"（乔治·瑞泽尔）。概念泛化、学科互涉界限模糊等就是这种时代顽疾的表现。大量教育知识向教师教育领域挺进的直接结果就是教育学课程增加，教材变"厚"、变"多"。另一方面，从教育学教材演变的角度来看，课程的细化必然导致教育学知识"章节"向教育学分支课程加速"升级"趋势的发生。"教育的发展"、"教育与社会的关系"、"教师发展"等章节逐渐演变为"教育史专题"、"教育与社会专题"、"教师专业发展"等教育学独立分支课程。教育学知识的剧增与教育学课程的细化都导致我国师范院校教育学课程门类的激增与教育学课程群的形成。实际上，教育学课程"泛滥"现象的产生必然会引发以下几方面的问题：其一，教育学课程知识走向零散化，原本统一于一门课程、一个体系（如教育学）的课程现在独立为一个相对独立的新体系的学科，这些知识之间的联系被弱化，不利于凸显教育学课程的内在逻辑联系，不利于学生形成完善的教育学知识架构；其二，教育学课程的泛滥导致了大量重复学习、过度学习现象的发生，一个知识点可能在教育学及某几个教育专题等多门学科中重复出现，成为好几门学科的知识交叉带与重合区，既浪费了学生的学习精力又影响了学生的学习热情；其三，表面上看似教育学课程群落很完善，便于学生专业全面发展，但许多教育学分支课程是以选修的方式出现的，学生不一定修习所有教育学分支课程，这就造成了许多学生实际上只学习了原本完整的教育学分支课程中的一部分内容，学生身上最终形成的专业素养结构是不完整的，甚至可能是存在严重缺陷的；其四，教育学课程门类的泛滥加重了学生的学习负担，误导着学生的学习与选科，甚至学生在专业学习中容易滋生避难从易、应付差事的心态，不利于学生开展扎实的专业学习与实践训练。

课程门类泛滥是教育学课程建设中的理想主义的代表，表面的完美无瑕并不意味着教育学课程效能的完美无缺。相反，教育学课程设计的表面化、形式化、装饰化倾向更为严重，它实际上只是给"教育学"这门课程增加了许多完美的脚注与饰品而已，在实践中它们根本难以取代"教育学"这门课程的修习。换言之，教育学分支课程只是为学生打开了人们审视教育实践活动的一个视野、一个窗口、一个角度，却没有真正把学生引入这个视野中去探索、去思考、去实践。

2. 两极化倾向

在教育学课程模块设计上，各院校尽管千差万别、不拘一格，但在教育理论与教育实践的侧重上则各执一端，分野之处异常明显，这就是两极化趋势。一般而言，那些以研究型综合性大学为发展定位的师范院校在教育学课程设计上走的是理论化、重研究的一极，如北京师范大学、西北师范大学等，而那些立足于区域发展战略、重视教师教育特色的院校则走的是实践化、技能化的一极，如华东师范大学、南京师范大学、首都师范大学、陕西师范大学等。以北京师范大学与南京师范大学为例：北京师范大学实践类教育学类课程在课程模块中的比重偏低，只有 1 学分的必修课（教学技能实训），而南京师范大学为全校师范生设置了 2 学分的教育实践课（教师通用技能）和 2 学分的班主任工作课程，二者均为必修课。①在对教育实践课程的重视程度上，二者之间相差悬殊。

两极化倾向的形成源自多种原因，其中学校总体发展规划、教师教育的组织机构、学校的主导就业市场等是主因。一般而言，强调教师教育特色的师范院校，如南京师范大学、陕西师范大学等院校较为重视教师技能训练，而发展定位为"研究型综合性大学"目标的院校则较为注重教育理论研究，如北京师范大学；那些由专门的教师教育机构负责教育学课程开设的院校较为注重教师技能类课程，南京师范大学的教育学课程教学主要由教师教育学院负责，首都师范大学的教育学课程教学主要由基础教育研究院负责，故较为注重教师技能训练，而那些主要由专业学院，如教育学院或教育科学学院负责师范生教育学课程教学的院校则较为注重教育理论课程，如西北师范大学；就业主导市场是一线中小学教学单位的院校较为注重技能类教育学课程，如南京师范大学、首都师范大学，而就业主导市场是研究机构或大专院校，或面向考研的师范院校，则强调教育理论与

---

① 参见南京师范大学教务处《本课人才培养方案》，2006 年 2 月；西北师范大学教务处《关于印发〈西北师范大学教师教育课程方案及修读要求（试行）〉的通知》。

研究类课程开设，如北京师范大学。总之，各校对学校总体发展定位的不同，对教育市场的依附程度不同，就会走上不同的教育学课程发展道路。

其实，两极化倾向的形成极不利于师范院校的健康发展。一方面，过分偏重于教育教学技能训练的教育学课程设计思想容易导致学校办学格调的降低，教育人才培养层次的下降，导致教育学课程学习庸俗化、程式化倾向的滋生。对师范院校而言，其培养教师的主要工作不是实践，不是实习，而是理论知识的储备、研究素养的造就与发展潜质的培育。正如杜威所言，"模仿结局是一件表面的和短暂的事情"①，毕竟教育实践是千变万化的，要面对教育实践游刃有余，教师必须具备教育理论的准备和形成自己的有效实践理论与个人教育哲学的能力。国外研究也表明："昨日和今日的专业技能无法满足未来的需要，专业学校却完全被那些陈旧的技能迷住了，无暇顾及正不断涌现出来的新能力。"② 教育学对教师从教能力的帮助集中体现在专业知识的导引上，一切教育教学技能的形成都必须建基于教育理论摄入、介入、融入的基础之上。跨过教育理论的桥梁而直接引导师范生进入教育实践，刻意练习那些专门应对市场挑选的机械教学技能，最终必然导致教育学理论在师范生学习中的"空壳"化现象的发生，师范生在未来教育实践中的发展潜力、发展空间就会受到严重束缚。另一方面，过于偏重教育理论、教育研究的教育学课程设计思路也是有害的。理论的射程是有限的，"理论在两个相关命题中耗损：考虑完全的复杂性和具体性，以尽量可能简单的方式完成"③。教育学是一门实践之学，是基于实践、发展于实践、为了实践的学科，停留于书斋与大学课堂中，对理论之学故步自封，学生足不出户、目无实践、没有丝毫教学技能与教学经验体验，教育理论与教育研究就会断源截流，失去源头活水，教育学最终可能陷入从理论到理论的旋涡之中而不能自拔，教育学课程可能也会因此在学生中、实践中失去生命力、吸引力和接入点。两极化教育学课程设计的思维必须摈弃掉。当代教育学课程需要的是一种教育理论与教育实践

---

①　[美] 杜威：《民主主义与教育》，王承绪译，人民教育出版社 2001 年版，第 43 页。

②　[美] 阿吉里斯、[美] 舍恩：《实践理论——提高专业效能》，教育科学出版社 2008 年版，第 136 页。

③　同上书，第 18 页。

之间平衡、互动、互依、相长的课程设计理念：教育理论、教育研究必须向实践而生，向实践延伸，为实践而调整，为实践而深化，始终围绕教育实践的轴心与目的而展开，故教育学课程中的教育学理论知识不仅不可或缺，而且还要适当增加、大力强化。从某种角度看，教育学理论、研究的强化就是师范生专业潜能的扩展与扩容，就是其专业生命力的潜在延伸与无形拓宽。显然，师范教育作为新教师的职前教育准备工作，它为学生首先要准备的是教育知识、研究能力、发展潜力，其次才是可以直接用到的教学技能、教育技术、教学程式。潜力是增生性的，而技能是定型化了的；潜力对教师专业活动的改进是全方位的，而技能对教师专业活动的改变是点对点式的。因此，弱理论甚至无理论的教育学课程教学是最无效的教学。同时，教育实践必须是有教育理论指导、加载、思考、准备下的实践，教育技能训练必须是那些被教育理论验证为可行、可信、可靠的活动方式与行动策略的训练。否则，教育教学技能的训练就成为成熟教育经验的模仿与复制，成为机械教学规则的运用，而这些训练显然不是教师职前教育的主要任务。实践证明：教师在教育生活中所用到的大部分实际教学技能都是在漫长的职后教育实践中反复切磋、逐步成长起来的，在这一点上师范院校的教育与训练不可能一步到位。一句话，教育理论、教育研究对教师发展而言具有前瞻性、长效性、潜在性、根本性，而教育技能训练则具有实用性、直接性、即时性、表面性，二者只有在教育学课程中协调平衡起来，才可能提高教育学课程的整体效能。

3. 职业性向教养乏力

从某种意义上看，教师之所以能够胜任这个行业，不单单是他具有地道的教育眼光、懂得相关的教育知识、具备从教的实践艺能，更重要的是他具有一种适合做教师的性格倾向、自然禀赋与人格气质。后者就是教师的职业性向。所谓"性向"，就是沉积在人的人性层面的，较为稳定、难以变异、惯性特强的心理品性。国外对这种"性向"的测试是通过"SAT"考试来实现的，具有特定性向是人胜任特定职业的必需条件，它表明：相对于专业知识与技能而言，职业性向是人胜任某个职业的最大潜能与资质。对教师行业而言，它需要的职业性向有：性格温和、宽容理解、善解人意、沉稳大方、爱心仁慈、和蔼可亲、温存优雅、包容持重等。这些品性深藏于教师言行、作风、思想的下层，位于教师"专业素养冰山结构"的隐性层面，是一种微妙而又难以察觉的品性，是一种从各个方面、各个时空、各个层次上决定着教师的教育行为、教育话语生成方向的实在性力量与实质性因素，是从根本上制约着教师职业活动、职业胜任力与职业成就的东西。

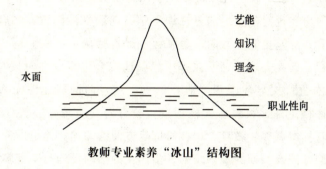

教师专业素养"冰山"结构图

　　与教育艺能、教育知识、教育理念的培养方式不同，专业性向必须通过长期教养、持续积淀、风化习染的方式来进行。教育艺能可以通过实践训练习得，教育知识可以通过课堂传授来获得，教育理念可以通过体验性学习来改变，它们大都是可以后天习得的，只要通过对教育学课程群的合理设计与科学实施就能够完成这些培养任务。而专业性向则不同，它更多与人的先天秉性、气质类型以及人的早期生活经验密切相关，对它的改变就不是那么轻而易举。一般而言，教师职业性向的形成有三条途径：其一是自然形成，其二是早期培养，其三是后天一以贯之地教养。对于第一种途径，我们可以通过师范院校的招生遴选环节来实现教师行业"人——业"间的搭配；对于第二种途径，我们可以通过早期生活干预与刻意性向塑造方式来实现，师范院校无法介入、力不从心。对已经入学的师范生而言，这两种性向改变途径已显得不可能，我们唯一可以诉诸的就是第三种途径，即长期的性格教养，这就必需一类特殊的教育学课程。客观地看，现有教育学课程群落根本难以达到教师职业性向改造这一层面，其对新教师的教育生活全程、全面、深层的渗透力是极为有限的。没有职业性向养成这一环节，现有教育学课程群落对师范生未来教育生活的影响力始终是匮乏、脆弱的。实际上，北京师范大学专门为师范生开设了一门贯穿学生四年专业学习生活的"职业信念与养成教育"课。在师范生职业性向教养上，这不能不说是一大创举。然而，这一做法需要完善之处还很多。我们认为，要增强教育学课程对师范生职业性向的教养效果，师范院校应该统筹设计四年教育学课程修习计划，力争用职业性向教养这一内线把这些各顾一面的教育学课程"串联"起来，并把职业性向养成这一任务有机地渗透进去，使之在不同阶段、从各个方面服务于师范生职业性向的养成，努力实现对师范生的显性课程学习与隐性性向教养的合二为一。就笔者来看，师范生职业性向培养课程一般包括两类：一个是"擦边球"式隐性课程，即在上述教育学课程中隐蔽地掺合进职业性向教养的内容；一个是"主题"式显性课程，即开设一系列专门的职业性向教养课程，如教育者性格重建、教育者人格塑造、教育者气质培育、教育者心态调适、教育者性情调养、教育者精神修炼等方面的课程。无论哪种职业性向课程，它们都需要长期的规划统筹、多样化的活动设计与丰富多彩的教育内容作保证。如果说一般教育学课程的主要任务是把教育活动的理念与要求"注入"到教师的教育活动、教育言行中去，那么，性向类教育学课程的重任是将一种稳定的人格性向"植入"教师的骨子中去，沉积到教师教育生活的最底层中去。"冰冻三尺非一日之寒。"这是一个漫长而又艰巨的教养过程，需要教育学课程设计者付出更多的耐心与细心。

4. 课程选修指导滞后

可以说，现有教育学课程群的设计是独具匠心的，它希望师范生能够按照自己的意图形成一种既符合教育实践要求又能反映个人爱好兴趣的教育学课程修习方案。实则不然。在浩如烟海的选修课程面前，不同学生选修课程的心态与动机是复杂多样的，并非人人都是纯正无瑕的。在这些复杂心态，尤其是那些污浊心态面前，课程设计者常常陷于束手无策的困境之中。尤其是在课程选修指导工作落后的情况下，教育学课程选修制度会趋于无序，甚至走向崩溃的边缘。就目前而言，许多学校一贯采用的选修原则是"块中选一（或二）"，即将所有选修课程分为若干板块，每块中都含有若干门选修课，让学生从中选择符合自己兴趣或需要的一门或两门。向学生提出这种选修原则的确是必要的，其意在保证学生最终形成的教育学知识结构基本完整。这一原则的有效性是有限的，它尽管能够保证学生所选学科大致上符合学校规定或培养目标，但不能保证学生形成的"必修＋选修"组合一定符合当下教育实践的要求或个人的真正学习兴趣。原则规定不了学习者的心性，原则也控制不了学生的不良选科心态。当这些不良选修心态在学生"兴趣需要"的幌子或名义下乘虚而入的时候，选修制度就会受到严重威胁。无论再完美的教育学课程选修原则或指导方针都代替不了对学生选修心态的扶正与引导工作，健康、纯洁的学习心态比选修规则要根本得多。在当前教育学课程选修制度中，制度设计者试图通过几个简单的分类选择原则、几个机械的制度性规定来指望学生自主地、个性化地设计出自己的完美课程修习方案是极不现实的，甚至是一种幻想。师范生若没有对自己学习活动的负责任心态，没有对自己学习目标的清醒意识，没有对教育事业的纯洁心态，一切的选修原则与选科制度都可能被污浊的学习心态所埋没、所浸染。因此，在当前教育学课程选修制度中，我们最需要的是一种科学、完善、优化、实际的课程选修指导方案，需要的是一种能够净化、纯化、升华师范生学习心态的心性导引方案。这种指导方案的建立与健全事关教育学选修课程的命运与未来。

科学的课程选修指导活动是对学生选修目的的端正、学习心态的纯化，是对师范生课程设计意图的一次重审，有效课程指导制度的配套与辅佐是教育学课程选修制度中的核心制度之一。学生毕竟是学生，是以学习新知、生知为主业的人。面对教育学课程这一新领域，师范生是不成熟的，他们对教育实践的了解是肤浅的，对教育学领域的话题问题是陌生的，其心目中存留的只是一些对教育生活的感性认识与直觉体现。以这些表面认识为选修依据，一切屈就于他们的兴趣，大学生自然不是非常清楚自己需要什么，应该学习什么。他们需要教师教育者的指导，需要在这种指导下实现教育实践需要、自己实际情况与课程设计意图三者之间的对接与契合。教育学课程选修指导活动的开展就是为了实现这一目的。在教育学课程选修制度中，我们需要的是大学生对自己及其这一发展负责、对课程设计意图知悉、对教育实践需要清晰的理性课程组合方案，而非单单满足于"选修原则+个人兴趣"的技术性选修程序。优化课程选修指导制度的目的是要净化师范生的选修目的，深化大学生对课程选修制度的理解，增强其对教师职业的忠贞意识与执着信念。因此，选修指导的目的不仅仅是指向学生的课程选修行为，不只是为了构建一种完美的课程选修制度，其最终目的是要在师范生身上培育出一种执着的职业信念与深沉的"师范"精神。

5. 桥梁性课程不足

教师教育是一项系统工程，这种"系统性"集中体现在它要为学生从教育理论走向教育实践中架起一道桥梁。在教育实践中教师实现自我发展是多渠道的，自学成师、实践成师等都是培育教师的不同渠道，这些渠道的共同特点之一就是"教师自己在实践学习与摸索中成长为教师"，是一种基于教师自身与教育实践的成师之道。与之相比，师范教育的特殊性则在于它走的是一条"教育理论—教育实践"的道路，是一条理论先导、理论引领的简捷式成师之道，是新教师专业发展的一条快行道。因此，作为职前教师教育的师范教育，它必须关注新教师从理论学习到实践技能生成的全程，必须按照理论向实践转生的节律来设置三类课程，即理论类课程、桥梁性课程与技能类课程，以此为教育理论向教育实践的顺利转变提供有力支撑。统观"六院校"的教育学课程群，我们不难发现：教育理论类课程，如教育学基础、教育前沿知识讲座、课程与教学的基本原理等，以及教育技能类课程，如教师通用职业技能、教学技能实训等不乏其有，但连接这两类课程间的桥梁性课程显得较为贫乏，这势必导致教育理论课程与教育实践课程之间跨度太大、梯度不够合理、联系不够紧密。我们认为，对教育学课程而言，贯通教育理论与教育实践间的桥梁性课程至少包括以下几个门类：

（1）课堂研究类课程

课堂教学是教育理论与教育实践的主要结合部，是打通教育理论与教育实践间的关节点。师生针对课堂教学实践开展合作研讨，教育理论与教育实践间的具体结合部位与结合方式会变得更为清晰，有助于学生看到教育理论释放其效能的途径与策略。尽管西北师范大学在该方面做了有效的探讨，但它仅限于一门选修课开设，难以充分体现该类课程在教育学课程中的应有地位。在教育学课程群改革中，课堂研究类课程可以有两类开设方式：一种是嵌入在所有教育理论课程与教育实践课程的教学与实施当中，让教育理论类课程由此找到向教育实践衍生的"触角"，让教育实践类课程获得教育理论的"导航"；一种是专门开设课堂教学研究课程，让课堂研究成为教育理论与教育实践的结合点、混生点、沟通点。课堂生活是汇聚所有教育类课程的全景图与地图，所有教育学课程只有在课堂生活中找到自己的用武之地、存身地位才能在教师教育课程模块中获得合法性存在依据。教育学课程的学习不仅要让师范生明白本门课程包括哪些基本知识与技能，而且要让他们在课堂教学这张"全景图"中找到自己的具体位置与进入路径，否则，教育学课程的学习始终难以走出"坐井观天"的窘境，顺利释放自身的学科效能。

（2）教育咨询类课程

教育咨询就是为社会、学生、家长提供的一种特殊教育服务。针对家长、社会、学生提出的特定教育问题，教育工作者给出科学有效的解决方案，以帮助咨询者排除教育方面的困扰，使教育知识直接服务于社会。显然，教育咨询课程既非教育知识学习，也非教育知识的实践应用，而是一种特殊的运用教育学知识的方式。这种运用的最大特点是师范生可以将所学教育知识围绕现实教育问题的解决而综合起来，教育知识在使用和综合中得以活化和整合，实现了教育知识与实践问题间的对接与关联。随之，学生想要将这些知识用诸真实教育实践就容易多了。实践是多维复杂的，理论是视角性的，任何一个教育实践问题都需要多视角的理解与配合才可能被"看透"，故教育咨询课程的直接目标就是让师范生学会从不同角度来认识教育实践，给教育实践问题开出教育工作者的处方。教育咨询课程具有中间性：它既非教育理论的简单重现，也非教育知识的终端运用——实践，而是一种由教育理论走向教育实践的桥梁性课程。这种课程的匮乏是当前我国教育学理论课程难以"下移"于教育实践的症结所在，是未来教育学课程改革的方向。

（3）情境模拟演练类课程

教育活动是一门实践性活动，帮助师范生"学会教书"，生成从教能力，是教育学课程的核心目标。但教育学课程毕竟是在大学课堂情境中展开的以教育学知识授受为主导形态的课程，要将之转变为师范生的教育教学实践能力，其间还需要一个向实践、向智慧的转生过程。这一过程在当代教师教育课程模块设计中常常是通过设立教育见习、教育研习与教育实习等实践课程来实现的。所谓教育见习，就是让学生利用感官来获得对课堂教学生活的间接经验与现实体验，其目的是让学生对课堂教学"知其然"；所谓教育研习，就是师生一块探讨课堂教学生活组织与设计的内在逻辑与潜在道理，让师范生知道课堂教学构架的"所以然"；所谓教育实习，就是让学生通过亲身试教实践来获得从教的直接经验体验，形成从教的现实能力与教育情感，其内核是获得"关于如何做的知识"。教育活动的见习、研习、实习真的能够完成教育学课程知识向教育能力智慧的转生任务吗？实践证明：这个问题的答案是或然的而非必然的。在见习、研习、实习中，教育实践内在的"实践感"催生着师范生对教育活动的情境化认知与理解，诱使师范生用实习学校任职教师的教育经验和自己早期学习生活中的关于"如何做教师"的间接经验来应急式地解决其所遭遇的实践难题。在这种情势中，大学课堂中所习得的教育理论、教育观念、教育理念常常被师范生无意中"抛在脑后"、搁置一边，其结果是，理性教育知识观念进入教育实践的直接路径被"实践感"和"情境性认知"切断了。究其原因，笔者认为，无论教育见习、研习还是实习，它们都是一种大学校外（中小学一线）的教育实践活动，都是一种教育者"全身置入真实实践情境"中的教育实践（简称"全身实践"），如果在大学校内从事这种实践活动时，实践感、情境认知对教育理论介入教育实践的阻力就可能会被消除。有学者指出，"如果没有工作情境方面的知识，如果不了解需要做的事情，那么教师甚至不可能开始实践活动。在此意义上说，任何从事教育实践的人都必须先拥有一定的教育'理论'，这种理论组织他的活动，指导他的决策"[1]。为此，我们需要一种"半身实践"，即师范生身心有限介入的过渡性教育实践来强化学生的情境性认知能力和自觉向实践楔入理论的能力。笔者认为，这就是"情境模拟演练"。其做法是：大学课堂中师范生在同学的配合下共同模拟一种教学实践情境，在这种情境中开展教育教学活动演练，以训练师范生的理性实践能力，增强教育理论对教育实践介入的深度与层面。"模拟情境"不同于"真实情境"，它具有可复演、可调控、虚拟性的特点，教师可以根据训练的内容和目的灵活设计与组织，直接操控教育情境的发生、发展过程。"模拟情境"的最大优点是：它能够为教育学理论知识向实践运用、转生专门创设一种有针对性的教育情境，实现教育理论向教育实践的顺利嵌入与直接贯通。在这种情境的帮助下，师范生能够真正掌握教育理论介入教育实践、嵌入教育情境的实际技能与艺术，能真正获得理论与实践交相作用中生成的实践

---

[1] W Carr&S. Kemmis, *Becoming Critical：Knowing through Action Research*, Deakin：University Press, 1933, p. 10.

性知识，获得对教育情境的理性解读能力与掌控能力。通过模拟情境演练，教育学课程对学生教育实践的干预力与影响力会大大提高，其教育行为、教育实践中的理论性成分随之增强，优质高效的教育实践才可能产生。

6. 基本教育能力关注不够

在当前教育学课程群落中还存在着一个致命性弱点，那就是对师范生基本教育能力的严重忽视。所谓"教育能力"，不同于"教学能力"，它是指教师对中小学学生进行思想道德教育的能力，属于教师的基本职业能力之一。教育活动是"教书"与"育人"，即教学工作与教育工作的统一体，与之相应，教师起码应该具备两项从教能力，即教学能力与教育能力。在当前教育实践中明显存在着一种误解，认为教师的教育能力可以由教学能力来替代，因为学生的道德教育主要是通过教学活动来实现的，故教师只要具备了教学能力就能够顺利开展对学生的思想道德教育活动了。这种误解影响教育学课程设计的直接表现之一就是：在上述院校中，整个教育学课程模块尤为重视教学技能训练类课程，如教学技能实训、教师通用职业技能、微格教学等，而对教师的教育能力训练类课程则很少提及，至多只在"班主任工作"、"班级管理"等课程中附带谈及。这显然是不妥当的，这是当代社会中的应试教育思想在教育学课程设计中的再现。我们认为，思想道德教育是任何课堂教学活动、教育实践的重要一维和自然构成，它融入在教育实践的各个角落与时空中，不会开展思想道德教育活动的教师是一种在专业素质结构上有严重缺陷的教师，是不称职的教师。所以，忽视教师基本教育能力培养的教育学课程一定是有缺陷的。一般认为，教师的教育能力包括教学能力和班级管理能力，即利用课堂教学对学生的道德认识进行开导与教化的能力和对班级进行管理、组织的能力。实际上，教育能力所包含的内容远比这宽广得多，例如，对学生道德情感进行陶冶时应具备的道德情境设计能力和开展移情体验活动的能力，对学生道德行为进行培养时应具备的实践指导能力，以及对学生道德人格的塑造能力，对学生道德情感的激发、激励能力，对学生不良道德行为的矫正能力，对学生学习目的的引导能力，对学生学习动机的净化能力，德育活动的设计能力，等等。这些能力是教师做好各项教育教学活动的前提，也理应属于教师的"通用技能"、核心技能、基本技能之列。在教育学课程群落设计中，无视或轻视这一能力培养的做法显然是需要检审的。

（二）挑战：事关教育学课程的生存大计

当代教育学课程群改革的动力不仅源自其内部存在的种种缺陷，而且还源自外来的教育大环境的挑战，它们合二为一，共同推进着当代教育学课程改革前行。从外部环境来看，教育学课程群建设至少面临着以下五个方面的挑战。

1. 标准化的挑战

为了配合教师专业化进程的推进，提高教师行业的整体实力，我国教育部委托华东师范大学开始了"教师教育专业标准"的研制工作，我国教师教育随之进入了"标准化时代"。目前，这一标准已经正式颁布并生效。在教师教育专业标准中最重要的一个组成部分就是教师教育课程标准。尽管目前我们对教师教育课程标准的具体内容无从得知，但毋庸置疑的是，新的教师教育课程标准将对教育学课程的开设，如科目、内容、实施、评估等作出全面而又细致的规定。面对标准化的如期而至，教育学课程群建设如何在新标准所允许的权力空间内继续坚持多元化、专业化、个性化、弹性化、实用化的改革势头，如何将良好的建设传统与走势和标准化的要求协调起来，这不能不说是一个重要议题。无论是标准化改革还是个性化改革，其核心目的都只有一个，那就是提高教师教育课程的实效性和科学性，促进教育学课程的内在结构调整与优化，最终为教师教育质量的整体提升创造条件。对教育学课程建设而言，课程标准化运动的开展绝不是要压制百花齐放、百家争鸣式的教育学课程建设局面，绝不是要抑制师范院校改革教育学课程群的热情，绝不是要搞"一刀切"。我们坚信：在教育权力分权的时代，在基础教育民主化课程改革的氛围中，教师教育课程标准化最多只能限制那些哗众取宠、形式主义的多元化、个性化教育学课程改革，而不可能抑制那些真正有创意、有内涵、有根基的教育学课程改革。一句话，"标准"总是相对于"个性"、"多元"而言的，它总是为师范院校个性化、开拓性、创造性的教育学课程改革留足空间的。利用教师教育课程标准化留下的"有效空间"继续推进多元、开放、灵活、个性的教育学课程群建设将是教育学课程群建设中面临的新课题。

2. 教育学知识的迅速膨胀

当今时代是一个教育学研究千帆竞发的时代，是研究队伍空前庞大的时代，是教育研究一日千里的时代，是教育学知识倍增的时代，教育学课程不可能无视这一现实。教育学课程是教育学知识与教育实践间的中转环节，是教育学知识延续的重要媒介，如何冷静地面对教育学知识增长的新形势，保持教育学课程与最新教育理论间的良性互动，是教育学课程不能不思考的重要问题。课程来自知识，知识是课程的元素，教育学知识的课程化转变是教育学课程群建设面临的艰巨课题。自然，教育学课程不是教育学知识的储备库，它不能把所有新教育学知识都纳入其内，教育学课程面对的主要是学生的专业成长问题，而非人类教育学知识的继承问题。同时，教育学课程也不同于教育研究成果：教育研究成果是探索中的知识，而教育学课程是定论的知识；教育研究成果是位于学科边沿的知识，而教育学课程是学科核心的知识；教育研究成果是原创的知识，而教育学课程是规范的知识；教育研究成果是零碎的知识，而教育学课程是体系化的知识；教育研究成果是问题关联起来的知识，而教育学课程是工作需要关联起来的知识。总之，教育学知识绝不等同于教育学课程，教育学知识向教育学课程的演变需要经过一系列严谨的中转环节。笔者认为，教育学知识的迅速膨胀为教育学课程建设提供了丰富的素材和备选对象，形成教育学课程与教育学知识之间的动态平衡与沟通是教育学课程设计者的历史使命：一方面，教育学课程设计者要善于将最新、最有效、最基础、教育工作最需要的新知识遴选到教育学课程中来，并将那些时代所淘汰的教育学知识及时淘汰出去，确保教育学课程呈现给师范生的是最有价值的教育学知识；另一方面，教育学课程设计者要善于对新知识进行结构化改造和创造性加工，努力用教材体系将之有机统合起来，形成一种最便于师范生学习的教育学课程形态，不断提高教育学课程的使用价值。可见，教育学课程群建设必须以教材的形式来有效整合最有效的教育学知识，实现教育学课程与教育学知识间的良性互动与相互沟通。

3. 面对教育学无用论的尴尬

目前，受低效教师培训活动的影响，在教师群体中"教育学无用论"甚嚣尘上、悄然蔓延，成为制约我国教师教育发展的一大"瓶颈"性问题。在教育实践中，"教育学无用论"的表现是多种多样的：教师认为教育学学习对教育实践的改进意义不大；教育学盲目追求理论化、抽象化，变得越来越"不可爱"，淡忘了大批"教育实践工作者"这个理论应用主体；教师认为教育经验比教育理论更为见效，对教育理论的学习是事倍功半；教育学理论偏离实践、实用、实际的方向，忽视理论向实践的转化环节，导致教育理论"漂浮在空中"，理论视野中没有了教师；等等。"教育学无用论"的滋生是教育理论与教育实践间的"断裂现象"在教师群体中的折射与反映，是教育理论的实践效能、实践意识、实践取向被弱化的产物，个中原因之一就是教育学课程对教育学知识的吸纳方式不当。"教育学无用论"作为一种社会论调，作为一种来自教育基层的实践感觉，给教育学课程的设置敲响了警钟。如何使教育学课程既能在教育理论传播、消化、转化中发挥积极效能，又能减弱教育实践、教师群体对教育学理论的无声反击和种种抵制，的确是一项艰巨的工作。说到底，教育学课程是教育理论主导的课程，是教育理论走向教育实践的主要媒介，是教育理论导引教育实践的根本依托。如何通过教育学课程的科学设计、有效实施来重塑教育学理论在教育实践中的形象，赢得教育工作者的尊重与爱戴的确任重而道远。教育学理论是教育理论工作者的工作对象，创造对教育实践具有广泛影响力、认可度的教育学理论是专业教育工作者的奋斗目标。教育学理论毕竟是从"一般教育实践"角度来看教育问题的，其与具体教育实践、教师个体的教育活动之间存在"张力"与"落差"是在所难免的，教育学课程的开发与设计绝不应该成为对教育学知识的机械"搬运"过程，否则，它就难以避开教育学无用论这块"暗礁"。正如杜威所言，"'知识'作为一种资料，意思就是进一步探究的资本，必不可少的资源"①，教育学课程应该把教育学知识、理论视为一种待用的资源、资料来认识，而非将之作为知识的定型、定论来"搬运"。显然，负责这一资源再开发任务的正是教育学课程，其具体执行者就是教育学课程的开发者与设计者。从对教育学知识的直接"搬运"走向对教育学知识的资源"重组"，从对教育学理论的"移植"走向实践化的"改造"，教育学课程责无旁贷。从一定意义上讲，正是由于教育学课程设计者与开发者的不当教材观才招致了"教育学无用论"在教育实践中的泛滥，教育学研

---

① ［美］杜威：《杜威教育名篇》，王承绪译，教育科学出版社 2006 年版，第 149 页。

究者和教育学理论本身不应当承担来自教育实践的苛责与非议。因此，在未来教育学课程全面建设中，教师必须树立正确的教材观与课程观，为努力改变教育学的尴尬境遇做出历史性贡献。

4. "零实践"型教师教育者队伍的制约

教师教育者队伍是教育学课程的开发者、实施者和解读者，是教育学课程有效、顺利实施中最具能动性的关键要素。从某种意义上说，教师教育者的水平有多高、素质有多高，教育学课程的效能就有多大、教师的培养质量就有多高。当前，我国教师教育者队伍，尤其是教育学课程专任教师队伍几乎是清一色的理论研究出身，绝大多数教师都是"零教育实践"的背景，从事基层实际教育教学经验严重匮乏，这已经成为一个不争的事实。"零实践"型教师教育者大都是沿着教育学专业的学历层次——"本科—硕士—博士"依次直线上升，直接进入教师教育者队伍的。这些教师没有从事一线教育教学的经验与体验，无法感受到基层教育教学对教师教育的现实需要，对一般教育学工作的节奏与内容一无所知，他们对教育教学的认识大都停留在感性认识和"想当然"的认识层面上，其对教育教学问题的思考局限于教育著作、教育概念操作的圈子内。这也决定了他们对教育学课程的讲授常常表现出"本本主义"的倾向，难以对教育学课程进行生动具体、有声有色的解读与拓展。在这些教师的讲授中，原本与教育实践、教育实际就有一点"间距"的教育学课程离教育实践、教育实际的距离越来越远，高质量的教育教学课程难以出现。当代课程理论指出，教育学课程的教材只是一个有待于师生共同去解读、去补充、去创读、去展开的"文本"，完整的教育学课程具有一种"教材＋解读"的结构。教材是死的，而教材的使用者——教师与学生是活的，教育学课程只有在师生围绕"课程文本"的共舞、共鸣与交响中才可能彰显魅力、释放光彩，最终成为一个鲜活的课程存在。在经验、体验匮乏的情况下，教师教育者对教育学课程文本的解读与创生受到了制约，教育学课程预期效能的释放受到了阻滞，其在学生心目中的地位势必降低。正是如此，我们认为，面对"零实践"型教师占主体的教师教育者队伍，教育学课程的改革者们必须有所准备，审慎稳妥地推进各项课程改革。

5. 教育学课程对教育市场的依存度增加

当今教育时代不再是行政计划与政令叱咤风云的时代，不再是一个为权力所全面把持的时代，而是市场化力量无孔不入、层层介入的教育时代。在我国，教育市场已经形成，它部分地代替了教育行政命令而成为干预师范院校、教育学课程建设的一股直接力量。一种教育学课程改革方案是否可行、是否合理，研究者、管理者都不能给出结论，只有教育市场才能给出最终答案，教育市场成为教育学课程改革的决定者。为此，我们不得不承认：教育学课程建设对教育市场的依存度在增加，教育市场对教育学课程建设的干预力在增强。如果说在计划经济时代，对于教育学课程合理与否的问题研究者、管理者可以给出明确的答复，那么，在市场经济时代，教育学课程建设是否合理的问题没有谁能给出明确的答案，而只能在尝试、试验、摸索、磨合中得到一个模糊的共识。在市场化的教育境遇中，教育学课程建设的关键词是"适应"，即适应教育市场的要求，接受教育市场的检验与挑选。教育市场的核心构架是教育人才市场，是毕业生的就业市场、供需信号和社会效应。顺着市场与社会的反应、反馈、信号来调整、建设教育学课程，努力实现课程建设与市场需要之间的契合与适应，是当代教育学课程改革的基本思路。教育人才的核心素质是专业素养，是从事教育教学活动的实践能力。从近期教育市场效应来看，教育市场看重的是新教师的教育教学技巧与艺术；从远期教育市场效应来看，教育市场看重的是教师的专业潜能和教育成就。教育市场是短期市场与长期市场的统一。毕业生的长期市场效应造就着一所师范院校毕业生的专业品牌与口碑，毕业生的短期市场效应影响着毕业生本人的成功就业与待遇。在这种情况下，教育学课程建设必须顾及这两种教育市场的要求，努力将对师范生的教育素养、教育潜能、专业成长力的培育与对师范生的教育技能、教育艺术、教育智慧、教师形象的训练结合起来，努力构建一种兼顾兼容师范生专业成长的近期需要与远期需要的教育学课程模块。

二 我国教师教育课程体系改革的方向

面对缺陷与挑战，教育学课程群只有在改革中才能求得生存，只有在发展中才能为自己争得生存的空间。改革与发展总是一项在特定理念与方向导引下的伟大实践，改革总是需要正确方向来领航，这一"方向"就源自改革者对改革对象的内在缺陷与外部挑战的清醒觉知。对教育学课程而言，在其缺陷中孕育着改革的路向，在面临挑战中隐藏着改革的标的。正是基于对当代教育学课程不足与挑战的认识，我们认为：我国免费师范生教育学课程群建设的方向是走向丛生多姿、结构有序、效能最优、最能够助推教师专业成长力发展的未来教育学课程群。

（一）光谱型教育学课程群

教育学课程结构的合理性在于整个课程模块中贯穿着一条从教育理论到教育实践延伸的内线，各门课程有序地排列在这条主线上，从而铺就一条教育理论向教育实践转换生成的连续性道路。在此，我们将这条教育理论向教育实践转生的线路形象地比喻为"光谱"，在这条"光谱"上，各类教育学课程各占一个位置，在师范生培养、专业素养培育中行使着特定的功能和使命。我们把按照这一"光谱"模式组织起来的教育学课程称为光谱型课程群。构架光谱型教育学课程模块的内在意图是为教育理论通达教育实践构筑一条无障碍的通道，努力打通阻碍教育理论向教育实践转生的各个关节。因此，该课程模块起码包括三类课程：教育理论主导型课程、理论实践融合型课程、实践训练主导型课程。我们可以将上述提及的教育学课程门类按照这一分类标准作以简单的归类。

光谱型教育学课程

光谱型课程 类型（序号）	教育理论主导型课程	理论实践融合型课程	实践训练主导型课程
1	教育哲学基础	课堂研究	班主任工作
2	教育前沿知识讲座	教育咨询	教师通用职业技能
3	基础教育改革专题	情境模拟演练	教学技能实训
4	教师专业发展导论		微格教学训练
5	教育科学研究方法	……	校本课程开发专题
6	……		……

在光谱型教育学课程中，教育理论主导型课程的主要任务是向师范生传授最新教育理论，教给师范生专业的教育思维，帮助他们树立科学的教育理念，为其进入教育实践做好理论理念的前期储备；理论实践融合型课

程的主要任务是创造一种教育理论与教育实践共同在场、相遇互生的场景，为引导学生学会用理论思维与专业眼光来看待、思考、解决教育实践问题，形成理论"适用"能力提供专门训练；实践训练主导型课程的主要目的在于对师范生进行专业技能、通用技能、教育技能方面的特殊训练，提高师范生应对常规教育问题的效率，推进教育理论知识向教育行动知识[1]转化，形成从教的基本能力与素养。在光谱型教育学课程模群中，三类课程有机配合、相互协作，为实现教育理论在师范生身上的向实践转生提供了坦途。

（二）同心圆式教育学课程

在教育学分支课程剧增的年代，教育学课程群的成员必然是千姿百态、多种多样、形形色色的。当然，课程门类的增多只是教育学课程群繁荣的表面现象，这种"繁荣"是否意味着真正的繁荣，关键取决于这些分支课程是否统一于提高教师教育效能这一总体目标，是否有助于提高教育学课程的产品——师范生的市场竞争力。我们认为，教育学课程群内部的结构统整尤为重要，未来教育学课程群的建设必须以提高教师教育效能为核心来统筹安排各门分支课程的地位，使之形成一种结构优化、效能最优的课程模块。显然，在教育学课程群落中，教师教育任务的主要承担者仍旧是"教育学"这门课程，它始终是全面提高教师教育效能的根基，其他教育学分支课程只是这门课程的辅助或延伸而已。这样，以"教育学"课程为核心，系统整合教育学分支课程就显得尤为重要。实际上，"教育学"[2]必修课是其他教育学分支课程的共同学习基础，它是对这些分支课程所涉及学习领域的"概览"，扩展教育学分支课程的目的实际上是延伸这些学习领域，实现对这些学习领域的认识深化与视野拓展。如果我们把后面这些学习领域合称为教育学的广域课程，把"教育学"课程

---

[1]　实用性知识和行动性知识之间有很大区别，"前者告诉人们哪些知识是有用的，后者则告诉人们如何将这些有用的知识落实到日常生活中"。参见阿吉里斯、舍恩《实践理论——提高专业效能》，赵宁宁等译，教育科学出版社 2008 年版，序言第 7 页。

[2]　本文中的"教育学"课程特指"教育学基础"这门师范专业必修课，以区别于广义的教育学课程群及教育学分支课程。

称为教育学的核心课程，那么，理想的教育学课程群应该是一种"核心课程＋广域课程"构成的同心圆式结构（见下图）。

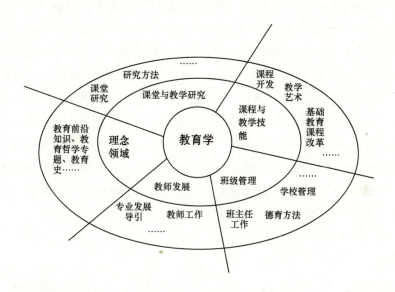

在上图中，"教育学"课程位于教育学课程群落的核心，教育学课程的各个具体学习领域分布在上图的各个"扇面"上，由此构成了"广域＋核心"结构的教育学课程模块。在教育学课程群建设中，为了保证该课程模块的稳定性和统一性，我们必须从两个方面来努力：其一是确保"教育学"这一核心课程对其他学习领域的统摄力，力求每一个学习领域的骨干性要素都能在"教育学"课程中找到自己的位置与章节，确保"教育学"课程对其他学习领域课程的辐射力、兼容力和基础性，形成既包罗万象又蜻蜓点水式的包容性知识构架；其二是沿着各个"扇面"，由内到外地统整各分支学习领域的课程结构，力求达到内容上的不重复、深度上的逐步深化、知识上的逐层细化，形成向外不断扩散、梯度适度、不断具体的课程结构。

（三）理论与实践互嵌式教育学课程

从某种意义上来说，教育学课程的两大基本功能是搭桥与助学。换言之，教育学课程的本然使命不止是拓宽教育学视野、深化教育学研究，更是要为教育理论向教育实践的转生搭建桥梁，为师范生学习最新教育理论打造平台。因此，教育学课程学习的终端目的是帮助师范生学会教书、学会育人、学会利用科学的理念来掌控自己的教育实践与教学行为，发挥教育理论辅助教育实践的功能。正如杜威所言："实践是第一位的，也是最终的，实践是开始，也是结局。是开始，因为它提出种种问题，只有这些问题才能使研究具有教育的意义和性质；是结局，因为只有实践才能检验、证实、修改和发展这些研究的结论，科学结论的地位是中间性的，辅助性的。"① 所以，教育学课程要彰显自己的效能，就必须从一开始就要考虑教育实践问题。笔者认为，在教育学课程群落建设中多维度、多层次、多方位地嵌入教育实践，让课程开发者始终心存教育实践、关注教育实践是教育学课程群提升其生存力的必由之路。为此，我们需要构建一种教育实践多维嵌入的教育学课程群，力求把教育实践渗透到教育学课程的各个角落与空间中去。教育学课程群拒斥没有教育实践嵌入的任何教育学课程，教育实践的时刻在场是教育学课程的本性使然。

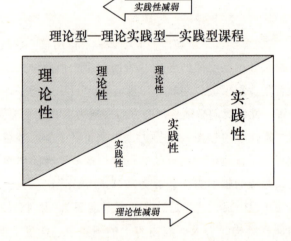

当然，教育学课程群同样也拒绝没有教育理论嵌入的教育学课程，尤其是只有纯粹的、赤裸裸的教育教学技能实训的教育学课程。正如我们前面所言，师范教育跻身教师教育领域的根本资本在于它负载着教育理论，承担着将教育理念载入教育实践的特殊使命。无论是"裸实践课程"还是"裸理论课程"都不可能成为教育学课程群落的真正一员。我们需要

---

① ［美］杜威：《杜威教育名篇》，王承绪译，教育科学出版社 2006 年版，第 211 页。

的是教育理论与教育实践之间相互嵌入的教育学课程，尽管这种嵌入有比重、方式、程度的差异，但无论是哪种嵌入，它都代表着教育理论与教育实践的同时共存、共同在场。以光谱式教育学课程为例，在教育理论与教育实践实现相互嵌入之后我们将会看到一种新型的教育学课程结构，即理论与实践互补式课程模块。

由此可见，理想的教育学课程群建设应该处理好教育实践与教育理论相互嵌入的环节：在理论主导型教育学课程中，教育实践的嵌入应该是隐性的、无形的、比重较低的；在教育实践主导型教育学课程中，教育理论的嵌入则是隐性的、无形的、低比重的；在教育理论与实践融合型教育学课程中二者间的比例是协调互摄的。

（四）理论与实践关联型教育学课程

在教育学课程模块中，不仅每门课程都是理论与实践相互嵌入的，而且还必须是互动中的嵌入。"思想不经过运用，往往自成一个特殊的世界。"[1] 只有理论与实践的并置而没有相互间的互动，师范生只能学到一些教育理论教条或教学技能碎片，而难以生成活生生的、灵活再生的实际教育教学智慧。教育学课程实施的目标之一就是培养师范生应对教育实践难题的教育智慧、教育能力。显然，智慧、能力不是用教育理论、理念的公式来"框套"教育实践的结果，而是人试探性地用教育理论作用于教育实践并不断调适的产物。教育理论是高度抽象的，而教育实践是具体的；教育理论是一般规则的，而教育实践是个性化的。教育理论只是给教师提供了一种解决现实教育难题的视角、思路与建议，至于如何去具体解决这个难题，则需要教师顺着这一思路并结合自己的情境性理解来给该难题求解。在同一教育理论指导下，我们可以根据具体教育情境创造出丰富多彩、富有效能的多样化教育行动图式，教育理论与教育实践间的关联方式、沟通渠道不是唯一的，教育理论与教育实践间的互动与联通是一门艺术，其中蕴含着丰富的教育智慧。从某种角度来看，教育智慧就是教师将教育理论与教育实践结合起来的智慧。因此，教育学课程群要履行好自己的使命就必须积极构建教育理论与教育实践互动的立交桥，并将学生置于

---

[1]　［美］杜威：《杜威教育名篇》，王承绪译，教育科学出版社 2006 年版，第 151 页。

这一立交桥的交点上，使其在理论与实践的互动中生成教育智慧与从教能力。

在教育学课程群建设中，要实现教育理论与教育实践间的互通、互动，课程建设者必须处理好以下三个问题：

1. 知识与经验的关系问题

教育理论类课程学习生成的是教育知识、教育理念，而教育实训类课程生成的是教育经验、教育技能，二者之间的关联方式实际上就是教育理论与教育实践的沟通方式。有学者指出，知识的作用不在于装饰人的门面，而在于"使一个经验能自由地用于其他经验"①，故教育知识、教育理念的功能在于促进教育经验的组织与运用，在于将零碎的教育经验连成一体。从这个角度来讲，教育知识、理念是教育经验、教育技能的组织者和统领者。教育经验一旦游离出教育知识、理念的视野和控制阈限，经验就可能走向感性化、随意化；而教育理念、知识一旦失去教育经验的支撑，则可能堕落为一种教条，一种生活的装饰品。教育知识与教育经验的关系告诉我们：教育学课程的建设必须把教育实践与教育理论串联起来进行教学，形成一个理论与实践相依相随、相依相生、交互作用的链环，教育学课程的魅力才可能显现。

2. 学科组织架构的选择

在课程知识的组织中，至少有两种构架方式可供选择：体系式与问题式。相对而言，体系式构架要求课程设计者严格按照学科知识的衍生逻辑与内在线索来组织知识，让所有课程知识围绕逻辑主线统一起来，一般而言，强调学科基本知识结构的教育学课程，如教育理论类课程会选择体系式知识组织方式；问题式构架实际上是要求课程设计者按照教师在教育实践中面临的一系列教育问题及其解决进程这一线索来组织知识，让所有课程知识围绕实践问题及其解决过程关联起来，我们可以称之为基于"问题逻辑"的课程知识组织方式，一般而言，那些强调提高学生实践能力的教育学课程会选择这一逻辑来编排知识。在理论主导类教育学课程中体系式编排较为常见。为了避免知识远离实践而产生的僵化，我们应该及时嵌入教育实践问题，用问题来活化理论知识；在实

---

① ［美］杜威：《杜威教育名篇》，王承绪译，教育科学出版社2006年版，第188页。

践主导型教育学课程中问题式编排较为常见，但技能、实践类教学容易走向零零散散，故我们需要适度引入体系编排思路来使之走向系统化，以便于学生知识结构的形成。我们认为，要实现理论与实践间的互通与互动，最好应该选择体系编排与问题编排交错的方式来设计课程构架，努力实现学生教育知识积累与教育能力增长的双重目的。

　　3. 互动方式的选择

　　在教育实践中，实现理论与实践互动的渠道与方式是多样化的，既有课内互动与课外互动之分，又有课程内部互动与课程之间互动之分，甚至还有课程主体（如理论工作者与实践工作者）间的互动之分。在当前教育学课程实施中，我们尤其需要关注的是三类互动：教育学课程整体与教育实践间的互动、教师教育者与基层教育工作者间的互动、课程理论学习与过去学习经验间的互动。其中，第一类互动能够提升教育教学课程整体的实践关怀意识，提高教育学课程的社会效应与生存能力；第二类互动可以通过教师教育者下基层或与中小学教师开展人员交流等方式来消除"零实践型"教师教育者队伍，丰富教师教育者的教育经验资源；第三类互动是以师范生为主体而展开的，这种互动能够促使师范生挖掘自己早期的学习经验（即替代性的教育教学经验），实现主体内部的理论与实践互动，提高教育理论课程学习的效果。

（五）方案型、处方型教育学课程

　　在当代教育学课程中最为缺乏的课程还是实务型课程。从某种意义上说，教育实践是一种实务活动，教师是一种实务人员，故此，在教师的实践活动中，其行动生成的直接依据是概括性的"意象"、是经验的直觉、是舍恩所言的"实践理论"，而非抽象理论，"实践者的艺术体现在运用直觉、类比、隐喻而非普遍规则来处理混乱的过程之中"[①]。这就决定了新教师更需要的是实务型课程。实务型课程不同于实践类、技能实训类课程。实践类课程主要涉及教育实习、见习等课程，它注重培养的是教师的实际从教能力，形成直接从事教育教学的经验，而实训类课程主要涉及教师的教育教学技能训练，它注重培养的是教师零碎的教育教学技巧，增强

---

　　① 〔美〕多尔：《后现代课程观》，王红宇译，教育科学出版社2000年版，第63页。

教师对常规教学的应对能力。实务类课程则既不偏重综合从教能力培养，也不偏重具体教学技巧培养，而是强调培养师范生针对特定问题准备应对预案与可能性解决方案的能力。相比较而言，师范生进入教育实践后，针对特定教育情境，其教育决策、教育行为的效能性取决于两大要素：其一是学生聪敏机智的反应力；其二是多种可能预案储备的丰富程度。显然，这种可能预案的准备应该由教育实务类课程来承担。实务教育学课程包括方案型课程与处方型课程两种，其中方案型课程强调的是师范生针对特定学生群体或某门中小学课程教学制定出较长一段时期内的工作方案的能力，处方性课程强调的是培养师范生针对某一具体情境、具体教育难题即时提出多种行之有效的可能解决方式或处方的能力。这两种课程对于发展学生对教育实践的应变力，提高学生利用教育理论解决实际教育问题的能力，增强师范生的实际工作能力大有裨益。实务型教育学课程的开设是优化教育学课程结构的切入点，是降低教育理论与教育实践间的"落差"、提高师范生对真实教育情境的适应力的一条捷径。

在实务型教育学课程中，教师教育者要着重培养学生四方面的实际能力：制订工作方案能力、教育问题诊断能力、教育策略形成能力、方案实施反馈能力。在制定工作计划方面，教师要引导师范生在全面了解工作对象——某门课程或学生集体的现实情况、具体特点的基础上运用教育教学理论和教育教学经验来制定出科学、可行、有效的工作方案，以备教育实践中使用；在教育问题诊断能力上，教师要教会师范生把握问题症结及其实质的能力，教会师范生用教育理论来分析教育问题根源的能力，以为制定解决处方做好准备；在教育策略形成方面，教师要引导师范生善于在借鉴别人教育教学经验并结合自己的创造性思维的基础上提出针对特定教育问题有"特效"的解决处方；在方案实施中，教师要培养师范生从多角度来反馈方案是否对路、是否有效的能力。在当代教育学课程开发中，这些能力显然处于整个课程模块的边缘地带，引不起人们足够的重视。在未来教育学课程改革中，实务型课程将会发展成为整个课程模块的一个增长点。

（六）阶梯型教育学课程

教师专业成长不是一次性就能完成的，它是一个具有持续性和阶段性的延续教师终生的过程，与之相应，教师所需要的教育知识、理念、技能也是不断发展变化的。在一个特定时期，如大学学习时期，是不可能学完所有的专业成长所需要的教育学课程的。在特定教师专业发展阶段，教师面对的问题不同、情境不同、要求不同、基础不同，其所需要的教育知识与技能技巧也会随之不同。这就需要根据教师专业成长的阶段性特点依次设计出具有一定梯度、层层递进、螺旋上升式的教育学课程。如果说当前的教育学课程群只是教育学课程模块的平面式、空间式组合，那么，未来教育学课程群一定是一个按照时间性特点纵向组织起来的课程群，这就是阶梯型教育学课程。可以说教师专业成长过程可分为多少阶段，教育学课程就应该有多少种组织方式。从教师专业成长阶段来看，教师发展大致可以分为三个阶段：新手型教师、胜任型教师、专家型教师。教育学课程应该根据处在这三个阶段上的教师发展的特殊需要与特点开发出不同类型的教育学课程。从这个角度来看，当前师范院校所开设的教育学课程群只是新手型教师需要学习的教育学课程，只辐射到了教师专业成长阶段的1/3，它不可能代表教育学课程的整体。在未来，为适应教师专业成长的阶段性、终身性要求，努力开发出阶梯型的教育学课程模块，为教师专业成长提供与阶段性发展需要相对接的教育学课程已成为大势所趋。我们认为，面向阶梯型教育学课程的改革必须关注以下三个问题：

1. 课程阶段间的梯度把握问题

在阶梯型教育学课程中，相邻两个课程阶段间的梯度大小问题显得非常重要。不同课程阶段之间应保持多大的"梯度"才算合适，是一个值得思考的问题。笔者认为，"梯度"是一个主观性、感觉性概念，如果学习者感觉下一阶段课程的难度较大，说明两阶段教育学课程间的梯度太大，这就需要增加过渡性课程内容，以减小梯度；如果学习者感觉下一阶段教育学课程学习起来很容易，说明梯度过小，课程开发者需要减少两阶段课程间的过渡环节，适当增加课程的梯度。对课程"梯度"的把握需要在全面评价教师学习者的学习需要、学习基础上进行，主观感觉只是课程"梯度"的外在信号而已。

2. 教育学课程模块的阶段性设计

根据教师专业发展的三阶段划分，我们认为：教师成长各阶段的教育学课程模块设计大致要按照以下表格来进行：

专业发展阶段	新手型教师	胜任型教师	专家型教师
主要课程门类	理论基础类课程	专业发展类课程	研究方法类课程
	实践技能类课程	教学创新类课程	教育改革类课程
	工作指南类课程	课堂分析类课程	理论创造类课程
	……	……	……
主导课程形式	课堂教学 案例教学	专题讲座	经验交流

3. 师范院校教育学课程与职后教育学课程间的任务分工与技术对接性问题

师范院校教育学课程开设的任务是为新手教师提供全面的知识技能作准备，入门类、基础类教育学课程是教育学课程模块的主体，而教师一旦发展到了胜任阶段，其面临的主要问题就是教学创造，优质教育案例类课程成为教师学习的主要课程内容，故师范院校教育学课程群的实施要合理安排职前教育学课程门类，不能将第二阶段的教育学课程机械前移，以防大量"无效"或"过度"教育学课程的产生。

（七）多模态资源集成式教育学课程

教育学课程不能是单一的文本载体、课堂教学、学科形式，而应该具有多样化的课程模体与形态。从某种意义上看，教育学课程是一切帮助师范生学会从教工作的资源总汇。从课程资源的来源上看，它涉及与教育教学工作相关的一切经验、体验、对话、认识、理论、思维、哲学等，是教育知识生产全程的伴生物。按照日本学者野中郁次郎等人的观点，"教育知识的形成是四"场"（原创场、对话场、系统场和演练场）连续作用、集体参与的过程，从"行动—体验"到"问题—对话"，从"问题—对话"到"问题—反思"，从"问题—反思"到"新的行动—体验"，① 教育知识产生的每一个环节都可能产生师范生学习的课程资

---

① 王强：《走向融合的教师教育课程》，《全球教育展望》2006 年第 6 期。

源：教育行动策略、教育问题的解决、教育思维的运作、教育体验经验、教育认识结论等，都可能成为新教师学习的对象。从课程资源的存在形态来看，课程资料、教学日志、教育随笔、教学视频、教育故事、教育规则、教育电影、教育微博、教育网站、教育新闻、教育电视等，都是教育资源的客观载体。如果将课程资源仅限于课程文本，教育学课程就失去了丰富的表现力和吸引力，教育学课程的生存空间就可能受到限制。最后，从课程资源的集成方式来看，不同的课程资源集成式可能会形成不同的课程形态，产生多样化的教育学课程模态。在实践中，我们可以按照"专题"这一组织方式，把同一领域的教育学知识组织成为独立模块；可以按照"讲座"这一组织方式把对某一教育实践问题的课程知识集成起来；可以按照"活动"这一组织方式把一系列操作性教育技能及其训练活动集合起来；可以按照"师范生讲堂"这一组织形式把某一教育学科的知识、技能、视频、故事等集合起来；可以按照"网络课程"这一组织形式把关于某一教育学课程的视频、资料、知识、文本等集合起来；等等。

可见，教育学课程资源具有多模态性，每一种课程资源模态都有其特殊效能与自身局限，故未来教育学课程一定是基于多模态资源之上而构成的一种混合态课程。教育学课程模态需要在集成、拼接、重组中释放整体性效能，需要在资源优选、优势互补、取长补短、优化组合中形成整体最优的课程模体。未来教育学课程建设的重点在于多模态课程资源的集成问题。没有集成就没有优化，没有每门教育学课程资源的优化就不可能打造出一个高效能、高品质、高起点的教育学课程模块与群落。资源集成、课程集成、模块集成，是引领未来教育学课程群建设的重要理念之一。

（八）多元课程建设主体参与的教育学课程

在当前教育学课程群建设中，课程建设主体的单一性是制约其建设进程与效果的一大"瓶颈"。每门教育学课程的开发、实施、评价几乎都采用专任或首任教师负责制，在整个课程建设中难以听到其他课程主体的声音，课程建设在专任或首任教师"一统天下"的格局中进行，课程建设缺乏坚实智囊的支撑，导致各分支教育学课程眼界狭小、视野单一、闭门造车、自立为王，高品位课程建设成果稀少等。尤其是在教育学课程多样化发展潮流中，许多教育学课程粗制滥造、滥竽充数、随波逐流，与建设课程精品的原初意图越来越远。面对课程建设主体单一的困境，扩充课程建设主体队伍，扩展课程建设的智力基础，努力构建多元建设主体参与的教育学课程必然成为未来教育学课程建设的又一走向。

一门优质的教育学课程是一个课程建设团队鼎力打造的结果，一定是多元主体对话、共创、携手的结果。课程建设不同于一般建设，其对服务对象——学生发展所产生的效能常常是隐蔽的、长效的，这种效果无法直接反馈和验证，只能诉诸师范生日后的教育实践来验证。因此，课程建设之前的周密论证显得尤为重要，否则，教育学课程建设可能会误人青春。应该说，教育学课程的相关利益主体都应该是教育学课程的建设主体团队的成员，开展相关利益主体间的商谈是课程建设的论证环节。具体而言，教育学课程的服务对象——本科免费师范生是教育学课程建设的第一主体，是教师教育者首先要征询、考虑的对象；课程的间接服务对象——基层一线已任职的免费师范生教师是课程建设的第二主体，是课程开发者需要联合的对象；课程的管理者——教育行政部门官员是课程建设的第三主体，它们能够对课程开发的社会意义及实践价值给出一个重要的参考性建议与准确的预测。教育学课程建设起码要在与上述三大课程建设主体形成联盟，尽可能调动它们参与课程建设的积极性、能动性与创造性的基础上进行，使其为课程建设提出方向性、策略性建设建议，确保课程建设方向的正确性。实际上，每一次课程建设都不可能是教育专家行使强权、推行课程专制的机遇，而是课程建设主体围绕教育实践展开开放、民主、自由的商谈实践的契机。在商谈中，教育学课程开发者听到了来自各个层面的"声音"，其对教育学课程所持有的一些想当然的看法与不现实的观念便会被"过滤"出去，一些建设性的建议、创造性的智慧和创意的建设思路将会赫然而现。在群体智慧的支持下，免费师范生教育学课程的建设将会走上一条更加实际、更为稳健、更趋科学的建设道路。

第三节　教师教育实践课程体系的合理框架

我国教师教育的最终目标是"要培养大批优秀的教师"和"教育家"，是造就乐于从事教育事业，具有创新精神与实践能力的教育实践家，而非待在书斋里的教育理论家。当代教师教育走向"三本"，即教师为本、经验为本、学校为本的基本走势也表明：只有充分关注和不断提升师范生的教育实践能力，不断加强和优化教育实践课程体系，教师教育才可能最终完成国家重托，培养出一批基层学校"下得去、留得住、用得上"的高素质教育人才。教师专业是临床性专业，临床实践是师范生专业发展的必经之路，教育实践课程是师范专业成长的核心支撑点之一。我们断言："教育理论向教师头脑嵌入型的传统教师教育形态必将退出历史舞台，取而代之的是一种以理论成师与实践成师、教育理论与教育实践交互作用为特征的教师教育新形态——互动型教师教育"。[1] 与之相应，完整的教师教育课程应是教育理论课程与教育实践课程有机统合而成的课程模体[2]，那种单重其一的畸形教师教育课程体系[3]是难以培养出当代教育实践所需要的智慧型、专家型教师的。教育是一门艺术，而非技术。之所以称之为"艺术"，其根源就在于它需要师范生在教育实践中生成一种动态机变、常变常新的实践智慧。教育实践课程是培养、练就教师专业能力的重要依托，是教育理论课程赖以寄生、附着的根本与土壤。探讨教师教育实践课程，找准教师教育课程结构改革的突破口，不断优化教师教育课程体系，是改革教师职前教育、切实推进教师教育专业化、建设高品位教师教育的根本出路。

---

[1]　龙宝新：《论教师学习的潜层机制与实践框架》，《中小学教师培训》2010 年第 2 期。

[2]　模体，即"相互间有关系联接的网络"。参见多尔等《课程愿景》，教育科学出版社2004 年版，第 310 页。

[3]　在我国教师教育研究语境中，"教师教育课程体系"有广义与狭义之分，其中前者是指师范院校为师范生开设的全部课程的总体，后者是专指师范生所学课程总体中的教师教育课程模块，如教育学、心理学、学科教学论等课程。

一 教师教育实践课程及其特征

教师教育实践课程是高师院校专门为师范生开设的一门致力于培养其从事教育工作的实践意识、实践能力、实践态度、实践情感的专业必修课。实践性知识、实践性思维与实践性智慧的获得与传习是教师教育实践课程的核心目标和精神内核。在此，实践性知识是指"教师在面临真实教育情境，解决现实教育问题时所必需的一种知识类型"①，它是一种"具体经验相结合的案例知识"、"整合了多种立场与解释的熟思性知识"、"情境性知识"、"运用默会知识的潜在知识"与以"个人体验为基础的个人知识"；② 实践性思维是具有"即兴思考"、"情境思考"、"多元思考"、"语脉思考"、"构架重建"等特征的"实践性思考方式"；③ 实践智慧是教师"临场的禀赋"，是"那种能使教师在不断变化的教育情境中随机应变的细心的技能"。④ 教师教育实践课程是一门专门服务于师范生实践性知识的获得、实践能力的形成与实践智慧的发展，以帮助新教师学会教书、爱上教书、把书教好为目的，以综合运用师范生与教育相关的知识、经验、情意为内容的教师教育课程形态。相对于教育理论课程而言，其三大明显特征是综合性、亲验性与自导性。

（一）综合性

教育实践是对师范生的各种从教准备，包括知识、理论、经验、心态等的一次综合运用与全面检查，与之相应，教师教育实践课程的开设目标自然具有综合性与多元性的特征。教育实践课程通过引导师范生参与各种实践锻炼，如模拟训练与现场练习、经验座谈与亲身体验等，努力实现教师专业的全面发展与成长成熟。这就决定了教育实践课程担负着多重任务

① 曲恒昌：《创建充满生机与活力的师范教育［A］》，面向21世纪师范教育国际研讨会论文，北京，1999年，第38页。

② ［日］佐藤学：《课程与教师》，钟启泉等译，教育科学出版社2003年版，第302页。

③ 同上书，第303页。

④ ［加］范梅南：《教学机智——教育智慧的意蕴》，李树英译，教育科学出版社2001年版，第196，245页。

与使命：它既要负责拓宽师范生的从业经验，又要对其进行方法技能的实际训练；既要关注师范生教育技能训练方面的行为发展目标，又要完成其专业态度、专业情感等方面的专业情意发展目标，还要完成反思意识、探索能力、创新精神等方面的表现性发展目标。可以说，教育实践课程是教师必修的一门综合课程，是全面培养他们从教艺能、知识情意、能力智慧的重要平台。

（二）亲验性

在岸上学不会游泳。要学会教书，师范生必须投身实践。在修习教育实践课程中，师范生不仅需要脑力活动的参与，更需要全身心的投入，需要他们在手、身、脑的协调与配合中及时生成经验、感悟体验。所以，亲历亲验、亲身参与是教师教育实践课程的一个明显特征。不同于其他课程，该课程强调的设置目标就是：让师范生在真实教育情境中生成、扩充、强化、转变关于教育的经验与体验。故此，要顺利实施该课程，高师院校应该为学生教育经验的获取创设条件、开辟途径，引导学生深入到教学活动的内部及教学全程的每一个环节，如到教学设计、组织教学、开讲、教学高潮、小结、结课等中去接触实践、建构经验、提升经验，努力为今后从事实际教学工作提供高水准的发展起点。

（三）自导性

所谓"自导性"，是指教育实践课程不是教授者——教师教育者预先编导的产物，而是在师范生的参与与经验体验伴生中日渐成形、不断丰富、趋于完成的。在该过程中，师范生集实践课程的开发者、受益者与评价者于一身，真正体现了其作为课程主人的身份。因之，教育实践课程具有开放性、生成性与自育性的特征，师范生在教育实践中自我编导、自主发展的教学活动，自生自造的教育经验体验、教育智慧是教育实践课程的主体构成。"课程是一个教育环境中实际发生的事情——不是理性上计划要发生的事情，而是真正发生的事情。"① 实践课程正是这

---

① ［美］伊丽莎白·琼斯等：《生成课程》，周欣等译，华东师范大学出版社2004年版，第20页。

一意义上的一种课程形态，它打破了书本化、静态化的教育理论课程的局限，实现了课程"来自实践，发展于实践，服务于实践"的本性。在与文本、视频、情境、学生等多种教学资源的互动中，师范生主动建构出一种境遇性意义以及动态发展的教育经验体系，这就是教育实践课程。

教师教育实践课程的这三个特征决定了：教师教育理论课程传习只是师范生专业成长中的起步而非终点，师范生的专业成长必须在修习教育实践课程中才可能形成从事一线教育教学工作所必需的、直接有效的专业品质。教育实践课程是贯通教育理论课程与真实教育实践的一道桥梁，教师只有踏上这一桥梁，才有可能走向教师专业成熟的彼岸。

二 改进教育实践课程：打造有效教师教育的出路

当代教师教育，尤其是师范教育正经受着效能低迷、实践排斥、师范生冷待等难题的困扰。如何走出这一困境，学者们开出了各种各样的处方，如建立双师型（即教育理论专家与教育实践专家联盟）的教师教育者队伍，增加教育实习的课时比重，加强师范专业招生的面试环节等。我们认为，这都不是应对这一困境的良方；改进教育实践课程，优化教师教育课程体系，才是师范教育走向复兴的根本出路。实际上，教师教育实践也表明：教育实践课程的缺失与尴尬是当代我国师范教育颇受质疑与责难的主因，改进教育实践课程是打造有效教师教育，强化其教师教育特色与优势的重要出发点。

然而，近年来，师范院校对教师受教育需要①有所忽视，导致毕业生与教育工作需要间的脱节现象加剧。的确，师范院校首先是一所大学，其次才是一种专门性高等学府。大学的天职就是追求高深、抽象的学问，这是大学的生存之道，繁荣教育理论、保持教育理论与教育实践间的张力是师范院校作为大学的生存之本。然而，师范院校毕竟不是一所一般意义上的大学，它更是一所以"教会学生学会教学"为使命的专门大学。换言之，师范院校不仅是学术性大学，它更是师范性大学，其所探索的教育理

---

① 所谓"受教育需要"，就是培训教师对教师教育活动所寄予的各种期待、要求。参见龙宝新、檀传宝《受教育需要的关怀与提升》，《教师教育研究》2007 年第 1 期。

论不是在大学讲坛上来炫耀的，而是需要在教育实践中去生根，去找到自己的"市场"，去寻求自己的发展空间的。因此，"到底拿什么来教给学生"才是一所师范大学需要时刻反省的问题。我们认为，对师范大学存在使命的正本清源是一所师范大学深入考虑自己的教师教育课程体系建设问题的认识起点。在当前，对自身使命意识的漠视，对综合化、高水平大学梦想的痴迷使国内许多师范大学热衷于构建一种以学术课程为主体的教师教育课程体系，教育实践课程倍受冷落，处境尴尬，以至被边缘化，其主要表现有以下三个：

（一）教育实践课程的"双低"倾向

所谓"双低"，是指教师教育实践课程的学时、学分、科目数量在师范生全部课程体系与教育类课程总体中相对比重偏低的现象。从广义的教师教育课程体系来看，我国教师教育课程基本上都由普通教育课程（也称公共基础课程或通识教育课程）、学科专业课程和教育专业课程三大模块构成，其中前两类课程课时、学分所占比例共达 90% 左右（学科专业课程占 70% 以上），而教育专业课程只占 7% ~ 11%。[①] 这就导致了教育实践课程在师范生课程总体中比重偏低现象的发生。再从狭义的教师教育课程体系（即上述的教育专业课程模块）看，整个教育专业课程模块中，教育学、心理学、教育心理学等理论课程严重挤占了教育实践类课程，如微格教学、教师技能、教育实习等课程的课时，导致了教师教育实践类课程比重偏低、较为薄弱的现象。

（二）教育实践课程的"双冷"倾向

在此，笔者所言的"双冷"是指教师教育实践课程在校内与学生心目中的受冷落现象。教师教育实践课程一般可分为校内实践课程与校外实践课程两类。在校内学习中，教育教学理论的受宠、执教者自身理论教授与教学实践间的背离致使教育实践类课程演变为教师的"说教"而非"身教"，学生没有可以直接效仿的范例，实践色彩顿消，致使教育实践

① 佚名：《华中师范大学：构建新型教师教育课程体系》，《中国教育报》2008 年 11 月 10 日。

课程在学生心目中受到冷遇。在校外实习中，由于实习学校出于教学质量考虑、对实习生教学能力怀疑心态的普遍存在、实习生因没有完整的"教师"身份而无法实现"合法的周边参与"、难以进入核心教学实践领域等原因，教育实习课程常常使师范生心寒。

（三）教育实践课程的"双排斥"现象

实际上，教育实践课程不可能完全与其他教育专业课程割裂开来，其存在常态应是：教育理论植入教育实践、教育实践中融入教育理论，实现理论与实践间的共生互动式发展。在与教育理论课程结合中坚实教育实践课程的根基，在服务于教育实践中彰显教育实践课程的魅力，是师范生教育实践课程走向成熟的必由之路。然而，在追求"高理论"、重学理情结的驱使下，当代教育理论课程日益玄而又玄，无形中将感性教育经验、教育实践类课程排除在外，不愿提及，这就导致课堂中教育理论课程对教育实践类课程的排斥。加之，在教育实习中，师范院校对教育实习抱有很高期待，甚至认为教育实习是教育实践课程的全部，校内学习的主要任务是夯实教育理论修养，这就为教育理论课程与校内教师教育不考虑教育实践课程提供了合法的借口与理由。其实，在教育实习中，教育实践类课程更无栖身之地。师范生已进入课堂，实践感（布迪厄）驱使他们按照教育情境与教育经验来应对教育问题，以独立思考与智慧创造为特征的学习活动难以出现，教育实践课程随之被弃置一边。所谓"试教活动"，那仅仅是机械照搬指导教师的授课方式而已，教学实践智慧难以在实习过程中产生。故此，在该环节上，学生只有对教学环境、教学工作的适应活动而无基于教师教育实践课程的学习活动。这就导致了师范生教育实习活动对教育课程排斥现象的滋生。

教师教育实践课程被边缘化现象的发生势必给教师的专业发展带来种种障碍：走上教学岗位后始感教育理论储备有余而对教育实践理解浅薄，教育知识过剩而教育实践智慧匮乏，进而延长新教师的入职适应期，拉长师范生专业成长的周期，阻碍他们专业的快速、持续发展。基于这些现实问题，我们主张完善并强化教育实践课程体系，以实现教师教育中学术性与师范性、理论性与实践性之间的和谐平衡、有机融合与良性循环。

三　教师教育实践课程体系的合理架构

教育实践课程是一门"建立以解决现实问题为核心的课程改革目标、确定以教师专业发展为基础的课程标准、形成以实践为取向的开放性的课程结构"①，它理应在我国教师教育课程标准中占有重要的一席之地。从关怀教师专业成长的角度出发，全面帮助其走向教师专业的持续发展和不断成熟，构建立体多维、全程介入、知情兼顾、崇尚实践的教育实践课程体系，是当代确保教师专业品质不断提升的重要依托。我们认为，师范生参与教育实践、学习教育实践课程的主要目的有三个：专业能力方面，学会教书、形成从教能力，是教育实践课程的基础性目标；专业情意方面，生发教育体验、培养积极教育情感、形成正确教育态度，是教育实践课程的延伸性目标；专业发展方面，学会反思、探索、创造，懂得把书教好、教出水平、上出名课的学问，学会自我发展、自我成长，是教育实践课程的高级目标。基于这一思路，教师教育实践课程必须关注三个维度，即"会教、爱教、教好"，以全面、逐步接近教育实践课程设立的终端目标。在层层剖解、逻辑推演、联系实际的基础上，我们提出了建立"34918"型教师教育实践课程体系的构想，供教师教育决策者与改革者参考。此处，"3"代表上述所言的教育实践课程的"三维目标"；"4"代表教育实践课程的"四个板块"或"四类课程"，即入门课（包括课堂观察、一日教学体验、教育职业导引等）、基础课（包括教育经验交流、教学课例模拟、教育影视赏析、职业生涯规划、说课评课等）、发展课（包括微格教学、试教演练、职业情意修养、课例评价、行动研究等）和提升课（包括中小学名课鉴赏、名师成长个案研究、教学设计创意探寻、教学课例创作等）；"9"代表教育实践课程促使师范生专业发展的"九元路径"（包括观摩、见习、实习、定向、心向〈形成〉、志向〈树立〉、创造、反思、研究等）；"18"代表"18个教育实践训练项目"或"课程具体内容"，即前述"四类课程"的具体内容（如下图所示）。

---

① 钟启泉、胡惠闵：《我国教师教育课程标准的建构》，《全球教育展望》2005年第1期。

内容\项目	目标	路径	训练项目
教师教育实践课程体系	会教	观摩	课堂观察、（中小学）名课鉴赏、微格教学
		见习	一日（周）教学工作体验、教育经验交流
		实习	课例模拟、试教演练
	爱教	定向	教育职业导引
		心向	教育影视赏析、职业情意修养
		志向	职业生涯规划、名师个案研究
	教好	反思	课例评价
		研究	说课评课、行动研究、优秀课例研习
		创造	教学设计创意探寻、教学课例创作

教师教育实践课程构架

下图是更为直观的一种表示方式：

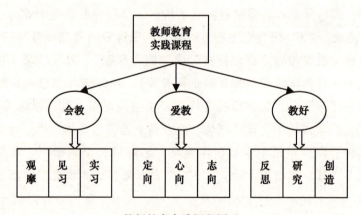

教师教育实践课程图示

为了更为清晰地反映出各具体课程板块间的相对比重关系和内在逻辑进程，我们将各板块的理想学分设置标准及开设计划设计如下：

教师教育实践课程的开设计划

课程目标	会教			爱教			教好			总计
课程名称	观摩	见习	实习	定向	心向	志向	反思	研究	创造	
课程学分	1	1	6	1	1	1	1	1	2	15
学期安排	1	3	5、8	2	4	7	6	7	8	8
实践周数	1	1	8	1	2	2	2	3	3	23
实践学时	10	10	60	10	10	10	10	10	20	150

四 教师教育实践课程体系的基本构成[①]

上述课程体系的形成是建基于教师成长规律及笔者教育实践经验基础之上的，其内在合理性是经得起理论与实践双重检验的。师范生专业成熟的程度与其专业经验的积累、专业体验的深化、专业精神的升华、专业成长力的增强呈正相关，相对而言，专业知识的储备只有在服务于这几方面发展时才可能释放其自身效能。这是教师专业成长的基本规律。教师教育实践课程设置的最终目的是要让教师在真实教育情境中面对教育实践难题会动手、动脑，进而学会自我发展，最终喜欢上教育事业。因此，完整的教育实践课程应当全面兼顾三维培养目标，即师范生的实践经验增长、实践体验深化、自我发展能力形成。在这三者中，学会教书是主题，爱上教书是关键，把书教好是终端目标，三个方面有机配合、相得益彰、交互催生是教师从教能力持续提升的应然道路。

（一）学会教书——教师教育实践课程的基石

新教师在踏入工作岗位后，首先面临的问题往往是不会教书，不知教什么，不懂怎样教才有效。所以，在课程设置上，师范院校首先应该强调的是那些有助于师范生"学会教书"的教育实践课程。该类课程旨在让学生置身于教学活动真实情景之中获得对课堂教学的直观认知、感性经验，掌握开展教学活动的一般模式，生成从教必需的基本功和工作能力。服务于师范生"学会教书"的教育实践课程依次包括教学观摩、教育见

---

① 注：本部分是笔者与刘华薇同学合作完成。

习和教育实习。就其间的关系来看，教学观摩是师范生用感官接触教育实践的一种课程类型，它担负着帮助师范生形成初步教育认识、感性教育经验的任务；教育见习是新教师通过和基层学校师生共同开展教学活动、座谈的方式，深入教育活动内部来认识教育实践的一种课程形态，它建构着学生对教育生活的全面认识；教育实习是师范生自己投身教育实践、亲自执导教学活动全局全程的试教实践，是师范生积累直接从教经验、创生教育实践智慧的重要一环。

首先是教学观摩。其主要途径是让师范生通过亲临现场观察优秀教师的授课，欣赏中小学教师的名课视频，开展微格教学实践等方式来整体感知教育教学活动，思考创造优质课堂教学的路径，体悟现代教师必需的基本教育素养与教学功底。教学观摩一般放在大学学习阶段的前期，它主要包括课堂观察、微格教学、中小学名课赏析这三种实践类课程。

其次是教育见习。它是一种带领师范生深入课堂教学第一线，通过充当在职教师的助手或某一班级的临时辅导员等方式，让他们融入中小学教育生活之中，全面接触中小学教育教学活动的各个领域、环节，了解、体验教育工作的节奏、规范、程式等的教育实践课程。相对于教学观摩而言，该阶段的主要特点是：引导学生全面、深入、细致地参与中小学教育教学活动，在参与中认识中小学教育工作。本阶段应包括以下两项课程内容：一日（周）中小学工作体验活动和教育经验交流。其中，一日（周）教学工作体验旨在帮助师范生获得从事中小学教学工作的切身体验，而与中小学教师开展教育经验交流活动则是让师范生了解其他基层教师的内心世界和工作体验，二者相互补充，推动师范生对基层教育工作全面认识的形成。

最后是教育实习。它是通过让师范生在亲手执教、亲身实践、亲履教职中获得从教所需要的各种能力、意识、经验、智慧，顺利实现由学生角色向教师角色转化的一种教育实践课程。按照实习的阶段来划分，教育实习又可分为课例模拟与试教演练两个阶段，它们构成了该阶段的两类教育实践课程。其中，课例模拟是师范生学会教学的起步形态。让师范生先模仿一线优秀教师的成功课例及其课堂结构，然后再开展试教演练，是培养师范生教学艺能的一般模式。试教演练要求师范生在实习过程中，在指导教师的导引下，独立地承担起一个班的教育、教学和管理工作。该课程是培育师范生综合实践能力的重要依托，故需要充足的课时作保证。

（二）爱上教书——教师教育实践课程的情感之维

鲁迅先生曾说过，"教育是根植于爱的"。爱与教育息息相关，爱心是教育的源泉，是教育事业的精神支柱，是师范生迈向事业成功的原动力。没有爱心的师范生是不可能成长成为一名好教师的。所以，教育实践课程的开设不仅仅要考虑到如何帮助师范生"会教书"，还要注重培养、净化、强化其"爱教书"的教育情感，使其对教育事业永抱积极的教育态度，最终爱上教师行业。实际上，当代教师教育课程的一个通病就是对师范生教育情感培育的忽视。我们认为，教师走向"爱教"的三部曲是：产生教师职业定向、形成教师职业心向、树立教师职业志向。其中，心定教业的职业定向是爱教的基础，心系教业的职业心向是爱教的动力，立志从教的职业志向是爱教的最高境界。

其一，职业定向。教师爱上教书的起码条件是其树立了愿意从教的职业定向，它是师范生实现由身体入"教师门"向心灵入"教师门"转变的关卡。因此，培养师范生对教师职业的认同感、接纳感、自豪感，解决好师范生的心灵入门问题尤为关键。在该阶段，培养师范生教育情感的主要课程形态是教育职业导引课。在该课程中，高师院校应通过引导师范生阅读教学名师的自传小说、聆听教育行业劳模的报告、走访社区内的先进教育工作者、缅怀伟大教育家的座谈会等形式让他们早日将心安顿在教育事业上。

其二，职业心向。职业心向是指新教师在内心形成的乐于从教的职业动机和工作热情，是其打算为做好教育工作而努力学习相关专业技能、知识的积极心态。为了促使师范生顺利形成相关的职业情意、情操，促进其从教动机的净化与纯化，师范院校应为其开设教育影视赏析和职业情意修养课。在教育影视赏析课程中，教师可以让师范生观看著名教育家，如陶行知、魏书生等人的电影、电视专题片，收看反映我国教育事业发展的伟大成就与面临挑战的影视等，以此来强化其从教动机，激发师范生为国家与民族强盛而献身教育事业的精神动机。在职业情意修养课上，教师可以引导师范生讨论欣赏过的教育影视片、开展从教宣誓仪式活动、参与贫困地区教育事业发展状况调研活动等，使师范生不断体悟、常悟常新，最终体会到教育事业的神圣与崇高，形成乐于教业的教育情感。

其三，职业志向。它是教师职业生涯规划的起跑点，是师范生立志从教之决心的形成阶段，是师范生职业情意培养的最高目标。在该阶段，为了帮助师范生树立和坚定从教意志，学校应该为其开设职业生涯规划和名师个案研究这两门实践课程。其中，职业生涯规划课要指导师范生及早规划出美好的"事业蓝图"，为其专业可持续发展提供指南，而名师个案研究则重在让师范生在走访中小学名师、了解其专业成长历程中获得借鉴和鼓舞，促使他们将从教志向转化为终生的追求。

（三）把书教好——教师教育实践课程的终端指向

教育实践课程不仅要教给教师从教的能力，激发其乐教勤业的情意，更重要的是教给他们自我发展、自我创造、自我教育的能力，铸就他们的专业成长力。超越模式化、模仿式的教书方式，把书教好，教得更好，是教育实践课程的终端教育指向。师范生实现专业自主发展的途径主要有三个，即教学反思、教学研究和教学创造。其中，学会教学反思是基础，学会教学研究是核心，学会教学创造是目标，从这三个维度来设计第三个层次的教育实践课程具有其内在合理性。

1. 教学反思

没有反思的经验是狭隘的经验，没有经验的反思是肤浅的反思。如果说经验是教师成长的土壤，那么，反思就是教师成长的根基。教师的教育实践活动要走波斯纳所言的"经验积累＋持续反思"的道路。故此，师范生教育实践课程应注重透视其个体教育哲学和个体教育知识，将他们培养成为反思型的研究者和实践者。在该阶段，应该为师范生开设课例评价课，以此来引导师范生用"好课"的标准来评价自己与他人的课堂教学案例，使其积极借鉴他人优秀经验，获得有效反馈信息，找到专业发展的方向。

2. 教学研究

课堂教学研究是师范生升华教学经验、消化教育理论的坦途，是实现由经验型教师向专家型教师、研究型教师飞跃的门径。教师开展教学研究的方式是多样化的，如说课评课、行动研究、优秀课例研习等。其中，说课是师范生在钻研教材、大纲，充分备课的基础上，面向同行、教研人员等以口头形式系统阐述某课的教学设计及其理论依据的一种教学研究活动。① 说课是师范生在课前开展的初级教学研究活动，是开展其他教学研究活动的奠基。相对而言，行动研究是"由社会情景的参与者，为提高所从事的社会或教育实践的理性认识，为加深对实践活动及其信赖的背景的理解，进行的反思研究"②。它能促使师范生将试教与学习融为一体，积极探索教学活动的优化思路，加快其专业发展的步伐。优秀课例研习是师范生学会做教学研究的又一途径。它是指师范生通过研究资深教师或优秀教师的教学设计及教学课堂实例，分析其教学的优势与艺术，最终形成对教学活动的理性认识和深刻见解的课程类型。

3. 实践创造

马克思的墓志铭上有这样一句话："历史上的哲学家总是千方百计地以各种各样的方式解释世界，然而更重要的在于改造世界。"经过教学反思、教育研究环节锻炼，教师已初具"改造世界"的能力，可以开始尝试有创意地进行教学设计或创作教学课例。在该阶段，师范院校要通过开设教学设计创意探寻、教学课例创作这两门实践课程来培养学生形成教学创意的意识和进行课堂教学创新的能力，力求使教师及时将自己的丰富想象力、创造力体现到教学活动的各个环节中去，最终上出一节节有个性、有特色、有水平的好课。

---

① 罗晓杰：《说课及其策略》，《教育科学研究》2005 年第 2 期。

② 宋秋前：《行动研究—教育理论与实践相结合的实践性中介》，《教育研究》2000 年第 7 期。

第六章

教师专业成长力培育的实践路径研究

　　培育教师的专业成长力不仅需要科学的教师教育课程体系建设，还需要借助于一系列科学的路径来配合。在教师教育实践中，以教师学习为基础，组建教师专业学习共同体，推动免费师范生在职读研教育等，都是实现这一目的的有效途径。从理论上讲，教师学习的科学化是助推教师专业成长力形成的基本路径，组建教师专业学习共同体是培育教师专业成长力的重要组织架构，而免费师范生在职读研是培育教师专业成长力的一条特殊路径。

第一节　教师学习：教师专业成长力
形成的基础途径

　　及至目前，教育史上已经出现了两条教师教育道路：一条是培训之路，即单纯关注教育理念与知识输入的教师教育道路，在这条道路中，理论成师的教师发展方式被推向了极致，普通教师的教育实践智慧被边缘化，教师在教育活动中的主体性被抹杀；一条是教育之路，即强调对教师进行以人格、情感、知能为内容的全面教育，在这条道路中，对教师训练的维度尽管增加了但教师的发展主动权仍然掌控在教师教育者的手中，教师的教育实践智慧的存在和使用空间日渐被窒息。① 鉴于此，教师的发展

_____

① 樊香兰等：《论现代教师教育道路的演变逻辑》，《教师教育研究》2009 年第 4 期。

是教师教育者与教师自身协作共谋、密切配合的结果，它需要教育理论与教育实践的协同参与。笔者认为，合乎这一思维的教师教育改革道路就是第三条道路——教师学习之路，它是促使教师专业成长力迅速形成的基础途径。

一　科学理解教师学习

教师教育的核心是教师发展问题，教师发展的关键是教育智慧的创生与积淀，是教师专业成长力的持续增长，这一目标的实现离不开教师的学习活动。可以说，教师学习是所有教师教育活动的基石和实质。在实践中，教师学习的对象与形式是多种多样的：他可以向教育实践学习也可以向教育专家学习，可以在反省教育经验中学习也可以在接受教育理论中学习，可以向自己学习也可以向教师教育者学习，可以在工作中学习（即"工作学习"）也可以在教师培训课堂上学习（即"专门学习"）。正因为如此，有人指出，教师教育活动就是"镶嵌在教和研之间"的"嵌入式学习"[①]。应该说，每一种教师学习形式都是一种成就教师、学做教师的方式，如何成师，如何实现教育智慧的增长是所有教师学习活动指向的一个共同目标，故"学会为师"是教师学习基本课题之一[②]。总而观之，教师有两种基本的成师方式——理论成师与实践成师，其中实践成师是教师的自然发展方式，是教师"从原有的经验出发，生长（建构）起新的经验"[③]的过程，它是一种与教育实践相依相生的成师方式；而理论成师是教师的人为发展方式，是教师将"公共教育知识内化为个人教育知识"[④]的过程，它是一种教师在工作场合之外

①　金美福：《两种教师发展模式论比较——兼与台湾学者饶见维先生商榷》，《东北师大学报（哲社版）》2004 年第 4 期。

②　李志厚：《论教师学习的基本追求》，《华南师范大学学报（社会科学版）》2006 年第 4 期。

③　周成海：《客观主义—主观主义连续统观点下的教师教育范式：理论基础与结构特征》，博士学位论文，东北师范大学，2007 年。

④　陈振华：《论教师成为教育知识的建构者》，博士学位论文，华东师范大学，2003 年，第 55 页。

展开的成师方式。教师的学习之路是要将两类成师路径整合起来，自觉实现教师的理论成师与实践成师、"自上而下的理论研究"与"自下而上的实践研究"[①] 的协作与沟通。因此，对教师教育来说，基于教师学习的教育变革绝非要机械地落实"教师为本"这一教师发展理念，而是要将其着眼点与着手点及时区分开来，努力实现教育理论与教育实践在教师身上的及时沟通与交互推进。对教师发展而言，其着眼点理应是基于"师本"的教育实践，其着手点是教育理论的楔入问题，教师教育活动是一项放眼于教育实践样式的优化、着手于教育理论的输入与授受的教育实践。在这里，教师教育活动干预教师发展水平的主渠道是教育理论的生产和供给。依靠教育理论来打破教师的自然发展方式、加快教师的专业成熟节律是教师教育活动的潜在优势，是专门性的教师教育活动得以发起的内在原因。

基于上述分析，我们认为，第三条教师教育道路——教师学习之路的基本特征是：在教师教育者与教师分工协作、两种成师之路——理论成师与实践成师并驾齐驱这一理念的指引下，努力构建一条以教师学习平台建设为基点的教育理论成师与教育实践成师双轨并存、同期互动的教师教育之路，以求实现两种成师之路的优势互补、相得益彰、平衡推进。在这里，所谓的"双轨并存"意指两种成师之路是并行不悖、互补协作、同步推进、相互回归的关系，二者之间没有偏重关系，有的只是动态平衡关系；所谓"同期互动"意即这两种成师之路在平行发展的同时又相互影响、相互吸收、相互转化。在其中，理论成师与实践成师之间的关系是：并存、相倚是前提，是教师学习的条件；互动、转生是教师学习的基本方式；同期、平台是对教师学习时间性与空间性的限定与保障，这一时空共在性是教师学习得以形成的媒介与背景。在此，我们将这一教师教育道路的基本框架图示如下：

---

① 周龙影：《教育行动研究与教师的专业发展》，《江苏大学学报》（高教研究版）2004 年第 3 期。

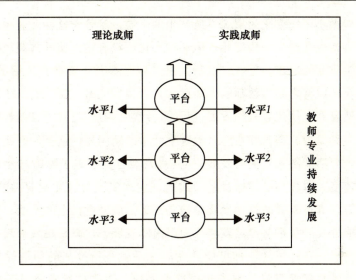

教师学习之路示意图

二　教师学习之路的实践框架

基于上述框架，我们认为，作为教师教育变革的第三条道路——教师学习之路，其实践框架如下：

（一）教师学习发生于教育理论与教育实践的交汇点上

教师学习是一个"知行思交融"[①] 的过程，两种成师路径就如教师发展的两条腿，它们只有在默契配合、平衡推动中才能完成。这样，无论单纯在教育理论中还是单纯在教育实践中，教师的发展都不可能是顺利推进的，教师教育智慧的生长点常常位于教育理论与教育实践的交合点上，位于教育理论与教育实践的重合区。为什么只有在这一点上教师才会发展呢？这首先需要对教师的两种发展方式、两种智慧作以区分。首先，教师时刻处于发展之中，但发展的形式是有区别的。在此，我们根据这种发展是否有新教育活动图式的生成这一维度将之区分为两类：适应式发展与创造式发展。前一种发展实际上并非通常意义上所言的教师发展，它是指教

[①]　饶见维：《教师专业发展》，台湾五南图书出版股份有限公司1996年版，第230页。

师在适应微小环境变化的情况下所产生的发展。尽管在这种发展中，教师的行为方式也会产生一些变化，但这种变化还没有达到使其常规教育活动图式发生质变的地步。显然，这种发展是教师参与正常教育生活的需要，我们甚至可以将之归入教师的本能性教育行为反应这一类，它属于教师的一种自然发展，体现着教师发展过程的连续性。我们通常所言的教师发展是指后一种发展，即教师在应对教育生活中的新问题、新事件时所发生的并伴有教育活动图式质变的发展。① 这种发展已经超越了教师自然发展的阈限和速度，故教师必须通过新图式的创生来实现自己在职业内的生存。如前所言，真正有效的教师发展必须是最近发展区意义上的发展，即在教师的可能性发展水平与自然发展区阈限内的发展，这就是在教师教育者引领下的发展。在这里，这种可能性发展水平就是指教师的创造性发展水平。显然，教师学习就是为了实现这种发展，而非自然发展或适应性发展。其次，教育智慧是有类型之分的，它起码可以有两种：一种是教育理智智慧，一种是教育实践智慧，前者的功能是帮助教师在头脑中解决问题，其载体主要是教育理论、教育观念；后者的功能是帮助教师在实践中解决问题，其载体主要是教育实践、教育案例、教育事件等。就其关系而言，教育理智智慧必须在转变为教育实践智慧之后才能服务于教育实践，教育智慧就是这两种智慧形态的统一体。故此有人指出，教育智慧体现为"理论形态和具有个人特色的实践形态"②。进而言之，教师对教育理论的学习绝不能停留在表面，即对教育理论理解水平上的学习，而应该深入其内部——教育理智智慧的层面，因为教育理论仅仅是搭载教育理智智慧的载体，教师的学习只有在触及教育理智智慧这一层面时才可能实现对教育知识、观念的灵活驾驭，实现转识成智、理论成师。同时，教育理智智慧只是教师学习活动的一个中转站，它只有与教育实践结合并转化为教师的教育实践智慧时教育理论服务实践的功能才能最终实现。一般而言，教师发展的实质是其参与教育活动的行动图式的不断调适，其发展动力主要来自两个方面，即教育实践难题的刺激和新的教育观念图式（主要来自教师从教师教育者那里获得的教育理论）的楔入，前者是在教育实践中发

① 龙宝新：《教师教育文化创新研究》，教育科学出版社 2009 年版，第 208 页。
② 金美福：《教师自主发展论》，博士学位论文，东北师范大学，2003 年，第 21 页。

生的，其直接作用对象是指导教师的教育实践的行动图式；后者是教师在自觉接受教师教育者活动中发生的，其直接作用对象是指导教师的教育实践的观念图式。在教育实践中，这两种动力之间构成一种双趋式关系，共同指向教师的教育素养的提升。当教师的两种图式——观念图式与行动图式在教育活动中相会合时，新的教育活动图式进而在教师身上产生。教师发展的全程就是教师充分利用教师教育者的教育理智智慧和自身的教育实践智慧来主动建构一种实践需要的、合理性教育活动图式的过程。在这一过程中，教师的两种智慧得到了整合、协调、融合，教师的创造性发展得以实现。

　　由上可知，学习就是一种"转变"，就是在观念、理论与行动、实践的交接处发生的智慧创生活动。只有习惯性、机械性的教育实践而没有思维、观念活动的切入，智慧不会生成，学习不会发生；只有思维、观念活动的空转而没有教育行动的伴行或教育实践的伴随，智慧也不会生成，学习也不会发生。在教师教育中，完整意义上的教师学习既不会单纯发生在教育实践之中，也不会单纯发生在以教育理论输入为主调的教师教育课堂上，而是发生在二者的交汇点上。在单纯的教育实践中，教师徒有教育实践智慧和行动图式；在单纯的教育理论学习中，教师徒有教育理智智慧。在这两种情况下，教师都找不到两种图式共在"合生"（怀特海语，即concrescene）的场合和条件，教师的创造性发展由此难以实现。完整意义上的教师学习活动必需的两个统合点，即以教师身体为载体的两种教育智慧的统合和以学习平台为载体的两种教育智慧的统合。教师只有既具有了一定的实践智慧基础，又具有了从教师教育者那里所获得的理智智慧，两种智慧才可能在同一场景——教师身体中相遇；只有在诸种学习平台中，教师才可能主动地去摄入教育理智智慧，激活教育实践智慧，促使两种智慧发生碰撞、接合①，为合理性的、高级教育活动图式的产生提供条件。一句话，教师身体和学习平台是教育活动图式的产床，两种教育智慧在特定时空中的相遇与会合是教师创造性发展和教师学习得以发生的基本条件。

---

　　① 所谓"接合"，它是指"在差异性中产生同一性，在碎片中产生统一，在实践中产生结构"。参见萧俊明《文化转向的由来》，社会科学文献出版社 2004 年版，第 241 页。

（二）教师学习的一般样式是穿梭式

由上可知，教师学习的基本路线是：两种智慧齐步并进、共强共生。这样，实现两种教育智慧的接头，促进教育理论与教育实践的相遇就成为启动教师学习活动的关键一环。然而，在现实生活中，教师的发展总是在两个世界——教育生活世界和教师教育课堂、任职学校与教师培训机构之中来分别进行的。教师没有分身术，他要进行一次完整的学习活动就只能通过穿梭、往返于这两个世界之间的方式来实现。通过这一"穿梭"，教师在工作学习中获得的教育实践智慧和在专门学习中获得的教育理智智慧就可能发生相遇与汇合，教师学习活动也才可能发生并顺利推进，教师才能在两条成师之道之间"走出"自己的成师之路。为此，周期式地穿梭于教育理论与教育实践之间，让教师在两种教育智慧之间发挥纽带功能，让教师身体成为贯通两种教育智慧、实现两种教育智慧互生的阵地是教师学习的一般样式。我们可以将这一基于教师学习之路的教师教育模式形象地称为穿梭式教师教育。在实践中，这种"穿梭"的两个端点或基站是教师任职学校与教师学习平台。在两种基站之间周期性地来回穿梭，不断实现学习类型（即工作学习与专门学习）的转换，让教师一直生存于教育理论与教育实践的中间区，实现教育理智智慧与实践智慧的频繁互动与互构，正是笔者所言的教师教育改革的新道路——实践成师与理论成师"双轨并重、同期互动"的根本内涵。同时，这一教师教育模式的构建也是出于另一考虑：教师尽管可以由教育实践来成就，由教师任职学校来承担部分责任，但教师任职学校毕竟不是教师发展的学校，而是学生发展的学校，教育学生是其主功能，教育教师只是其辅功能。同理，教师教育机构、教师学习平台的主要责任是发展教师、教育教师，其间接责任才是发展学生、教育学生，组织教师学习活动是其基本职责。在此，对这二者的责任区间加以相对明确区分的缘由之一是对一种支持专业化进程的考虑。那种试图将教师发展学校与学生发展学校、教师学习平台与教师任职学校混同起来的做法是绝对不妥的，毕竟专业化的提出和推进意味着人类社会发展中的一大进步，这一点已经为人们所共识。因此，一种高效的教师教育模式必须是将二者适度区分开来的模式，它可以使之得到各得其所的发展。在教育实践中通过工作学习获得教育实践智慧，在教师教育活动中通过专门学习获得教育理智智慧，在穿梭于教育实践与教师学习平台之间的过程中实现教育智慧的创生与发展，这正是教师实现创造性发展的有效路径。

可见，在教师学习之路中，教育理论与教育实践的接轨是通过教师这一学习主体的穿梭、游弋活动实现的，这就必定涉及一个互动时机的选择问题。教师什么时候进入教师学习平台，什么时候回归任职学校，这是决定这一"穿梭"活动路线的关键问题。为此，我们需要对"同期互动"的内涵再次加以阐明。所谓"同期互动"，其形态有两个：其一是微观意义上的同期互动，即以教师身体为"理论—实践"交合点的同步性同期互动。它是指教师在从事教育实践时心怀教育理论，在参与教师教育活动时心系教育实践，在实践中融入理论，让理论学习朝向教育实践、走进教育实践，最终让两种教育智慧在教师身上找到相遇点、融合点与生发点，实现这两种教育智慧的直接互动；其二是宏观意义上的同期互动，即相继性同期互动。它是指在一段时期内教师根据教育实践或自身发展的需要不间断地回旋于教师学习平台与其任职学校之间。尽管这种互动从瞬间意义上来讲是不同期、不同步的，但将之放在教师发展的更长一个时期内来看，它又表现为近似"同期"的。我们也可以说，这一互动就是前一互动形式的延伸和放大。

毋庸置疑，宏观意义上的互动就是穿梭式教师教育之路的常见表现形式，"教然而后知困，困然而后知学"，就是对这种理论——实践互动方式的一种直接描述。具体来讲，当教师在教育实践中感到无能为力时，尤其是利用自己的工作学习、既有的行动图式、实践智慧难以解决所遇到的问题时，他就会产生求助于外来的观念图式、理智智慧来调整自己的行动图式，进而发展自己的教育实践智慧的需要。此时，通过专门学习活动和教师学习平台来发展自己就成为必然。同时，当教师在这种学习中达成了其预期的学习目的，其理论水平及理智智慧就会有一定的增长。此时，教师需要及时回归任职学校来实践这些理论，运用这些智慧来生成一种能够解决教育实践问题的新图式、新智慧，实现教育理论、理智智慧向教育实践的转生。实际上，任何理智智慧一旦成形就会走上"衰变"的道路，这一"衰变"一般有两种方式：一种是由于该时代教育实践的发展水平超越了这种理智智慧的适用范围，导致其失去了用武之地，进而发生了衰变；一种是该理智智慧失去了与其原初发生背景及实践间的血肉联系，导致这种理论进入故步自封、脱离实践的境地，其活力因此而丧失，随之导致了衰退现象的发生。因此，为了防止"衰变"的发生，教育理智智慧必须适时地回归实践，以在与实践智慧的结合和新生中保持自己的生命力。可以说，教育理智智慧的生命系于实践，它必须在向实践而生，时刻保持一种"向实践性"倾向时才可能最终实现生存。正是教师需要这种来回穿梭，其相继性同期互动才得以延续，教师的两种智慧进入到一个良性的发展回环之中。值得注意的是，在这一回环中还存在一个重要问题，即循环周期问题。何时进入教师学习平台来开展学习活动，何时回归任职学校继续其教育实践活动，这都取决于循环周期的确定。在此，实际上存在着两种周期概念，即时间周期与心理周期。前者将每两次"平台学习"（即基于学习平台之上的教师学习）之间的时间认定为教师学习的一个循环周期，如国家规定中小学教师必须每隔一段时间参加一次脱产形式的继续教育；后者则将教师在教育实践中前后两次体验到教学方式落伍并产生强烈学习需要之间的这一心理节律确定为教师学习的心理周期。笔者认为，在教师学习中，为了保证互动的同期性，保证教育理智智慧与实践智慧间的密切关联，我们需要的是基于心理节律的心理周期而非基于时间段的时间周期。在教师学习中，严格按照心理周期来转换教师学习形式，实现工作学习与专门学习交替主导，确保教师发展的连续性与学习阶段间的衔接性是两种成师方式实现平行同期互动的重要内容。

显然，这种周期互动式教师学习与回归式教育中所倡导的教师教育理念稍有不同，主要体现为如下三点。其一，回归式教师教育关注的是：教师一旦长期"泡"在教育实践之中，其专业知识可能会老化，故需要不间断地回归到大学来"充电"，其关注焦点是教师的知识；而穿梭式教师教育理念强调的是教师的教育实践智慧需要在摄入理智智慧时才可能实现创造性发展，故教师智慧的发展必须不间断地回归教师学习平台，以从教师教育者那里摄取新的教育理智智慧，学习教育理论只是其表面形式，其关注的焦点是教师的智慧，即杜威所言的在"考察（实际）情况出现的必然性和可能性，从而对事作出估量的能力"①。其二，回归式教师教育中教师回归的是大学校园，是为了知识更新而回归，而穿梭型教师教育中教师"回归"的是教师学习平台，是为了教育理智智慧而回归。显然，教师学习平台是多种多样并且可以存在于教师的所有教育时空的（如信息网络平台），是可以内置于教师的教育实践中的（如校内教研组开展的各种观摩教学活动），而大学校园是固定的，无法随意变更其位置，它最多只是一个教育理论的生产商和供应商而已。其三，回归式教师教育中回归的方向是单向的，即教师向大学校园的回归，教师发展是沿着专业知识的线路连接起来的；在穿梭式教师教育中，这种"回归"是双向的、双通道的，即既有从学习平台向任职学校的回归，又有从任职学校向学习平台的回归，故称之为"穿梭"。在"穿梭"中，教师是围绕教育智慧的增长线而被"串联"起来的，沿着教育智慧这条增长线，穿梭式教师教育模式将教师的发展建立在了教育理论与教育实践和谐共生的道路之上。

所以，双轨平行互动是教师学习之路的基本特征。其中，"双轨"保证着两条成师之路的相对独立性与完整性；"互动"意味着教师发展的两条路径之间是相互贯通的；而"同期"则是确保两条成师之路密切衔接、融为一体、周期性贯通的重要保证。具有了这一特征的教师学习，其具体表现形态必然是穿梭式的。"双轨"、"同期"、"互动"是教师教育的第三条道路——教师学习之路的骨架和关键词。

（三）教师学习的支撑点是学习平台建设

教师教育变革的第三条道路的构建是建立在对学习概念的全新理解之上的，其含义绝非教育、培训意义上的学习，而是工作学习与专门学习、理论学习与实践学习的合成物。与培训意义上的学习相比，教师学习不止是受训教师的向人学习、专门学习，还是教师的工作学习与向己学习，以及教师教育者与教师间的相互学习的统一。只不过在教师发展历程中来看，教师教育者的学习是辅学习，其向教师的学习从属于教师的学习，并

---

① ［美］菲利普·劳顿等：《生存的哲学》，胡建华等译，湖南人民出版社 1988 年版，第 241 页。

以教师学习质量、教师发展水平的提高为指向和目的。有效的教师教育不仅是一种能够为教师当下发展提供优质服务的教育，而且还是一种具有自我发展性和生命力的教师教育，这种生命力、发展性就来自教师教育者向自己的服务对象——教师的学习，学习他们的实践智慧与教育思维。通过这种学习，教师教育活动与教育实践间的契合度与适应性不断得以提高。相比而言，教师的学习是教师教育活动中的主学习，是丰富其教育活动图式、增强其对教育生活的应变力的基本路径，它构成了教师教育活动的轴心与内核。在这里，无论是主学习还是辅学习，它们都是以服务于教师发展为共同特征的，是在教师学习平台上连为一体的，因为教师教育者与教师之间的互动就是在教师学习平台的支撑下完成的。

与教育意义上的学习相比，教师学习促进教师发展的方式绝非仅仅是以教师接受教师教育者的外在影响为主题的外向学习、向人学习的过程，还是一个内向学习、向己学习的过程。也就是说，在教师教育活动中教师实际上具有两个教师：一个是教师教育者，一个是教师自己。这就构成了一个复合式学习回路：从表象上来看，教师学习是一个在教师教育者引领下的向他们学习理论观念、理智智慧的外向学习活动，即"教师—教师学习平台—教师教育者"之间的互动回环；从内在活动过程来看，教师学习也是一个教师回顾、再现、体悟、重构自己的实践经验、实践智慧的内向学习活动，即教师的"经验自我—学习平台—观念自我"间的互动。这两个学习过程实际上都是靠教师学习平台来维系的：在外向学习中，教师学习平台就是教师教育者释放自己功能、展示自己的教育认识，输出自己的教育理智智慧的讲坛。由于教师学习平台具有可流动性、可超越时空、可重复利用、可选择性（如空中教室、网络课程等），故它能够集结大批优质的教师教育课程资源，能够突破教师教育者直接教学、在场学习的局限，如教师来校学习不便，教师不容易获得自己最需要的知识，教师难以找到处于自己最近发展区内的课程资源等。而教师学习平台的介入就能克服这些局限，从而实现对教师教育课程资源的优化配置、优质资源共享，为两种教育智慧的充分接触、深度互动创造条件。故此，有了教师学习平台，教师自身的教育经验、智慧更容易被全面调动，教师教育者的理论、智慧也更容易得到全面展示和优选过滤，两种教育智慧更容易找到结合点。

可见，教师学习平台建设是将第三条教师教育变革之路支撑起来的一

个擎天柱。在教师教育中，所谓"教师学习平台"是指连结教师教育者
与教师的一切课程资源，包括教育经验、教育影响、教育工具、教育媒介
等的总体。一般而言，这些课程资源有一个相对集中的具体聚会点，如教
师教育课堂、虚拟空间（如网络社区、虚拟空间、教育平台等）、教师发
展学校、教师教育中心等。在教师教育中，教师的主学习实际上就表现在
教师向以教师教育者为总设计师而构筑起来的诸种教师学习平台的学习，
就是借助于教师学习平台这一综合展台来与教师教育者的理智智慧全面沟
通、互动的过程；教师教育者的辅学习实际上就是他们通过这一学习平台
来诱导、培育教师的教育观念、理念、行动图式及其实践智慧，并及时以
教师的新认识、新智慧为原料来更新、磨炼自己的教育认识、理论、思维
图式，进而将之融入教师学习平台，不断充实教师的课程资源的过程。在
这里，教师学习平台就发挥着传导教师教育者的理论、理智智慧，汇聚教
师的观念、实践智慧，实现不同教师、不同教师教育者的观念、智慧杂
生、融通的功能。可以说，教师学习平台是由教师教育者与教师携手创建
起来的一个教育资源汇聚、融通、共享、共生的公共发展平台，而非单纯
是一个教师教育资源的储存库。

　　由此，要全面协调教师教育中的工作学习与专门学习、理论学习与实
践学习就有必要构建一种口径开阔、灵活多样、需求导向型的教师教育系
统。在这样一个系统中，单凭教师教育者的单打独斗、固守课堂是不行
的，它还需要善于凭借教师教育者群体、综合教师学习平台的开发来帮助
教师完成其学习任务。为此，教师教育者需要沿着两个维度来延伸自己：
其一是由个体向群体的延伸，善于发挥整个教师教育者群体的力量和智慧
来影响教师，实现教师教育者群体内部的联合与同盟，聚合整个教师群体
的优质智慧资源；其二是由身体向外界的延伸，善于利用一切最先进的信
息技术、媒介手段、现代设备等来物化自己的理智智慧，实现教师理智智
慧与其身体的分离和扩大化再生产。这样，教师教育者就需要借助于教师
学习平台的建设来完成这一使命，需要在他与教师之间楔入"教师学习
平台"这一中介因素。在此，教师学习平台就是输送教师教育者的教育
理智智慧的中转站，就是教师教育者群体教育智慧的汇聚点，就是优质教
师教育课程资源的放大器和传送带。有了这样一个中介，教师不仅可以及
时分享到最优质的教育资源，而且还可以不受工作时间的限制穿梭于教师

教育课堂与学生学习课堂之间，实现两种教育智慧之间的及时对流与同期互动。在此，教师教育者的教育力量、其对教师教育活动的主导功能将悄然地转至幕后，通过教师学习平台的建设来发挥其主导功能将成为他们介入教师发展过程的主要方式，虚拟空间将成为教师教育活动赖以进行的第二教室。可见，在教师学习之路中，教师学习平台建设是实现教师的两种成师之路同期互动的基本硬件和根本保障。

总之，促使教师学习发生，尤其是贯穿于教育理论与教育实践"之间"领域的真正教师学习发生，是促使教师专业发展、实现教师专业成长力持续增长的基本路径。没有学习，就没有发展；没有教师专业的学习实践，就不可能有真正教师专业成长力的增长。在面向教师专业成长力培育的教师教育改革中，我们必须把教师学习活动放在一个重要的位置上来思考、来关注。

第二节 专业成长力培育的理想
专业组织——"PLC"①

教师始终生活在两个教育世界——个人的教育世界和群体的教育世界之中。其中，个人理念世界的提升与经验世界的扩充铸就了教师个人专业成长的第一路径，而教师社群生活方式的变迁则构筑了教师专业成长的第二路径。教师的专业成长总是个体自觉与群体联动的合成品，是两者同步并进、交互作用的结果。教师专业成长的外显形态就是教师学习，它是教师的核心专业竞争力，因为人"唯一持久的竞争优势，或许是具备比你的竞争对手学习得更快的能力"②。学习常常"被看做为一种身体与环境间的连接，这种连接使得有机体能够对变化着的环境做出适当的反应"③，

---

① 注：本部分由笔者与陈晓端老师合作完成。

② ［美］彼得·圣吉：《第五项修炼——学习型组织的艺术与实务》，郭进隆译，上海三联书店1998年版，第4页。

③ ［丹］克努兹·伊列雷斯：《我们如何学习》，孙玫璐译，教育科学出版社2010年版，第14页。

教师学习是教师与外部世界，包括教育世界与人际圈层实现信息流通、经验建构的基本途径。在教育生活中，教师个体既在向教育实践、教育知识学习，又在向其群体生活、专业社区学习。专业社群是教师专业成长的第二摇篮，[①] 构建并参与教师专业学习共同体（Professional Learning Community）是教师专业实现整体、高效、迅猛成长的快行道，是突破教师个体的专业成长上限的重要策略。彼得·圣吉指出，"当团体真正在学习的时候，不仅团体整体产生出色的成果，个别成员成长的速度比其他学习方式快"[②]。探明教师专业学习共同体的动态生成结构，绘制出其实践"基模"（彼得·圣吉，即 archetype）[③]，并据此科学培育教师专业学习共同体，提升教师群体的教育智能，实现教师个体与教师社群的互依互助互推式发展，是培育教师专业成长力的又一重要路径。

一　从共同体到专业学习共同体：审视教师专业学习共同体的特质

教师专业学习共同体脱胎于"共同体"与"学习共同体"，它既是共同体构想在教师社区中的一种实践形态，又是这种构想在教师行业中的一次重构与创造。每一次具体化实践都是特定理念发展中的一个创举，都意味着一种新事物的诞生，这一创举培育着新事物的特质与个性，并使之与旧事物、原理念区分开来。教师专业学习共同体亦是如此。尽管在"共同体"、"学习共同体"中包蕴着其属性本质但并未完全包容"教师专业学习共同体"的个性与特质。通过比较、参照，从中分析出教师专业学习共同体的特质，是我们理解它、驾驭它、培育它的逻辑基点。

---

① "第一摇篮"是教师的教育生活、教育实践。

② ［美］彼得·圣吉：《第五项修炼——学习型组织的艺术与实务》，郭进隆译，上海三联书店 1998 年版，第 11 页。

③ 圣吉指出，"基模"就是事物中一再重复发生的结构形态，它是发现结构运作中的杠杆点的前提。参见彼得·圣吉《第五项修炼——学习型组织的艺术与实务》，郭进隆译，上海三联书店 1998 年版，第 102—103 页。

所谓"共同体（Ge meinschaft）"，按照滕尼斯的理解，它是指人们之间在自然情感的意志基础上亲密关联、守望相助并具有一定排他性的共同生活方式，其典型代表形式是血缘共同体、地域共同体与精神共同体。① 由此观之，"共同体"存在的前提是人与人之间的自然情感，它是维系共同体的一条主藤，是共同体赖以存身的生命线；人们加入共同体的目的是要归依于群体，实现社会化的生存，共同体就是通过满足人的社会需要甚至精神需要来发展壮大的。可以说，"缘"是共同体存在的基础，一切随缘，人与人之间的亲缘、情缘、地缘关系是共同体赖以存身的自然支撑点。可见，共同体是建基于人与人之间的自然关联、天然缘分、情感契约基础上的社会群体，自然性、共生性、亲缘性是其共同特点。

共同体为人类的共同生活提供了一种组织形式，成员之间相互默契、信守契约、共处共生的存在状态为其他组织构架提供了一种原型与标杆。利用共同体的构架或理念来构筑一种服务于个体发展的社会机体成为许多学者的梦想，"学习共同体"就是在这一情势下诞生的，它期待借助"共同体"的形态来改造企事业、社会活动的内部组织结构。所谓"学习共同体"，是指"由学习者及其助学者共同构成的团体，他们彼此之间经常在学习过程中进行沟通、交流，分享各种学习资源，共同完成一定的学习任务，因而在成员之间形成了相互影响、相互促进的人际关系"②。如果说共同体是服务于社会成员的共同生存、适应生活需要的，那么，"学习共同体"则是指向群体成员的共同发展、创造活动需要的。学习共同体不再具有随缘性的成员组织原则，而是利用共同的"任务"将学习者统合起来，它是一种任务型群体而非自然型群体；学习共同体成员之间不再具有那种"为生存生活而相互依存"的被动性依赖关系，而是一种面向自我超越、自我更新的积极依赖关系，故它是一种积极型群体而非消极型群体；学习共同体关注的是共同体内部、学习者之间的经验交流、新知产生与信息共享，而非止步于人与人之间基本的精神、生活的需要，故它是一种创造型群体而非守成性群体。从这个意义上讲，从

---

① ［德］斐迪南·滕尼斯：《共同体与社会》，林荣远译，商务印书馆1999年版，第15页。

② 李冰：《教师学习共同体与校本培训方式初探》，《学校管理》2008年第3期。

共同体到学习共同体的演变是一次质变：走向自觉、自主、创造是其实质，任务性、共创性、发展性成为学习共同体的新特质，共同的任务、共同的话题、共同的愿景、共同的价值成为学习共同体的新结点。学习共同体的完美形态就是彼得·圣吉所言的"学习型组织"，自我超越、合作文化、心智模式、共同愿景和基于对话的团队学习成为学习共同体的新要素，创造性张力、系统思考、深度汇谈成为提高其效能、加固其根本的关键策略。

　　如果说学习共同体可以在任何具有共同学习意愿的组织成员，如学习者、助学者、管理者之中来构建，那么，专业学习共同体则不具有这一属性，它仅仅适用于特定专业社群成员。"教师专业学习共同体"正是在学习共同体基础上发展起来的一种新型社会群体。赫德（Hord）指出："当所有人合作开展共享性学习，并践行他们所学的内容，目的是提高自己作为专业人员的有效性和促进学生学习的时候，这些人所组成的就是（教师）专业学习共同体。"[1] 与普通学习共同体有别，专业学习共同体的成员是专业人员，面对的问题是专业问题，预期的目标是寻求专业的对策和共识，最终实现专业发展，故此，其圈子更小，层次更高，位于共同体系统中的最顶层。教师专业学习共同体正是如此。教师专业学习共同体的纽带不是一般的学业问题、学术问题，而是当下专业社群面临的亟待解决的实践难题（problem），它是将该社区内所有教师聚拢起来、吸引到共同体内的一枚磁石，它生成着专业学习共同体的向心力；教师走进专业学习共同体的原动力是基于对教育事业的使命感、事业心与责任感，是其对信守的美好教育愿景的执着追随；教师专业学习共同体的生命线是其对教师专业成长的效能性，是专业汇谈、专业探究对教师专业发展的实在价值。教师专业学习共同体存在的目的就是要针对教师社区共同面临的实践难题汇集专业创见、凝聚专业共识、寻求专业良策，努力实现个体发展与群体发展的共赢与互促。从这个角度上看，教师专业学习共同体首先是事业型共同体而非普通共事型共同体，是一种面对实践难题的

---

　　[1]　Hord, S. M., "Professional learning communities: What arethey and why are they important? Issuesw about Change, 6 (1) ." Austin, TX: *Southwest Educational Development Laboratory. Retrieved* from www. sedl. org. 1997.

实践共同体而非知识型共同体，是以专业发展为主题的专业共同体而非研究者共同体，它就是教师社区内的一种智慧联盟、实践联盟、工作联盟、专业联盟。

二 教师专业学习共同体的实践基模

任何共同体的存在都是围绕某种稀缺资源而展开的，血缘共同体追求的是亲情，经济共同体追求的是利益，政治共同体追求的是权力，精神共同体追求的是心灵，而教师专业共同体追求的是专业智识。稀缺资源是共同体的固着点和原发点，服务于稀缺资源的聚合与增值是共同体构架的灵魂。在教师专业社群中，学习共同体是诱导专业智识生成的特殊装置，是教师个体展示专业自我的平台，是为教育难题寻求专业处方的智库，这就决定了它具有自身独有的结构。当然，任何"结构"都不可能是静态可见的，而是形成中、建构中的，它是事物内在关键联系的动态联结方式，是一系列"因果动环"（即"因果环状互动关系"）的复合，是"随着时间的推移，影响行为的一些关键性的相互关系，这些关系不是存在于人与人之间的相互关系，而是存在于关键性的变数之间"①。故此，结构平面图不可能全面展示教师专业学习共同体的结构，借助彼得·圣吉的"基模"概念是我们直观、全面、准确地把握教师专业学习共同体构架的科学策略。

基模由关系构成，关系由要素构成，要素是基模的构成原子。在绘制教师专业学习共同体的基模之前，我们必须完成的一项奠基性工作是找到其核心构成或关键元素，以确定构成基模的因果动环的关节点。学习是人类的天性与禀赋，是教师专业发展的内在机制，教师专业学习共同体的内核是专业学习。教师学习可以在大学课堂中进行，可以在教育实践中进行，也可以在日常生活中进行，但这些学习大都是适应性学习、准备性学习而非创造性学习。教师专业学习共同体的所有成员都是具有教育经验、置身于教育情境之中并具有一定教育判断力、选择力、创造力的成员，他

---

① ［美］彼得·圣吉：《第五项修炼——学习型组织的艺术与实务》，郭进隆译，上海三联书店 1998 年版，第 47 页。

们所需要的教师学习是一种面向实践难题、升华教育经验、聚集成熟智慧、分享成功实践的学习，这就决定了教师专业学习共同体所要促成或搭建的是一种前沿学习、探索学习、问题学习与社会学习。故此，统率教师学习的话题是教育实践中次第涌现出来的真问题、新难题，学习的对象是生成中的汇谈结果和参与者的睿智，学习的动力是内发自发的，学习的方式是参与"深度汇谈"（彼得·圣吉）[1]，学习的方向是自导的，学习的目的是走向专业成熟，等等。这种特殊的学习形态决定了教师专业学习共同体的使命是构筑一种教师专业发展的诱导性与支持性框架，以此为实现教师个体与教师群体的共同发展提供一种精神契约与文化支撑。与之相应，在教师专业学习共同体中，教师发展的动力、主体、方式、机制、内容等都具有了新的内涵与成分。

其一，教师发展的动力具有二重性，是原创性动力和感应性动力的交合，它们构成了教师专业共同体的双引擎。"开创型学习的动力，源自想要创造对人们有价值与意义的新事物的欲望"[2]，教师参与专业学习共同体的内驱力就是这种追求原创的欲望。进而言之，教师参与专业学习共同体的原动力有两大来源：一个是教师在教育实践中"遭遇"和面对实践难题时产生的认知惊异与实践困惑。为原生实践问题讨教方家、寻求解释，共同求解、搜索"杠杆解"是推动教师参与学习的原创性动力源之一；另一个动力源是教师成就愿望、事业愿景与实际发展状况之间形成的创造性张力。正如彼得·圣吉所言，"当我们把'愿景'与一个清楚的'现况景象'同时在脑海中并列时，心中便产生一种创造性张力"。[3]这两种动力构成了教师参与专业学习共同体的原初性动力，它还需要另一种动力——感应性动力的配合。在专业学习共同体中，每个教师面对的是具有丰富经验、专业才识的同行，自己所阐发的见解、所提出的教育问题、思考问题的独特视角随时都可能引起其他同事的回应、共鸣、深思与赏识。

---

① "深度汇谈"是"自由和有创造性地探究复杂而重要的议题，先暂停个人的主观思维，彼此用心聆听"，最终得到"超过任何个人的见解"。参见彼得·圣吉《第五项修炼——学习型组织的艺术与实务》，郭进隆译，上海三联书店1998年版，第270、274页。

② 同上书，第332页。

③ 同上书，第170页。

无论这些见解、问题、视角得到的是精神上的关注、认同、赞赏还是认识上的肯定、争议、重视与策略上的应对、建议，都可能激起教师继续探究、探讨、探寻的热望，敦促一股前进的内驱力在教师心头形成。这股力量就是感应性动力，或称激励性动力。不像原创性动力那样，它来自教师与实践间的矛盾，而是来自共同体内教师之间的认识视差、经验差距、人际感应，故它才是教师专业学习共同体内生的一种独有力量。如果说原创性动力是推动教师参与专业学习共同体的原始动力，那么，一旦共同学习探究活动被启动，这种感应性动力日益成为维系教师专业学习共同体的主导动力，成为教师专业学习活动日趋强劲的核心动力。关注每个教师提出的原生问题，捕捉每个教师思维的灵光，聚集教师专业智慧碰撞中生成的"感应力"，是教师专业学习共同体持久深入发展的不竭能源。

其二，教师发展是双主体——个体与群体互利共益、互依共生的过程。在教师专业学习共同体中，教师发展首先是个体的发展，是每个教师专业智慧、专业知能的自我修炼、自我超越过程。在这个意义上，教师专业学习共同体是每个教师个体专业才识的展台，探讨话题只是诱发这些才识显现的诱因而已。在专业汇谈中，教师从教的经验、智慧、灼见喷涌而出，其专业自我展现无遗，被暴露于众目睽睽之下，接受着同行的点评与审视。正是在同行眼光的审视之下，教师个体专业发展中的盲区、误区与优点、优势走向分化，与其他教师之间认识经验的对流与交流随之展开，教师个体面临着专业发展的新机遇。在专业学习共同体中，教师个体的学习是从参与开始的，"参与"的实质是共同体内不同"专业自我"的会面、对视与际遇、互动，是启动专业对话的门槛。继之，教师个体与其他专业人员之间的关系成为决定参与深度、对话质量、专业创造的关键参量。一个深度参与专业学习共同体的教师是与所有其他成员建立了细密关系网的教师，每一束关系都是师生间信息、经验、智慧、情感交流的管道，每一束关系的亲疏程度都是决定师生间信息、经验、智慧、情感流量及流速的关键参量。在网络式个体关系中，关系的受益者——教师个体实现了专业认识的增值、专业经验的扩容与专业精神的升级。同时，在专业学习共同体中，教师群体是专业发展又一主体。在共同体中，教师群体的存在形式不止是一个"概念"，它更是一种文化，一个社会，一种边界。不同共同体间的差异是主导文化的差异，这种"差异"使该共同体成为一个具有独特运作机制的"小社会"、"小生境",其与其他共同体间的界限清晰可见。正是这一独特生态的存在,使得教师群体具有自身独有的发展愿景、智慧智商、文化秉性。教师群体文化对其所属的每一个体的主要发展都具有阻力与助力的双重功能。经由以整体互动,教师个体的愿景、目标、智慧、追求汇流为群体的愿景、目标、智慧与追求,为每个成员的发展提供了优越的平台与环境。但在某些情况下,它往往成为教师个体专业发展的上限,形成着其专业发展的空间与阈限,压制着教师个体发展潜能的发挥,"枪打出头鸟"正是这个道理。在此情况下,教师群体的专业成长与文化建设就成为教师专业学习共同体发展的重点。"实践社群是知识形成的内在条件,主要是因为它提供了一个诠释系统,用来对社群的传统建立意义。"[1] 教师专业学习共同体就是通过对专业知识标准的把持来实现对教师个体的控制的,可以说,没有教师群体的"转换型学习"(即那种面向改变我们认为理所当然的参照框架,如意义视角、智力习惯、心智背景的学习等[2]),没有共同体文化的重构与转变,教师个体的专业潜力是难以得到施展与解放的。在教师专业学习共同体中,教师发展是个体发展与群体发展之间的一场共舞:当教师个体投入而不消弭于群体,即以相对自主的姿态出现在群体中时,他能够实现与教师群体的一体化生存,教师群体的智慧就会增长。反之,随着教师群体智慧的增长,教师个体也会从中受益,其专业发展也能得到整个群体的有力支撑。因之,教师群体专业发展就是教师个体发展的空间和温室,它实质上就是一场为教师个体创造上限、拓展空间、构筑发展环境的实践。

其三,教师专业发展的机制是差异互动。专业学习共同体建立的前提是成员之间专业发展水平的相似性。所谓"相似性",就是共同性与差别性的共存与混合,是指成员之间在发展状况上的大致相同而非绝对相同,发展水平上的相对差异、量的差异与绝对差异、(知识结构、经验库存、教学风格等)质的差异的同在。专业发展水平差距悬殊带来的是一种教导式学习,而相似的专业发展水平带来的是一种切磋式、创造式学习。在

---

[1]　Lave, and Wenger. *Situated Learning*: *Legitimated Perpheral Participation*, *Cambridge*: Cambridge University Press, pp. 91 – 117.

[2]　[丹] 伊列雷斯:《我们如何学习》,孙玫璐译,教育科学出版社 2010 年版,第 49 页。

相似的专业发展情况下，教师间的相同性是专业学习共同体存在的基础，同属专业社区、共同面对教育实践、共同的教育经历与生活背景等都为共同体内展开汇谈提供了共同需要、共同话题、共同目标，"所有成员拥有若干个共同的关注点，共同致力于解决一组问题，或者为了一个主题共同投身或参与"① 是专业学习共同体的栖身之基。应该说，离开了这种"相同性"，共同体的发展就失去了基轴和内线，相同性是教师专业学习共同体赖以存在的公共场与话语场。同时，差异性是共同体产生出新价值、新成果、新认识的资源性条件。在专业学习共同体中，每一个成员就是一门有待学习的课程。学习共同体成员间的专业差异、认知差异、经验差异、体验差异构成了教师专业学习共同体发展的资源和原料。可以说，正是教师间异质差异的存在才为共同体内的汇谈提供了一种谈资，提供了一种交流对话的需要与相互的吸引力。教师间专业发展状态，包括水平、方向、领域等的差异在共同体内商谈、对流中不仅实现了专业洞见、专业智慧的共享与分享，而且还实现了增值与创生。专业洞见、专业智慧在摩擦碰撞、思维拼接、视界融合中实现了新生，专业歧见、专业误解甚至可能成为揭开新的专业论域、开启新的专业视野的一把钥匙。知识、信息、智慧一旦形成就会产生在主体间流动的势能，渴望分享是知识、信息、智慧的一种本能需要。专业学习共同体就是教师间的一道桥梁，教师间的专业差异沿着这道桥梁顺利实现了互动、互构与互生。"如果活动与个人的参与、参与者的知识和观点有着相互构成的关系，那么转变就是实践社群及其活动的基本属性。"② 也就是说，教师间专业差异的互动势必导致整个专业共同体的转变与新生，进而整体带动教师群体的专业迅速发展。

其四，教师发展是通过学习型课程进行的。教师专业学习共同体是一种实践共同体而非一般的学习共同体。如果说彼得·圣吉所言的"学习型组织"是一种管理组织，是以学习促管理，因为"传统权威组织的信条是管理、组织与控制，学习型组织的信条是愿景、价值观与心智

---

① 辛涛等：《教师自我效能感与学校因素的研究》，《教育研究》1994 年第 10 期。

② Lave, and Wenger, *Situated Learning: Legitimated Perpheral Participation*, Cambridge: Cambridge University Press, pp. 91 – 117.

模式"①，那么，我们认为：学习型组织属于"行政组织"的一种变形，其目的在于改变成员的组织行为。学习共同体属于"学习"而非一般行政组织，专业学习与探究是其主旨，它属于一种实践探究组织。为了使这种探究产出原创性、实效性成果，教师专业学习的课程必须是学习型课程而非教学型课程。教学型课程是"为了指导新加入者而设计的"，是"为学习提供一些具有结构性的资源"，故它必须"经由指导者的参与而传递"，其意义是"由指导者控制的"，而学习型课程则是"日常实践中的学习资源"，是"包含了情境式的课程，并且能随时形成新的实践"②。在教学型课程中，课程的掌控者——教师培训者拥有专业权威，把握着专业话语权，而在学习型课程中所有共同体成员之间是亲昵坛友、合作伙伴的关系，每个人都是学习型课程的主人。学习型课程具有三个明显特点：实践性、情境性与社群性。从某种意义上说，学习型课程就是"教育实践"的代名词，是一种教育实践所蕴含的教育智慧、教育理念、教育思维等的总体。无论这些智慧、理念、思维是有形的还是无形的，可言的还是不可言的，他们都构成了这种教育实践的参与者学习的对象。相对而言，教学型课程只是其中的少量被语言化或图式化的内容而已。因此，学习型课程始终与教育情境黏合在一起，其中蕴含着丰富的教师学习资源，有待于教师去开掘。同时，学习型课程也不同于隐性知识，它是在教师社群内共同认可的教育实践的内容物。正如莱夫等人所言，"学习型课程是社群的特色"，只要身处这一社群，教师就能够自然而然地了解自己教育行为的意义，因为社群的所有参与者对此"有共同的理解"。③ 在专业学习共同体内，教师面对的就是这种学习型课程，它是教师共同体共同拥有的一笔教育财富，教师专业的真知灼见都是从不同视角来探索、探讨、探察这一课程的产物。"社群里的实践创造了广义上的一个'潜在课程'，那些能够合法地从周边接触这些'课程'的新加入者，便能够从中学习"④，学习

---

① ［美］彼得·圣吉：《第五项修炼——学习型组织的艺术与实务》，郭进隆译，上海三联书店 1998 年版，第 209 页。

② Lave, and Wenger, *Situated Learning*: *Legitimated Perpheral Participation*, *Cambridge*: Cambridge University Press, pp. 91 – 117.

③ 同上。

④ 同上。

型课程正是以"潜在课程"的形式存身于教师共同体内部的。从中发掘学习资源，析出教育智慧，理出行动策略，让潜在的智慧可视化、可分享，是专业学习共同体的神圣使命。换言之，教师专业学习共同体的实践就是面向学习型课程展开的一次"掘金"行动。

其五，教师专业发展的标志是一系列实践性理论的诞生。在教师专业学习共同体中，教师成长既需要过程控制，如差异互动，又需要终端控制，也就是一切围绕学习成果而展开。我们认为，教师专业学习共同体只是为教师专业成长搭建了一个舞台，一种专业学习的激励性机制，专业学习才是其内核与实质。在教育生活中存在着两种专业学习：其一是理论提升式学习，即共同体成员在汇谈中通过聚焦共识、理性思考，形成对一种超主体、超情境、超时空，具有最大普适性和迁移性的教育理论，以之来结束汇谈，形成学习结论；其二是实践深化式学习，即针对特定问题共同体成员在吸纳众人智慧、洞见、良方的基础上形成一种更加完善、更为丰富，对该问题有特效的实践处方，这就是实践性理论。实践性理论也即实践性知识，它是教师专业人员在特定情境下如何优选行动方案的微观理论，而一般理论则是关注教师专业人员如何从单一视角来简化教育情境、把握教育实践的宏观理论。如果说一般理论指导教师教育行动的模式是"在 S 情境，如果想到 C 结果，就必须采取 A 行动"，那么，实践性理论指导教师教育行动的模式是："在 S 情境，如果想得到 C 结果，在 a^1、a^2……a^n 前提下，采取 A 行动。"舍恩指出，"理论在两个相关命题中耗损：考虑完全的复杂性和具体性，以尽量可能简单的方式完成"[1]。学者所提出的抽象教育理论的致命性缺陷正系于此。基于实践性理论的教育行动是对多种教育情势进行通盘考虑的具体行动策略，是教师对教育情境、复杂情况进行综合权衡的结果。作为扎根于教育实践的教师专业学习共同体理应是面向实践性教育理论而展开的，是一种服务于教师使用理论（而非信奉理论）形成而存在的。实践性理论是与教师的教育行动直接统一的理论，是融入教师的教育价值、教育信仰、教育惯习的理论。改变并重构这种理论是专业学习共同体的终端目标，是教师专业成长的必经之途

---

① ［美］阿吉里斯、［美］舍恩：《实践理论——提高专业效能》，赵宁宁等译，教育科学出版社 2008 年版，第 5、18 页。

与直接标志。

基于上述认识，借助于圣吉的"基模"思想，我们将教师专业学习共同体的实践基模图示如下：

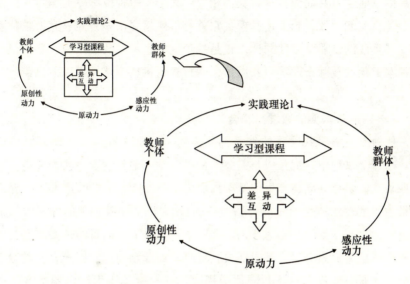

教师专业学习共同体的实践基模

上图表明：教师专业学习共同体是教师个体及其群体在原创性动力与感应性动力的双重推动下，围绕学习型课程展开差异互动，不断创生和完善实践性教育理论，推进教师专业成长成熟的一种实践性构架。

三　本土化教师专业学习共同体的培育

"增强环路导致成长。"[①] 从教师专业学习共同体的实践基模可以看出：教师专业学习共同体要顺利构建并保持强劲的发展势头，有三个关键链环需要关注——成长需要的激发、实践问题的关注与良性互动文化的巩固，三者分别为教师专业学习共同体的发展提供了持续的动力源、鲜活的

---

① ［美］彼得·圣吉：《第五项修炼——学习型组织的艺术与实务》，郭进隆译，上海三联书店1998年版，第103页。

学习型课程和差异互动的平台。有了这三个支撑点，教师专业学习共同体就可能不断产出有效的实践理论，走上一条增强型发展环路。教师专业学习共同体没有统一的模式或样板，只有最符合学校校情的本土化、校本化的具体专业学习共同体样式。我们相信：无论是哪种教师专业学习共同体形态，只要能大致符合上述基模，它就有可能培育出一种能够完成教师专业发展重任的专业学习共同体。正是基于这一思考，我们认为：要构建出一种本土化的教师专业学习共同体，学校教育机构应该考虑以下思路。

（一）成长需要的激发与交合

任何专业学习共同体的发展都要经历一个从无到有、从弱到强的过程。在这个过程中，成员成长需要的激发、学习愿景的催生尤为关键，它是推动专业学习共同体产生的基本内驱力。"在缺少愿景的情形下，充其量只会产生'适应型学习'，只有当人们致力于实现某种他们深深关切的事情时，才会产生'创造型学习'。"[1] 学习愿景催生的目的是要激起共同体成员的创造性张力，为其专业成长提供一种原动力。实际上，在教育实践中经常有两种建立专业共同体的模式：一种是基于强制性制度变迁原理，利用行政力量来直接构建教师专业学习共同体；一种是基于诱致性制度变迁原理，利用教师内发的自然成长力量来自构教师专业学习共同体。笔者认为，前一种形式只是构造了教师专业学习共同体的"形"，而难以铸就其内在之"神"，要构建一种形神兼具的专业学习共同体，必须求助于教师共同成长需要聚合的路径。教师个体的成长需要一旦被激发，共同体的辅导者就要善于引导这些需要使之走向聚合，尤其是要发现这些需要的交合点和公共点，使那些零散的成长需要围绕这些重合性需要聚合起来，汇聚成一股强大的合作需要与群体学习动力，敦促教师专业成长的共同体的临产。

（二）问题的诱导与资源的敞开

在教师群体的专业成长内驱力形成后，它最需要的是一个议题或问题

---

[1] ［美］彼得·圣吉：《第五项修炼——学习型组织的艺术与实务》，郭进隆译，上海三联书店1998年版，第238页。

来统整，否则这些成长动力会四散而逃，最终在无序的教育争辩与个体实践中被耗散。因此，锁定研讨议题是引导学生释放专业成长力与原创力，聚合研究劲头和能量的枢纽。对教师而言，问题既是一种信息，又是一个成长诱因，"有效信息能够突显两难境地，而两难境地创造紧张，人们需要通过紧张来解决两难问题"①，共同体内的汇谈活动随之发生。拟探讨问题的选定是一门艺术，问题的辐射面与现实性是决定其能否担负起该使命的关键。所谓"辐射面"，是指该问题能否成为专业共同体内的横断问题、共同涉及的问题。许多教育问题具有多面性，在不同专业领域会有不同的表现。一个有宽广辐射面的问题能够将教师专业学习共同体内的所有教师"串联"起来，使之在共同攻克难题中拉近关系、结为昵友，扩大信息、智慧沟通的效率与容量，迅速实现教师的专业成长。所谓"现实性"，是指探讨问题与教师当下工作之间的相关度，它决定着问题探讨的意义与价值，决定着共同体成员参加汇谈的兴趣与热情。一个有现实意义的问题能够刺激教师的探究热情，提高专业学习的质量和效能，为教师专业发展创造契机。因此，专业学习共同体的核心成员或"辅导者"的重任是从探讨中形成的"生成性主题"中选择广辐射面、高现实性的问题来牵引探讨的方向，不断增强专业学习共同体内部的聚合力和向心力，延伸专业学习共同体的生命力。当问题被锁定完成后，教师专业学习共同体应该善于激活各种学习资源，打开教师自身的认识、经验、智慧库存。在共同体内，每个教师自身都是学习型课程、学习资源的携带者。在问题的诱导下，在开放式的汇谈中，这些资源随之向每个教师敞开，共同体内的实质性专业学习活动被启动。

（三）任务的嵌入与制度的配合

在教师专业学习共同体培育中至关重要的是向心力的供给与强化问题，因此，探究任务嵌入与宏观学校制度的配合对专业学习共同体的维系与发展而言非常必要。相对而言，对教师成长需要的激发与问题的诱导关注的是专业学习共同体的内力凝聚，而任务嵌入与制度配合只是补给教师

---

① ［美］舍恩：《实践理论——提高专业效能》，赵宁宁等译，教育科学出版社 2008 年版，第 95 页。

专业学习共同体发育的外力。尽管外力关注的是共同体外部环境改善问题，而内力关注的是共同体内部环境优化问题，但在特定条件下，外力与内力之间无绝对差别。一方面，在外力的刺激或压迫下，共同体成员更容易团结起来，方向一致，形成一股强大合力，从而加速内力的聚合；另一方面，外力可以通过各种方式，如内导、渗透、内化等转化为内力，成为共同体发展的直接推动力。随着任务的介入，专业学习共同体内教师之间的共同需要增加，合作需求更旺，群体愿景更易形成，内部差异互动的深度与频率会不断增加。当然，秩序是专业学习共同体健康发展的基本要求，尤其是那些自然的、隐性的合作契约与互动方式。相对而言，制度具有定型性与可视性，将共同体内部的所有秩序完全制度化是不利于教师群体发展的，甚至可能导致对某些创意、创举、创见的压制。但换个角度来讲，如果缺乏基本的制度供给与制度设计，专业学习共同体也难以获得强有力的支撑。我们认为：在专业学习共同体中，我们必须把那些共同体自身形成的、成员高度认可的、基本的常识性的秩序，如对话原则、新成员加入规则等及时制度化，使之成为专业学习共同体持续发展的"稳定场"（舍恩）。从这个意义上看，教师专业学习共同体需要的是内生性制度的配合而非强加性制度。

（四）成果的激励与成员身份的获得

我们认为：对专业学习共同体而言，生命力的维系与强化首当其冲压倒一切，这种"力"的持续供给是教师专业学习共同体持续延伸的生命线。相对而言，问题、任务、制度、资源等都只是这种"力"的诱导物与聚合物而已。随着专业学习共同体的成长，其内部的基本运作机制成形，汇谈成果产生，此时共同体的"辅导者"或核心成员应不失时机地捕捉那些凝聚着群体创意与灵光的成果，并对之加以肯定、评价、赞赏、提升，使之从缤纷芜杂的汇谈成果中"显现"出来，成为整个共同体阶段性探讨成果的结晶，以此来激发专业学习共同体的第二推动力——"感应性动力"。感应性动力是伴随着创造性成果而生成的一种动力，是源自于人的成就感与满足感的一种动力，这种动力具有连续性与伴生性，是逐步导引专业工作者迈向成功的重要动力。如果说原创性动力是支撑教师专业学习共同体的启动性动力，那么，感应性动力则构成了支撑教师专业学习共同体的过程性动力，两者之间相互诱发与转化为专业学习者提供了不竭的前进动力。同时，随着创造性成果的产生，共同体内部成员会发生身份的变化：那些对该成果贡献较大的成员在共同体内部的地位显得日益重要，他们拥有了更多的话语权与形成性权威，具有了"核心成员"的身份；那些对创造性成果贡献较小的成员在共同体内的地位则变得轻微，日益走向共同体的边缘，最终可能演变为共同体的"一般成员"。在专业学习共同体内部，随着话题的转移、探讨问题走向的游弋，共同体成员的身份是始终处于变化之中的，正是这种因问题、因领域、因情境而异的变动性身份，才使共同体保持着动态的专业能级和身份秩序，为专业汇谈创造了一种民主的话语空间与层级性动力。正如有学者所言，学习具有社会性维度，它"创造了意义和身份"①，创造了一种人际社会关系与权力等级。

（五）共同体文化的建设、巩固与维护

教师专业学习共同体培育中的最后一个环节是文化建设。制度、任务、秩序都是暂时的、流变的，对专业学习共同体而言，最具象征性、本体性、稳定性的是共同体文化。教师个体拥有的是专业自我，教师群体拥有的是共同文化，文化是"超有机"、"超稳定"的，是可以永续流转的，共同文化建设是共同体长期建设的目标和抓手。对教师专业学习共同体而言，共同文化不仅是共同体存在的本体，是使共同体一体化、成员具有一体感的根源，更是培育新成员的核心资源依托，文化"会塑造不同个体的思想"②，使之与其他共同体成员相似或一致。从这个意义上看，教师个体要实质性地加入专业学习共同体，就必须走进其共同文化的核心圈层，努力为这种共同文化所接纳。其实，这一接纳过程也是教师专业学习共同体"教育"新教师，提升其专业水准的过程。因此，专业共同体文化的品质与成员未来素养之间呈正相关关系。专业学习共同体文化需要充血、滋养、维护，这种文化代谢活动主要通过两种途径来实现：其一是内部秩序的净化，即将这些不利于民主、开放、深层汇谈的契约、习俗、偏

①　[美] 伊列雷斯：《我们如何学习》，孙玫璐译，教育科学出版社 2010 年版，第 120 页。
②　Bruner, *The culture of education*, Cambridge, Mass: Harvard University Press, 1996 (1).

见清除出去，让健康、和谐、科学的风气占据专业共同体文化的主流；其二是人员的合理流动，即及时将一些具有新思想、新经验、新智慧的教师个体吸纳进来。正如莱夫等人所言，"新加入者在参与中吸收行业'实践文化'的同时，也会为实践文化所吸纳"①。正是新加入者促成了专业学习共同体文化的转变与升级。对专业学习共同体而言，新成员并非一定是外来者，具有新观点的旧成员也可能成为共同体的新加入者，"只要不同的新观点能持续进行互动，每个成员的参与在某种程度上都是属于合法理的周边参与。换句话说，每个人都是转变的社群里未来的新加入者"②。也就是说，"新加入者"的"新"不是指"身份"的新，而是指其所承载的"学习型课程"之新，"观点"之新。共同体文化是教师专业学习共同体的精神不动产，是成员变易中的不变性，是不断积累增长中的精神财富。我们相信：共同文化的维护与滋养是引导教师专业学习共同体不断走向壮大、强劲、转变、新生的基本路径。

第三节 教师教育者的角色转变
——教师专业发展指导者

随着系列化教师教育标准的发布，我国教师教育专业化进程提速，标准化与专业化成为新时期国家教师教育体制改革的关键点。无疑，"标准化"不等于"考试化"。它并不是对某些教师教育环节的精细调节，相反，对教师教育全局的控制与导向才是国家建立系列化教师教育标准的真实意图。教师教育的过程质量是决定教师教育标准化目的是否达成的根本尺度与关键环节，事关教师教育系统能否完成提升教师专业成长力的重任。客观地说，教师教育系统中最具能动性的因素之一是教师培养者，其次才是教师教育课程与教师教育管理，教师培养者的专业化水准决定着其所能提供的教师教育服务的品质，决定着一切教师教育改革终端目的与教

---

① Lave, and Wenger, *Situated Learning: Legitimated Perpheral Participation*, Cambridge: Cambridge University Press, pp. 91－117.

② Ibid.

师专业成长力培育目标的顺利实现。

一　必然的转变：从"教师教育者"到"教师专业发展指导者"

国家复兴大计系于教育事业，教育事业兴衰系于优秀教师，培养大批优秀教师正是教师教育系统的本职与天命。作为教师教育系统的核心构成要素，教师培养者是撬动国家教育系统改革全局的一枚筹码，是国家控制教师教育质量工程的一个关键节点。教师培养者是"教师之师"，是成千上万学生的"师祖"，每一个教师教育者对整个教育系统所产生的效能都是"牵一发而动全身"的，教师教育者就是国家教育质量管理系统的主控台。从教师教育者入手来启动国家教育质量工程，是我国教育发展战略的支点之一，目前启动的"教师教育国家级精品资源共享课"建设工程正有此意。也正是如此，民众、学者尤其关注教师培养者的专业品质与社会功能，并给予厚望与期待。目前，学者表达教师培养者的流行称谓是"教师教育者"，在其指涉对象与教育功能上，学者间的认识偏差随处可现，该称谓正面临着教师教育改革新形势的挑战与质疑。我们认为：在教师教育"重心"后移于教育实践、后移于职后教育的特殊时代，"教师教育者"这一概念已难以准确表达教师培养者对教师发展所应承担的职能，用"教师专业发展指导者"取而代之，是彻底摈弃无视"教师作为专业发展主体"这一体制性教师教育缺陷的重要出路。

（一）教师专业发展指导者——教师培养者的新称谓

所谓"教师教育者"，顾名思义，就是"教师的教育者"或"从事教师教育活动的工作者"，无论是哪种理解，都沾染着"教育教师"、"规训教师"的色彩，似乎"教师教育者"本人就是一位万能教师、权威教师、成熟教师、典范型教师。无疑，这种称谓赋予教师培养者以更多的光环、神韵、权威，无意中暗示了教师教育工作的主导方式——听教师教育者"坐而论道"，让教师头脑接受他们的"洗礼"与格式化，其结果，教师工作的同质化趋势被加剧，"青出于蓝而胜于蓝"的传统教育文化被弃置一端，教师自身在专业发展中的自主身份与自主空间被大大压缩。这不能不说是现代教师教育的一大缺陷！正是在此意义上，有学者大声疾呼：
"要有一种教师专业发展意义上的教师教育者，他们是教师专业发展的导
师。"① 这就是"教师专业发展指导者"，它是新教育时代赋予教师教育者
的新内涵。从名与实的关系来看，尽管相对于事物的"实"而言，"名"
只是一种延伸，只是一种可有可无的指代关系，但我们不能不承认一个事
实："名"与"实"之间无论如何都是具有一定的大体对称关系的，"顾
名思义"一般情况下是成立的，如果名与实之间的外延相差甚远，"名"、
"实"之间的指代关系就可能被取缔。同时，事物的"实"，如实体、实
在内容的变化都会不同程度上危及"名"的存在与继续，在一定范围内
"名"的变化无形中也会诱导事物的存在之"实"发生微妙变化。这就是
"名"对"实"的能动作用所在。在这一意义上，我们认为：在特定形势
下，给教师培养者一个全新的称谓，以此敦促其指涉对象——教师培养者
发生实质性的变化，绝非一个可有可无的教师教育改革环节。用"教师
专业发展指导者"的新内涵取代"教师教育者"来指代教师培养者，是
引发新时期教师教育体制内在重组、结构调整、功能优化的抓手之一，是
催生新一轮教师教育改革的一个酵素。

（二）教师专业发展指导者的时代内涵

在当前，整个教师教育系统似乎陷入了一种偶像主义的旋涡，即把
"教师教育者"规定为一种理想化的人格类型，他们不仅是教育知识的研
发者，还必须是教育教学行为的示范者，他们要会"示范教学的方法、
技术和过程"②，要成为发展中教师完美教育人格的原型与模板，生怕教
师教育者身上、脑中丝毫的差错会"会按照教师们教学的行为那样去进
行教学"③。似乎，教师教育者就应该是教育领域的先知，就应该是一个
教育教学工作上的全能，就应该是教师心目中的人格偶像，他必须使

① 李学农：《论教师教育者》，《当代教师教育》2008 年第 1 期。

② Eleonora Villegas-Reimers. Teacher Professional Development：An International Review of the Literature ［EB/OL］. International Institute for Educational Planning. http：//www. unesco. org/iiep.

③ Ducharme，E，R. The luves of teacher educators ［M］. New York：Teachers College Press，1993.

"自己的教师专业素养得到充分发展，同时还会帮助别人获得教师专业素养的发展"①。无疑，这些要求尽管看似是合情合理的，但仔细琢磨，则会发觉有些过分与苛求，其结果，只会把教师培养者带入另一种认识误区，那就是：要么，没有一位教师可以胜任教师教育者的职位；要么，它无异于宣称让发展中的教师务必事事求诸教师教育者，由此弱化教师本人的发展责任。这一误区的存在恰恰表明："教师教育者"概念本身就有一种"责任超载"的嫌疑，要克服"教师教育者"的名称缺陷，我们必须对其本真身份——教师专业发展指导者有一个准确的理解。我们认为：教师专业发展指导者是指对教师专业承担着专业指导与成长服务责任的专门人员，他们是教师的教育知识启蒙者、教育艺术点拨者、教育者人格导引者，是教师专业成长过程的参与者、见证者与合作者、辅助者，是教师专业发展服务的主要创造者与供给者，是助推教师走向专业成熟的一个台阶与桥梁。

　首先，教师教育者不是教师教育领域的先知，而是教师专业知识的催生者与启迪者，教师工作所需要的大量教育知识需要教师自身去生产。许多学者指出，身为教师教育者，就必须对"教育学"有深刻的理解，就必须掌握大量的"非认知性知识"（即"让教与学的知识变得更清楚明白的实践知识"），积极"促进内隐知识的外显化"② 等。这些要求不无道理，但问题是，即便是教师教育者掌握再多的教育专业知识，也难以满足形形色色的教育实践情景的需要，也难以满足千万教师个性化发展的需要。况且，在教育学领域，知识真理的时代已经过去，情景化知识、实践性知识、身体性知识已成为教育工作的主体知识构成，这些知识类型是教师教育者所难以提供的。实践也证明：受各种现实条件所限，"教师很难从情境中抽身出来，系统地、唯智地、理想化地将理论应用于实践"③，从教师教育者那里学到的教育理论知识效能异常有限。在这种情况下，教

---

① 李学农：《论教师教育者》，《当代教师教育》2008 年第 1 期。

② Van Manen. Knowledge, *reflection and complexity in teacher practice* ［M］. Leuven：Garant，1999：65－75.

③ 陈向明：《教师专业发展需要什么"理论"的指导》，《中国教育报》，2008 年 5 月 3 日，第 3 版。

师教育者作为教育领域先知的角色不再合乎时宜。实践表明：教师工作的基本方式是"行中思"、"行中知"，是反思性实践，是实践智慧与个人体悟的随时在场，任何实践性知识、新教育知识都可能在教师工作各环节中随时产生。因此，教师培养者不应是教师的专业教育知识的唯一渠道或主源，它只是教师获得专业知识的一个辅助途径而已。正如有学者所言，教师实践中所需要的知识"不一定完全来自'外面'和'上面'，也可以来自'里面'和'这里'，既可以来自教师自己的实践和经验积淀，也可以来自与外来理论之间的对话"①。进言之，教育理论与教育实践之间是反身、互塑的关系，教师专业发展指导者的使命不是为教师发展提供知识，而是要通过核心教育知识②的传授来让教师找到知识生产的起点，明确教育知识的形态特征，最终学会在教育实践中独立地生产新教育知识。我们相信：每一个教学名师的形成都伴生着一整套特效实践知识系统，把知识生产过程让教师教育者去代理只会适得其反，减缓教师专业成熟的节奏，延长他们专业成长的周期。

其次，教师教育者不是全能的教育工作者，而是仅具有一定教育专长的人，其只能对教师的专业实践提供一般性的指导。教师教育者肯定有独特的专业素养，这是构成其作为专业人员的必备素养，是一般教师难以取代他的理由所在。但问题是，任何教师教育者都不可能成为教师成长的"全能教育者"，都不可能给每一位教师专业发展提供全方位、全过程、全领域的指导，即便有这样一种教师教育者存在，那他也只存在于人们的头脑与理想中。作为一名教师教育者，他要么是具有理论专长的教师教育者，要么是具有实践专长的教师教育者；要么能够给教师的专业理念更新提供一种高屋建瓴的指导，要么能够给教师的专业实践提供一种全新的示范。在教育实践中，要将两者在一位教师身上合二为一，这是有难度的，其原因有二：其一，"术业有专攻"才可能成就一名博学多才的教师专业发展指导者；其二，每个教师必定只生存在一个主导职场中，要么是实践职场，要么是理论职场，职场的伸缩性构成了教师培养者的可能指导范

---

① 陈向明：《教师专业发展需要什么"理论"的指导》，《中国教育报》，2008 年 5 月 3 日，第 3 版。

② 龙宝新：《论核心教育知识的吸取路径》，《教育学术月刊》，2012 年第 12 期。

围，"三头六臂"型教师培养者只是一种幻想。因此，即便是同时游弋于两个教育领域——教育理论研究领域与教育实践探索领域的教师培养者存在——但若想期待这种教师培养者在上述两个方面同时达到顶尖级水平，可能同样只是一种梦想。正如有学者所言，"教师的工作植根于生动、具体、完整的教育场景中，有自己复杂的、动态的、非线性的发展轨迹，需要整体的、跨学科的、超理论的分析"①。这就决定了：哪怕只是对教师某一个工作细节进行深入分析也需要教师培养者多方面的理论积累与实践经历，进行深入的理论探究，否则，这种专业指导的效能就难以达成。对教师工作而言，没有通用、普适、统一的解决方案，只有个性化、机变性的应对智慧。每一个教师教育者的指导都是有缺陷的，他只能重点指导教师某一方面的专长发展，并对教师专业发展的其他方面给予一般性的指导。这就是教师培养者的实际工作状态。由此可见，对一位优秀教师的专业成长而言，他需要一批专长各异的教师专业发展指导者的协力指导才能完成；教师专业发展指导者也只有加强内部分工，使其学有专长，才可能保证对具体教师专业发展各方面进行有深度的专业指导。

最后，教师教育者不是教师的教育者人格偶像，而仅是普通教师中的师德迥异者，只能对教师专业情意的发展提供动力支持与对话伙伴。显然，教师教育者应该具有高尚的师德与情操，应该具有卓异的品行，但这一点不能被过分"圣化"，不能把教师教育者的门槛无限抬高，以致将其德性、德行视为未来教师专业发展的模板与标本，将之作为教师专业道德修养的理想标尺。如果将教师教育者的师德标准抬高到这一水平，那么，就只有师德神圣才可能胜任教师教育者了！同时，基于这一理想化师德标尺的教师教育者人格培养模式必然是示范型教师培养路径，教师教育者的示范变成了教师专业道德成长的主途径，其结果是，它只会矮化教师自身的师德建构能力与权利，不利于教师真实自我在道德领域的呈现，不利于教师师德"磁场"的形成。同时，基于师德偶像型的教师教育思维也造就了偶像化教师教育者，造就了一种以教师教育者居高临下的道德命令与道德领袖为特点的教师教育样式。令人遗憾的是，这种教育者人格培养方

---

① 陈向明：《教师专业发展需要什么"理论"的指导》，《中国教育报》，2008年5月3日，第3版。

式在当代教师专业发展中的合法性正受到挑战。一方面，教育实践是塑造教师的教育者人格的伟大导师，学生对教师德行的无声召唤，教师对自身角色的警惕意识、对自身专业身份的自觉体认是教师的教育者人格赖以着生的源头与基点，这比教师从教师教育者那里知道"该如何做教师"、"该掌握哪些师德规范"更灵验。有学者指出："教师被认为是一个'自我选择'的人群，他们热衷于与人打交道，特别是能够通过影响孩子的成长而获得持续的成就感和满足感。"① 应该说，这种真真切切的"教育感"才是催生教师教育者人格的无形动力。进言之，忽视了教师的价值决断与自我表达，忽视了他们的自主选择与面向职场的道德自我建构，其教育者人格的形成就成为一句空话。从这一意义上来说，再优秀的教师教育者，其人格形象也无法通过示范渠道复制、再制、投射在另一教师身上。另一方面，在一个教育者人格形象无比卓异的教师教育者面前，一般教师会无形中产生一种对道德圣像的敬畏感与距离感，由此阻碍他们融入教师教育者的道德生活世界，影响道德互动桥梁——"主体间"关系的建立，最终影响师德教育的效率与效能。加之，要让普通教师时刻生活在教师教育者的人格"影子"中，成为教师教育者人格磁场中受控的一枚"小磁针"，那么，经由这种方式培养出来的新教师一定会变得个性缺失、灵性匮乏，进而在学生心目中蜕变成一位"失真"的教师，一位师德的"木偶"。教师专业发展是教师自我的发展，是其素朴人格向教育要求逼近的过程，教师需要的不是"自我扼杀"型教育，而是一种精神对话，一种基于两个人格主体的"间际"对话。通过这种基于对话精神的指导，教师发现了自己人格中的合教育性成分，感受到了自己人格状态与教师教育者人格之间的差距，借此激活了他们对自己教育者人格的察觉、敏感与自塑行动。从这一意义上来说，教师教育者人格的完善需要的是指导者而非教育者，需要的是师德修炼的忠实昵友而非师德权威。

可见，任何教师教育者一定是"有瑕疵的教育者"，是"成熟中的教师培养者"。既然他的知识积累不可能是最丰硕的，他的能力水平不可能堪称典范，他的人格形象不可能是完美绝伦的，那么，我们有理由认为：

---

① 陈向明：《教师专业发展需要什么"理论"的指导》，《中国教育报》2008 年 5 月 3 日第 3 版。

教师教育者没有资格以"教育者"身份自居,"教师专业发展指导者"才是他们真实的身份定位。以待成熟的姿态、缺憾的形象来谦虚地介入教师专业发展的进程,努力为教师提供最实在的教育服务与专业咨询,正是教师专业发展指导者的实然职责领域。对教师专业发展指导者而言,他与教师之间是教育知识对流关系,是教育技艺切磋关系,是人格形象辉映关系。教师专业发展指导者的一切教育工作的意义在于让每一位教师变得更优秀,变得更加"自我化",而非在他们身上再造、复制一个自己的形象。

二 教师专业发展指导者的功能定位:从"教育"教师走向"促进"教师

从教师教育者向教师专业发展指导者的转变既不是要怂恿教师培养者放弃自身对教师专业发展承担的专业责任,也非让教师去任意发展、自然发展,而是要改进教师培养者介入教师专业发展进程的方式。要帮助教师实现最优化的发展,教师培养者不能基于自己的意愿去"教育"教师,而必须借助教师的专业发展内能并借此因势利导地助推教师专业发展。从"教育"教师走向"促进"教师发展,从"教"教师如何教走向激发教师的教学创造力、催生教师学习活动的真正发生,正是教师专业发展指导者肩负的专业责任。进而言之,教师专业发展指导者的职能定位有四个:

(一) 让教师成为自己

当代教师专业发展实践表明:教师专业发展是一个自主、自助、自觉、自省的过程,是教师专业自我的自然生成与自觉建构过程。在这一意义上,教师专业发展的责任与过程不能代理,不能越俎代庖,一切外在教育力量、教育活动最多只能助推、加速这一过程,而不可能改变教师专业自我的内在构成与发展机制。进言之,只要教师专业发展的自觉与热情被激活,教师就可能迅速走向专业的成长、成熟与成功。在教育实践与教师教育活动中,只要教师专业自我在场,只要教师的心在、人在、身在,一切外来的经验、信息、力量就可能顺利"链接"进教师的教育生活世界,并顺利被教师专业自我所吸收,最终引发其专业自我与经验结构的重构。

"通过自我意识，自我有机体就在某种意义上变成了他自己的环境领域的一部分"①，教师自我也才可能与外围教育环境建立起一条互联、互促、互动的通道。故此，让教师成为自己、让教师的专业自我在场比给教师提供优质的教育服务更重要，比给教师奉上最科学的教育知识更重要。所以，教师专业发展指导者的责任是让教师自觉去研究自我、发现自我、反省自我，内向求知、反求诸己、切记体察，激发其自我发展、自我改进、自我提升的内力。一个成功的教师专业发展指导者绝不会随意将自己的专业意愿、专业意见强加给教师，而是会千方百计地去唤醒教师的自我发展意识，让他们敞开自己的心扉与大脑，激活他们自我的创造潜能。在此情况下，教师打算转变专业自我的契机总会出现，教师专业发展指导者总会捕捉到向他们展示自己专业见解、表达自己专业意愿的时机。总之，教师专业发展指导者的基本职能是提升教师的专业自觉，凸显他们的专业自我，帮助他们找到自己的位置，促使其对自己的专业发展承担起更大的责任。相比而言，向教师提供优质指导与咨询服务才是第二位的事情，因为促使教师专业自我的重构始终是教师专业发展的红线与主题。一定程度上，教师专业发展指导者向教师提供的教育服务只有在与其专业自我、专业需求相契合时，专业发展效应才可能在教师身上产生。因此，对教师专业发展指导者而言，他们首先要考虑的事情是如何让教师的专业自我、主体意识变得坚挺，其次才是如何用优质的专业指导服务来让教师的专业自我发生正向的质变与量变，最终带动教师专业面貌与专业实力的整体抬升。

（二）发现教师的专业潜能，使之成为教育知识与经验的原创者

在教师专业发展指导者的眼中，任何教师都有从教的潜能，正如学习是人生存的本能一样，教人求知、教人做事、教人学习是人的学习本能的延伸。应该说，在学习现象发生的地方就有教育现象的发生，教与学并存共在是人类文化存在、延续、更新的关键链环。教师专业发展指导者相信：任何教师都有教导他人的潜能，教师的专业发展水平在很大程度上取决于指导者能否发现他们心智中的教育灵光，能否给他们教育潜能的释放

---

① ［美］米德：《心灵、自我与社会》，赵月瑟译，华夏出版社1999年版，第146页。

提供舞台与空间。教师从教的专业潜能不仅可以被发现，而且可以涵养，甚至可以扩充，能否做到这一点，关键在于专业发展指导者如何对待教师、指导教师、激励教师。所谓潜能，就是人这一有机体中潜藏的一种精神能量与创造性能量。这种能量一旦释放到人的相关实践领域中，就展示为一种才能、才干或才艺，进而使人身上表现出形形色色的具体艺能。反之，一旦这一能量没有释放到相应的实践领域，人的这种才艺永远不可能出现，并永远处于蛰伏状态。教师专业潜能有无不是专业指导者说了就算的事情，它需要经由相关实践领域、工作舞台去验证，只有在具体教育实践活动领域与教师精神能量结合之后，教师的专业潜能才可能彰显。所以，教师专业指导者的任务不是"判断"教师有无专业潜能，不是在教师未完全深入一个实践领域之前就主观地断定教师有无某方面的潜能，而是引导教师如何进入教师专业的各个具体领域，给他指明在特定领域中他还可以利用各种可能方式来展现自己的智慧，达成对教育问题的解决。从这一意义上看，科学的专业指导恰恰是教师专业潜能彰显的"吊钩"（hook），是助推教师专业潜能外化的必要条件。实际上，教师的许多专业潜能没能顺利体现的原因是多方面的，其中最为主要的是：其一，教师还没有深入到该专业领域中去；其二，在面临挑战或困境时指导者没有为教师提供各种可能的应对方式。在这两方面原因的阻挠下，许多优秀教师的专业潜能在还没有得到充分释放时就被扼杀在摇篮之中。教师专业发展指导者的任务就是要发现、呵护、培育教师的专业潜能，让教师在挑战自己潜能中创造自己的最近专业发展区，超越自己的最近发展区。

（三）用教育服务引领教师发展

在新的职能定位格局下，教师专业发展指导者不能放弃为教师提供最优质教育服务的责任与义务，因为这是一切教师培养者的本职，教师专业发展指导者也不能恣意放弃。相对于教师教育者而言，借助优质教育服务打造来实现对教师专业发展的有效指导，是教师专业发展指导者在教师共同体树立专业威信、铸就自然影响力、引领教师发展方向的基本方式。但是，教师专业发展指导者对教师专业发展的指导绝非原始意义上的"教'教育'"，即教教师如何去教，正如有学者所言："教'教'正是教师教育者或教师的教师不同一般教师的地方，也是教师教育者的专业特点所在。建立教'教'的专门知识体系，是教师教育者自专业发展的核心任务。"① 实际上，这是一种直接用自己的教育实例与教育观念去格式化教师的方式，是一种模塑教师的教育行为方式的做法，其对卓越教师培养而言几近失灵。任何教育活动都是教者基于自己的创造性、情景性、个性化理解之上的一种具体行为。用教师教育者的"具体教学"来指导教师的具体教学活动，来给普通教师做示范，这是一种限制教师专业发展空间的做法。进言之，教学的实例千差万别、形形色色，教师基于具体教学实例的示范效能对学"教"者（相对于"教'教'者"）始终是有限的。教师专业发展指导者引领教师专业发展的依托不应是"直接教学"，而是"间接教学"；是用先进的教育理念服务来促使教师在教育教学工作上获得"一般发展"，而非借助具体教学实例来促使教师获得"具体发展"。教师专业发展指导者要为教师提供的教育服务是承载着先进教育理念的教育教学范例，是包裹着先进教育理念精华的教学案例。显然，这种教育服务内容要比直接进行教学示范所产生的效果要好得多。理念毕竟针对的是一般教学而非具体教学，一个先进的教学理念一旦进入教师的头脑和心灵，它就会像酵母一样波及教师的全部工作领域，进而促使教师专业表现发生根本性、整体性的转变。同时，以教学理念为内核的教学实例具有鲜活、具体的外形，这一教育服务的外形先天就和一线教师之间具有某种亲和力，它更容易促进教师的专业理解，提高教师对其承载的先进教育理念与教学精神的吸收率。

（四）做好教师发展的导师与谋士

教师专业发展指导者不仅要指导教师的具体专业事务，还要指导教师的专业发展规划，做好教师的专业发展设计师或规划师。教师专业发展的终端目标是教学名师或专业成功，要帮助教师达到这一目标，教师专业发展指导者就必须辅助教师设计专业发展的愿景，规划阶段性的发展目标，帮助他们梯次性地达成专业发展目标。在这一点上，教师专业发展指导者就是教师专业发展的导师与谋士，就是协助教师经营专业人生历程的人。从教师成长的一般阶段来看，从初任教师到正式教师，从骨干教师到教学

---

① 李学农：《论教师教育者》，《当代教师教育》2008 年第 1 期。

能手，从教学能手到教学名师，教师专业发展过程中的每一阶段都需要教师的精心筹划。教师专业发展指导者要协助他们顺利跨过专业发展中的每一道关口，就必须引导教师制订出合乎自己的专业发展规划，帮助他们明确每一阶段的发展重点，分析可能会遇到的种种成长困境，并做好应对挑战的心态准备与策略准备。由于每一个教师身处的成长环境不同、工作经历不同、发展目标不同，他们为自己规划出来的成长路线可能会相差迥异，教师专业发展指导者的任务是帮助教师设计出最适合自身的最佳专业成长路线，这就需要对每个教师的专业发展状况进行各方面的思考与大量的分析工作。

第四节　教师专业成长力培育的特殊路径
——在职读研

教师专业化培养的实践证明：优秀教师的专业成长主要是在在职后实践中完成的，职前教师教育只是为教师成长奠定了一块基石，教师专业成长力培育的攻坚阶段是教师职后专业发展时期。故此，开展免费师范生在职攻读研究生教育，为促使他们职后教师专业的持续、快速、顺利发展提供优质后续教育服务，就成为持续提升免费师范生专业成长力的重要组成部分。笔者认为，作为一种特殊的教师专业成长力培育路径，免费师范生的职后教育与职前教师教育不同，具有任务艰巨、不易操控、涉及面广的新特点，如果没有科学的培养模式支持，这一教育活动极有可能形同虚设，与国家创建高端免费师范生教育的初衷背道而驰。滤清国家教育政策意图，全面分析政策实施的现实困境，着力构建一种适合当前教育形式发展需要的有效教师培养模式，就成为笔者思考该问题的基本思路。

一　免费师范生"在职读研"的理想与现实纠葛

在职读研是免费师范生教育的延续与深化，是最终实现国家施政目标的关键一环。在这一政策正式启动之际，作为此项工作的主要担责者——师范大学必须对之保持一种清醒而又谨慎的态度：一方面，大学必须对免费师范生教育政策的理想、意图保持清醒的头脑，确保每一步改革都始终朝着这一目标去实现；另一方面，大学必须对政策推进中面临的现实困境与挑战谨慎地应对，以全力平衡改革理想与教育现实之间的矛盾。

（一）政策意图：造就高端教师的夙愿

免费师范生教育政策不是传统"免费师范教育"的回归与重现，其根本特征就在于它是具有选择性的，即选取一部分优秀师范生对之进行优质、高端的教师教育，促使其成长为高水平、高素质的教师专业人才，以期在更大教师社群中发挥旗帜、先锋、脊梁的作用，最终带动全国教师队伍的整体提升。只是在此意义上，国家免费师范生教育政策的施政意图才能"鼓励更多的优秀青年终生做教育工作者"，最终成长为"教育家"。造就大量的教育家型教师，正是我国免费师范生教育政策的直接意图。

所谓教育家，就是具有社会担当意识，具有卓异的教育者人格、娴熟的专业技艺和渊博的教育知识，在特定历史阶段为民族教育事业作出过不朽贡献的旗帜型教育人才。在不同的时代语境中教育家具有特定的历史内涵。就当今教育时代而言，教育家就是在国家教育事业建设中勇于实践、大胆创新、热情奉献的教育实践家与教育改革家。在当前，我国基础教育面临的核心问题是：教师行业受到社会冷遇，优秀人才从教的愿望不高；教育人才配置不均衡，贫困地区优秀教师缺乏；优秀教育人才不愿沉入基层，一线优秀教师匮乏。在这种情况下，免费师范生教育要造就的不是一般的优秀教师，而是"下得去、留得住、干得好"的优秀教育家型教师，是一种具有崇高的奉献精神（高境界）、炽热的事业情怀（高情感）和高超的专业技艺（高技艺）的"三高"型教师。

具体分析，这种"三高型"教师具有以下三个鲜明特征：

首先，免费师范生要"下得去"，就需要具有较高的精神境界和民族责任心——民族担当意识与职业奉献精神。这是因为免费师范生所要"下"的方向是：教育事业的最落后地区（中西部）、教育事业的最基层单位（中小学）、教育工作的最薄弱环节（农村学校）。无疑，能"下得到"这些教育部门的教师一定是具有崇高的专业道德境界、心系民族发展大局，能够放弃"小我"与私利的德行优异教师。从某种意义上说，免费师范生在基层更多的收获是社会资本，是整个社会的尊重与敬仰，而非物质利益与个人发展空间。因此，培养免费师范生具有崇高的专业道德境界是"在职读研"培养目标的重要一维。

其次，免费师范生要"留得住"，就需要具备对教育事业的深厚情感与事业心。能被最困难、最基层、最薄弱的教育部门留住的教师一定是"为教育而教育"的优秀教师，一定是以教育为己任、爱教如命，具有崇高的教育事业心的优秀教师。也只有这种教师才可能把自己的青春乃至一生交给教育工作，践履终生从教的庄严承诺。所以，免费师范生在职读研阶段培养的重要目标之一是强化他们的专业情感与成就抱负，为他们专业的终生、持续发展提供强大的精神动力，确保他们的教师人生步入"情意强化—技艺提升"交互促进的良性循环。

最后，免费师范生要能"用得上"，就需要具备高超的教育技艺和专业进取心。只有一位有所作为的教师才可能在教育事业中找到自己的用武之地，才可能被基层教育单位用得上。教育技艺是免费师范生在基层站稳脚跟的资本与基石，是他们不负众望的物质前提。在基层工作中，免费师范生只要潜心实践、善于创造、乐于钻研，就一定能够在自己的工作岗位上开辟出一条能够引领当代教育改革的新路子，进而为当代教育改革做出更大的贡献。显然，高超的专业技艺磨炼正是免费师范生在职读研的培养重点。

因之，免费师范生在职读研政策的根本意图在于培养出以高境界、高情意、高技艺为特征的高端教师，与之相应，民族责任心培育、教育事业情感强化、教育技艺提升就构成了该阶段培养的"三维目标"。当然，这"三高"目标的实现不可能采取分项或专项培养的方式来进行，而只能在免费师范生的教育实践中去进行。这是因为：

其一，教育实践水平是免费师范生在职读研的三大培养目标的聚合点，是链接三维目标的有机体。不同于职前教育，免费师范生职后教育的主要手段与途径是亲身参与的教育实践，教育实践就是其专业素养培育的主要导师，一切外来的教育知识、教育经验、教育技能，一切来自大学导师、实践导师的教导都只能融入到教育实践并以干预教育实践的方式才可能最终产生效能，而在职前教师教育中，免费师范生的专业知识、专业艺能的主源则是大学课堂、教师讲授，教育实践、教育实习、教育见习，它们都是服务于教师消化、理解专业知识、专业技能的。所以，教育实践状态与品质的改变是在职读研教育目标达成的硬指标，围绕教育实践这个中心旋转是免费师范生职后读研目标的聚焦点。

其二，教育实践需要是整合免费师范生在职读研的"三维"目标的动态切入点。教育实践需要是最具能动性与波动性的，它随着免费师范生的工作要求、专业层次、职位变迁等的变化而变化。这就决定了免费师范生的职后培养目标具有易变性、递进性的特点，故对其专业境界、专业情感、专业技艺的培养必须应因教育实践的变化而不断调整、相互调适。因之，针对免费师范生教育实践需要，不断调整专业培养重点，并促使各目标维度之间相互协调，生成具体的专业实践素养，是免费师范生在职读研阶段教育目标的关注点之一。

（二）现实困境：期待突破的"四大坚冰"

理想是完美的，现实却是残酷的。在对免费师范生教育政策的"三高"目标梳理之后，我们应该俯瞰教育现实，分析一下实现这些目标必将面临的挑战。知己知彼，百战百胜。师范大学只有对免费师范生在职读研中面临的问题心中有数，才可能确保国家教育政策意图的全面达成。我们认为，要顺利实现上述目标，师范大学必须努力攻克免费师范生在职读研中的四大坚冰：

1. 初入职的困顿与培养目标的高远之间的两极化矛盾

免费师范生刚刚入职就要准备接受在职硕士学位教育，这是免费师范生在职读研教育的根本特点之一。一般而言，师范生攻读硕士学位有两种常态渠道：其一是直接"升入"硕士阶段的教育，这是师范生在"学生"角色范围内发生的，不存在新角色适应的问题；其二是师范生大学毕业后参加工作一定时间、职业人角色完全适应后产生了继续深造的需要，然后通过自己努力考入大学接受硕士教育，在这一种渠道中同样不存在新角色适应问题。显然，免费师范生在职读研这一学习形式介于二者之间，其根本特点是：他们大多尚未适应教师角色，正处于职业危机期、角色转换期、实践困顿期。因此，在这一阶段免费师范生面临的主要教育需要是入职心理辅导，也就是说，他们尚未认识到接受职后继续教育对自己的重要意义，尚未产生对教育理论的强烈需求。在这种情况下，要实现国家赋予免费师范生教育的目标是艰巨的，必须全面评估并诱发师范生的专业发展需要，为硕士教育的介入创造条件。

但换个角度看，也正是由于入职时间较短，免费师范生在教育理论方面的学习尚未完全"降温"，他们对学习的欲望依然强烈，如若趁热打铁地开展硕士教育，就能够把他们的注意力吸引到专业深造上。所以，免费师范生硕士学位教育必须尤为关注师范生的教育需要变动，加强对他们的教育需要干预。比较理想的对策是，针对师范生的多样化需要开展三类教育：教学常规培训、入职心理辅导与专业发展导引。促使师范生迅速实现角色转换，步入专业发展期，早日完成面向高端教师的发展目标定位。可以说，全面呵护学生的专业教育需要，密切关注这种需要的变动，构建一种基于教育需要导向的免费师范生在职读研模式，是师范大学免费师范生教育后续探究的重点之一。

2. 在职学习的特点与研究性教育形态间的矛盾

在职读研是免费师范生职后教育的关键特征之一，是决定职后培养模式的首要决定因素。就在职学习的弱势而言，主要包括三个方面：一是免费师范生分布分散，遍布全国各地，要想对之进行集中返校辅导较为困难，师范大学要发挥自己的教育理论优势较为艰难；二是免费师范生一身兼二任、工作与学习双肩挑，既要负责教育教学工作还要参加研究生学习，专门学习精力与时间难以保证；三是免费师范生接受任职学校的行政领导与大学的专业学习指导，极易导致大学与中小学间的不协调现象发生、导致师范生无所适从等。正是由于这些缺陷的存在，在一般情况下大学一般不倡导在职攻读硕士学位。但免费师范生职后教育选择"在职攻读教育硕士学位"的形式有其特殊需要，其主因是这一教育形态是一种偏重实践的研究性教育，而非学术类型的研究性教育。无疑，免费师范生教育的最终目标是造就能够胜任中小学教育需要的教育实践家而非教育理论家。这就决定了师范生只有在教育实践的怀抱中去揣摩教育理论、探索教育实践，才可能获得专业上的长足发展。故此，在职学习的形式与高端的专业学位教育在免费师范生身上共存并相互抵牾，这就需要研究生教育的实施者必须通过培养方式的创新来解决这一内在矛盾。

我们认为：在职学习的形式决定了学用同步、实践为本、理论渗透，这是免费师范生研究生教育模式的关键特点。要解决这一矛盾，师范大学必须倡导一种以教育实践为主线的新型教育硕士培养模式，即从师范生教育实践的现状出发，围绕其实践难题、工作困惑启动教师教育，诱导这种对问题的探究活动自下而上，进而走向专业理论学习；在师范生的教育实践中展开，将教育实践作为教师教育的大舞台，以"影子培训"途径，借助于各种形式将教育理论学习嵌入进去；围绕师范生教育实践技艺的提升来选择教育理论、优化教育理论组合、形成以教育实践需要为中心的"教育理论包"，以此来为师范生专业发展提供全面服务。一句话，免费师范生在职读研模式一定是实践主线、理论内渗、教育跟进式的教师教育。

3. 成人学习者与教师专业指导之间的矛盾

尽管绝大多数免费师范生与进入在职读研学习之间相隔一年，但它已使免费师范生的身份发生了深刻的转变：由一名专事学业的大学生转变成为一名边工作、边学习的成人学习者。与大学生不同，作为成人学习者，师范生已经具有了初步的工作经验，具备了清晰的专业意识，具备了自主开展教育工作的权利，这就决定了他们对大学教师的指导不会像以前那样容易信服，而是在接受这些教育信息、教育见解、教育理念的同时加入了自己的专业判断、专业选择、专业理解。因此，大学教师的专业指导必定会遇到新的挑战，在一定程度上，大学教师对师范生教育的影响力会部分被弱化、被耗散；相对而言，师范生自身在专业学习中的地位会被抬升，以学习者为本的教师教育模式必将成为师范生职后教育的主体形态。在这种情势下，作为专业指导者的大学教师只有通过指导方式的转变才可能真正解决免费师范生与大学教师教育之间的矛盾。

笔者认为，这种以学习者为本的教师培养模式的鲜明特点是：一切教育知识的传授必须充分考虑、宽容师范生自身的教育眼光、教育理解、教育风格，努力构建一种对话、商谈、探讨型的教师教育。在以前，师范生接受大学教育的方式是"接收"式，这是因为大学生对真实情景中的教育经验、教育体验匮乏，他们对于大学教师的理论"无话可说"；在入职后，师范生接受大学教育的方式是"借鉴"式，只有在大学教师的教育理念言之有理、符合实际工作需要、与他们的工作体验共振后才可能被师范生借鉴、吸收。正是在这一形势下，师范大学为免费师范生提供的在职读研教育必须围绕他们来旋转，一切专业指导必须坚持以吸引学习者参与、关注学习者经验、配合学习者工作的方式来进行。

4. 优质资源稀缺与培养任务艰巨之间的矛盾

无疑，在职的学习形式给免费师范生在职读研模式平添了无数难以预期的矛盾，其中最为主要的是优质教育资源稀缺与专业教育需要广泛之间的矛盾。这种"稀缺"实际上包括三重内涵：师范生大学难以在短期内打造一系列的优质教师教育课程和每个师范生受其工作条件所限难以有效获得大学提供的优质教师教育课程以及优质教师教育课程资源的开发，难以满足师范生专业迅速提升的需要。这种矛盾在实践中的表现是多样的，如大学的专业课教师少、教育专业学位课程少、专业资源研发机构少，相对而言，学生数量多、地区分布广、脱产学习机会少等。这种现状就决定了免费师范生在职读研教育中要解决的一个关键问题是：优质教师教育课程资源的开发、增值、投放与辐射问题。从开发上讲，师范大学必须投入相当的精力、物力、人力来开发先进、优质的教师教育课程资源，确保优质教师教育课程资源稳步增长，强化自身的教师教育能力；在增值问题上，师范大学必须通过培养指导教师、遴选兼职指导教师、扩充专业教师梯队的方式来实现既有优质教师教育资源的几何式增长，借此来扩充自身的教师教育容量；在投放问题上，师范大学必须通过建立网络平台、开发网络扩充、建立区域学习中心的方式来将优质教师教育资源投放到距离免费师范生最近的空间或区域，确保师范生能够信手拈来地获取学习资源，以此来扩大教师教育资源的覆盖面；在辐射问题上，师范大学必须实质性地扩大自身在免费师范生服务工作区域的影响力与辐射力，提升自身对区域基础教育改革的推动力与变革力，让自己所提供的教师教育资源属于区域内的一流资源，在与区域教师教育资源提供者的竞争中凸显自身的比较竞争力，赢得自己的立足点。

由此可见，免费师范生在职读研教育必须是一种基于网络技术的辐射式教师教育，是一种具有资源更新能力、增值能力、投放能力与辐射能力的新型教师教育资源。在这种教师教育形态中，师范大学只是一个主导者、组织者、教育资源提供者、质量监控者，相当数量的教师教育任务需要相关教育机构、教育主体的配合与组织才能顺利开展。否则，单靠一所师范大学的校内教育力量是不可能完成免费师范生教育重任的。

因之，免费师范生研究生教育要解决好上述四个矛盾，就必须大力倡导需要导向、实践为本、学生中心、网络为主的指导思想。作为一种新生的教师教育形态，免费师范生教育模式的设计与创新必须积极关注教育实际、关注师范生专业发展、关注教师教育改革走向，努力创造出实践有效、富有活力、适应性强的教师教育新形态。

二 免费师范生"在职读研"模式的基本特点

无疑，免费师范生"在职读研"模式的两个根本特点是：一是"在职"完成学业；二是接受教育硕士学位教育。前一特点决定了其培养模式必然具有偏重工作、组织机构松散、多主体参与的特点，后一特点决定了其培养模式必然具有高端性、研究性、生本（以生为本）性、专业性的特点。我们认为，免费师范生在职读研模式具有六个具体特点：

（一）从教育对象角度来看，免费师范生是"教师学生"

免费师范生不是纯粹的专事学业的普通学习者，而是"亦师亦生"的"教师学生"，是在教育理论与教育实践、大学与中小学之间游弋穿行的特殊学习者。这是免费师范生职后教育在对象上的明显特点。免费师范生作为"教师学生"在现实中表现为：走上中小学讲台，他要对一群孩子的成长与学习承担专业的教育责任；走下讲台，跻身研究生的"空中教室"，他要扮演起一名学习者的角色，必须对自己的学业、事业、发展负起责任。正是如此，免费师范生在参与职后教育活动中始终处于"教师"与"学生"的角色转换中，始终处在介于教师与学生的"中间"状态。免费师范生的这种特殊身份就决定了他们不是一般的教师，而是"发展中教师"、"边缘型教师"。

所谓"发展中教师"，是指免费师范生无论是身处一线教育实践还是置身教师教育课堂，都是以学习者的姿态出现的，他们能够从自己的实践与教师教育课堂中不断吸收自己所需要的新理念、新认识、新经验、新方法，促使自身的专业一步步走向成熟。基于免费师范生的这一角色，在职读研教育模式的设计必须尽可能把他们的课堂教学工作、学校研训活动与大学教师教育等统合起来，为他们的专业发展提供宽广的舞台。

所谓"边缘型教师"，是指免费师范生是身处于先进教育理念与真实教育实践的"两栖人"，他们就是这些将大学传授的先进教育理念与自己亲历的教育实践通联起来的媒介者，就是用最新教育理念来变革自己教育实践的改革者，就是最新教育理论的践行者。可以说，正是因为免费师范生扮演着这一角色，他们才可能在这种特殊培养活动中成长为基础教育领域中的改革领航者与先驱者。

（二）从教育目标角度来看，在职读研教育的使命是造就"高技艺专业实践者"

如果说本科段免费师范生教育的主要目标是帮助他们"学会教书"，成为一名合格的教师，那么，硕士段免费师范生教育的核心目标是帮助他们"教好书"，成长为一名优秀教师。在这里，优秀的内涵不再是专业学习成绩优秀，而是教育技艺优秀，专业素养超群。换个角度来看，对在职读研的免费师范生而言，各科考试成绩好、学位论文成绩好都只是他的任教学科教学质量好、教学实践表现卓异的脚注与补充。也就是说，免费师范生的优秀学习成绩、论文答辩成绩只有建基于卓异的教学实践才艺及其表现基础上才有意义；离开了对他们课堂教学水平及其效能的综合指导与评估，免费师范生在研究生阶段取得的良好学习成绩不值得骄傲。客观地说，只有免费师范生把学业成绩、论文水平的提高扎根于自己独特的课堂教学改革思路、创意的课堂教学举动、丰富的教育教学经验、大量的教育行动研究等基础之上时，免费生所取得的一切优异学习成绩才是可信的、感人的，有说服力、影响力的。

所以，围绕"高技艺专业实践者"的目标来改进职后培养方式，创新培养思路，是免费师范生在职读研教育的关键。正是如此，免费在职读研教育的属性是专业学位教育，这种教育的关注点是课堂教学，这种教育质量的根本评价尺度是学生专业表现的提高。这种教育不能只驻足知识的授受，更要关注教育知识理论的改造实践潜能充分彰显；不能只满足于对每位师范生普泛化的指导，更要依靠双导师制度为师范生提供一种高度个性化的教育指导。其实，相对而言，教育知识理论的教授是一件极其简单的事情，只有教育技艺的培养才是免费师范生教育中最为艰巨的一项重任。诚然，教育知识的习得是免费师范生高超教育技艺形成的条件与基础，但要将这些知识理论在教育实践中融会贯通、转识成智则是一个个性化的实践过程。这就决定了：免费师范生教育的构建环节是实践指导，而非网络课堂、理论讲堂。

（三）从教师教育主体角度来看，免费师范生需要"教师教育者联盟"

免费师范生教育的高端目标、分布零散、多元化教育需要就决定了单单依靠师范大学的教师教育者团队的力量是难以实现的，它需要汇集各方面的教师教育者队伍，努力构建一个强大的"教师教育者联盟"才足以完成这一重任。

从教师教育目标来看，免费师范生教育要造就的是高素质、高层次的教育人才，是具有"一专多能"、"德艺双馨"、"敢于开拓"、"勇为人先"的教育人才。显然，这种教育人才是任何大学教育、培训课程都不可能培养出来的。它起码需要四类教育主体的协助，即大学教师、教学实践行家、师德典范楷模、优秀班主任，师范大学只有将这四股教师教育力量在"免费师范生教师教育者联盟"组织中统合起来才能够保证在职读研的教育质量。

从教师教育功能区域分布来看，免费师范生职后教育必须按照"就近入学"的原则建立学习中心，该学习中心所能辐射到的行政区域就构成了一个相对独立的教师教育服务功能区。要保持该功能区域的顺利运转，师范大学就必须以此为平台，聘请大量的兼职导师，尽可能把全国各地在教育研究与实践方面有造诣的教育人才组织在自己的麾下，以实现对优秀教师教育者的统筹配置，确保免费师范生在学习期间能够得到最优秀教育专家的指导。

从师范生教育需要的发展与分化角度来看，免费师范生在职读研教育必须在对师范生专业发展需要分析、评估的基础上，针对其需要特点来进行有针对性地选聘、配置专业指导教师，尽力实现对每个免费师范生专业方面的个性化、最优化的指导。同时，在三年学习中，师范大学还要根据他们教育需要的变化、分化情况及时改变免费师范生的指导教师结构，以适应其不断变化的专业发展需要。

从这一意义上看，免费师范生在职读研教育正是对全国优秀教师教育人才资源的一次综合配置，是对我国教师教育实力的一次优化与重组。

（四）从教师教育机构角度来看，免费师范生职后教育承担者是"松散型组织"

教师教育机构形态上有实体与虚体之分。所谓教师教育实体，就是指在教师教育组织系统中相关责任人有明确的责任分工、领导关系与权力能级，整个教育组织内部协调有力、运转有序、行动有章，故极易形成教育效能。免费师范生在校接受的大学教育就是在这种组织机构中完成的。然而，免费师范生的职后读研教育机构则与之大相径庭。一方面，尽管教师教育任务的主要承担者是师范大学，但整个教育活动主要是在校外与网络空间中进行的，而非在大学管理者的"眼皮"下进行的。山高皇帝远。师范大学想要将自己的教育触角延伸到免费师范生的工作单位，的确难度非凡。在这种情况下，它必须联络一切相关教师教育机构，争取它们的支持与配合，共同实现对免费师范生的专业指导与研究性学习。故此，免费师范生职后读研的教育机构属于虚体机构，它是一种松散型组织。

与实体教育机构不同，虚体教育机构主要借助的是利益驱动、工作指导、质量控制，而实体教育机构主要借助的是行政领导、组织协调、过程控制。也就是说，在没有行政隶属关系的情况下，师范大学对协作教师教育机构与区域学习中心的领导力与掌控力是非常有限的，它们能否主导整个免费师范生教育的庞大工作网络取决于其规范化的工作细则的完善与细密的质量控制举措的出台。在这种情况下，师范大学对免费师范生职后教育的管理自然举步维艰、困难重重。笔者认为：一所师范大学要驱动如此庞大、松散的教师教育组织，就必须形成一整套科学的工作机制，就必须制定一系列严密的管理工作规程，就必须拟定出配套质量管理责任制度。否则，这一松散的教育组织就可能失去向心力，导致各项工作走上形式主义的歧途。

（五）从教师教育形态角度来看，免费师范生在职读研是"连体教师教育"

在教育实践中客观上存在着两种教师教育形态：其一是分体式教师教育，即培养与培训、教育理论传授与教育实践应用相互隔离，分别处于新教师成长的不同阶段的教师教育形态；其二是连体式教师教育，即理论学习与实践应用融为一体、同步展开、并轨推进、密切关联的教师教育。显然，免费师范生在职读研就属于后一教师教育形态，它是我们深入认识这一教师教育形态，采取针对性教育举措的一个重要着眼点。

在分体式教师教育中，理论学习与实践应用是"铁路警察，各管一段"，单项推进、各自为政、分步实施，其最大优点是便于展开深入、集中的理论学习探究与实践技艺提升，而其缺点是容易相互脱节、顾此失彼，导致一种过度机械的教育理论学习或肤浅平庸的教育实践方式。免费师范生职前教育采取的就是这一形态。与之相比，连体式教师教育的最大优点是能够在理论与实践间的相互参照和沟通中深入认识教育现象，产生真正意义上的教育理解，促使教师的教育行动日趋自由。不仅如此，在连体式教师教育形态中，教育理论与教育实践由于同时在教师身上与教育实践中共存，故二者间容易产生一种"增生效应"、"共生效应"，即在二者交互作用中产生出一种更具创造性的教育感悟或教育智慧，促使教师的实践性理论与教育技艺不断创生、增值。从某种意义上来看，免费师范生在职读研教育的最大优势就在这里，最大化地凸显这一优势，利用最先进的教育理论来诱生这种优势的显现，是衡量免费师范生研究生教育品质的关键指标。

（六）从教师教育课程来看，免费师范生在职读研学习的是"生长性教育知识"

如果认为在职读研期间，免费师范生只需要修读五六门教师教育专业课程就大错而特错了，这是因为这些教育教学理论类课程的学习对其实际专业发展而言收效甚微，尤其是那些没有被免费师范生彻底消化、吸收的专业理论课程。在本科学习阶段，由于免费师范生缺乏相应的教育经验、教育观念、教育精神的支撑，其专业自我、教育主见、教育自觉意识尚未成熟成型，这就决定了其教育主体性水平较低，还不具备与外来教育见解、教育信念的对抗、对话能力。在这种情况下，他们对教育教学理论的学习基本上处于"认知同化"阶段、理论推演思辨阶段，还未真正达到完全意义上的"认可、相信"水平、实践变通水平。相对而言，在正式参加工作之后，随着师范生完全意义上的教师角色、教育权利的获得，现实工作的要求迫使他们独当一面、胜任"全职"教师的需要，刺激他们专业自我形成，促使他们的教育主体性成熟。在短短的一年内，在亲身教育经验、教育体验、教育感悟的助推下，免费师范生作为教育主体的身份迅速建立，他们迅速具备了与其他教育主体，如教师教育者、同事等同等的教育对话能力。在实践中，大学教师再一次看到过去教过的师范生时，势必会觉得他们一下子成熟了许多，在大学期间那种"听话"的形象似乎在消失。这就是免费师范生教育主体性成熟的直观表现。

伴随着免费师范生教育主体性水平的提升，他们对大学教育的权威感、信服感在衰减，他们不可能再像以前那样为了提高学业成绩而"生吞活剥"地学习教育教学理论，而会用一种评判、审视、质疑的眼光与态度来对待它们，会用自我的实践性理论、个人教育感觉来加工、改写这些教育理论课程。在这种情况下，大学的教师教育课程对他们而言，只是引发他们学习的一个诱因，一种催生新教育认识的酵素，一种促使他们个人教育认识新生的素材。换言之，免费师范生最终学到的教师教育课程是大学教育理论课程与他们个体教育认识在互生融合中形成的一种"生长性教育知识"。正是如此，大学教师教育课程必须向免费师范生保持一种开放宽容的姿态，必须为他们教育主体性的释放留足空间，否则，这种教育理论课程最终会在教育实践中遭到免费师范生的无声抵制。也正是如此，在学习效果评估中，考核的重点应该是免费师范生学习教师教育课程后形成的"创见"与个人见解，而非教育教学知识的识记性考察。

三　免费师范生职后教育模式的实践突破点

由于肩负着特殊的历史使命，面对着特殊的教育形势与困境，免费师范生在职读研教育必须勇于立新、敢于突破，知难而进、不辱使命。在上述分析的基础上，我们认为：免费师范生教育要想达到预期的政策目标，就必须在实践中实现如下六个突破。

（一）培养理念突破：大教师教育观的确立

免费师范生职后教育是新时期创建灵活、开放、多元的大教师教育体系的又一次尝试，是 21 世纪探讨一体化、专业化、优质化、高端化教师教育综合服务体系的一次伟大探索。如果说免费师范生的职前教育是"小教师教育"，即被封闭在大学校内、与外部教育世界关联甚少，依靠教育知识授受活动来展开的教师教育，那么，应该说，免费师范生在职读研教育则是"大教师教育"，即一种放之于教育实践"海洋"中的宽松、自由、生活化的教师教育，一种直击主题、灵活多样、不拘一格的教师教育形态。

当代教师专业发展实践证明：教师专业成熟的关键期出现在职后而非职前，职前教师教育只是教师专业化的预备期、准备期、孕育期，职后教师教育才是教师专业素养的真正发生期、成长期、成熟期。换言之，只有新教师参加教育工作，真正开始"试水"教育实践时，它才可能在教育环境、教育工作中形成经验、发生体验、生成素养，教师开展教育工作的"真功夫"是无法从职前教育实践中获得的。因之，只有在参加教育工作之后，免费师范生的专业发展黄金期才会到来。在这场大教师教育中，教师的专业发展具有多源性，可以说，一切可能催生教师专业发展、引发教师知识结构转换的教师教育因素都可能成为免费师范生专业发展的力量与干预的对象。"大教师教育"之"大"集中体现在五方面的"大"：其一是教育空间之"大"，师范生的一切存身空间都可能成为教师接受教育的"教室"；其二是教育时间之"长"，教师的发展时机没有课内外之分，没有上学与假期之分，教师的一切生活时间都是其专业发展的契机；其三是教育主体范围之"多"，一切教育活动的相关者，如教师、学生、同事、领导等都可能成为教师的教育者；其四是教育形式之"大"，教师教育活动形式超出了专门教师教育活动的限制，一切教育活动形式，如欣赏教育影视、观看教育节目等，都可能成为教师教育的活动形式；其五是教育内容之"广"，一切影响教师的教育形象生成、教育效能变化的教育因素都可能成为教师教育的课程。

总言之，免费师范生在职读研教育需要的是一种全时空、全覆盖、全过程的教师教育，它需要众多教师教育机构、教师教育者、教师教育活动的介入与参与。换言之，只要是有利于教师专业发展的因素、活动、人事都可能成为教师教育的资源，都应该得到教师教育者的关注与利用。无疑，这些教师教育资源的集结点之一就是教师的教育实践，教育实践正是免费师范生教育的母体。如何利用大学教师教育来关联、统摄所有影响免费师范生专业发展的因素，有力干预其教育实践的优化与改进，是免费师范生职后教育需要认真关注的问题。

（二）培养思维突破：内导吸附式教师教育

免费师范生在职读研教育的关键是要解决如何将先进教育理念嵌入到师范生的教育实践，使之与他们的教育经验、实践哲学之间发生融合化合，最终促使免费师范生的教育行为方式发生积极的转变。要解决好这一问题，师范大学需要引进全新的培养思维，即内导吸附式教师教育思维，为先进教育理论向师范生教育实践的融入提供通道。

所有教师教育思维间的实质性差异在于它把教育理念导入教育实践的方式差异。何谓内导吸附式教师教育思维？它是一种与师范生的职前教育截然不同的教育思维，其一般方式是：新教育理念向师范生的传播采取的是一种自下而上的路线，即在实践指导教师的配合下，率先把新教育理念行动化、具体化为一种教育实践形态，以其优异的教育教学效能、新颖的教育形式引发免费师范生的学习愿望，促使他们在指导教师的指导下开展专题性的教育探索，并在这个过程中吸收新教育理念，实现专业素养的逐步提升。显然，这种教师培养思维的最大特点是：用教育实践活动来吸附新教育理念，再经由免费师范生的实践参与来吸收这一教育理念，教育实践成为新教育理念通达师范生内心的必需媒介。故此，经过教育实践的附着与中转，师范生借助于一种鲜活的方式吸收了教育实践之魂——教育理念，进而实现了对教育理念的完整学习。相反，在职前教师教育中，由于实践机会的缺乏，一切教育理念都是经由教师之口来转达的，整个学习活动仅仅关注的是教育实践的精髓——高度抽象的教育理念，这就导致了一种"外输消化"式的教师培养思维。在这一培养方式中，教育理论是以教育语言的形式输入师范生的头脑之中的，整个学习过程是借助于师范生的思维与理解活动进行的，这就导致了一种局部的学习，即仅仅发生在人的"颈部之上"的"思想认识的学习"。我们认为：实现培养思维由教育理论的"输入消化"向"内导吸附式"的突破，是免费师范生在职读研教育必须发起的一次突破。

（三）培养焦点突破：先进教育理论的实践"着床"

免费师范生在职读研这一培养方式的焦点无疑是如何将先进教育理论在师范生教育实践中"着床"的问题了。许多研究者发现：教育理论的功能不是给教师发出某种"指令"，让他们"照着做"，而是要嵌入教师的实践内核，从根基上"撬动"教师的全部实践，进而产生"星星之火可以燎原"的效应。在这一意义上，师范生的教育实践就是先进教育理论着生的"温床"。如何让先进教育理念沉入、植根教育实践之"床"，是免费师范生在职读研教育的关节点。说服师范生从"内心"接受先进教育理念，将新教育理念植入他们的心灵相对容易，只需要让他们记住或接受即可，而要将之植入到师范生身体力行的实践中则要艰难得多。正是如此，免费师范生培养的焦点就是先进教育理论的"着床"问题。

我们认为，影响先进教育理念在免费师范生教育实践中"着床"的关键因素有三个：教育理论自身的潜在变革力、教师教育者的推介能力与师范生的内在理论需求。一般情况下，只有这三者之间发生"共鸣"，教育理念的"着床"才可能真正发生。干预、影响、变革教育实践的力量是一种教育理论能够扎根实践的客观条件，尽管在教育理论未进入教育实践之前这种变革力体现为一种潜力、一种潜在能量，但一旦真正进入实践，这种潜力就转化为一种实力，教育实践对它的依赖性会不断增强；教师教育者的推介能力是教育理论着床的重要媒介，尤其是在教育理论的潜在变革力没有展现出来以前，教育理论对教育实践的说服力较弱，其科学性、强势性有待于教师教育者去宣传，去说服师范生采取这种教育理论；师范生的教育理论需求是决定"着床"是否发生的直接原因，尤其是当师范生没有深入教育实践，没有承担挑战性的教育工作，没有强烈的成就要求时，教育理论即使呈现在他们眼前也依然是"视而不见"。

因之，要促使先进教育理念的顺利"着床"，免费师范生在职读研在培养方式上必须做好三件事：精选实践最需要的先进教育理论、选聘最优秀的实践导师和刺激师范生的教育理论需要。免费师范生的职后培养方式的核心任务是：既要"点火"，即激起师范生的旺盛教育理论需要，又要

"熄火",即用最先进的教育理论来满足他们的这种需要,每一名硕士生导师就肩负着"点火手"与"灭火者"的双重角色。

(四) 培养组织突破:优质教师教育联盟

培养组织是免费师范生在职读研教育的又一重要突破口。作为高端教师职后教育的打造者,师范大学在此项工作中的重要角色是优质教师教育的培育者与聚合者。这就决定了封闭、单一的大学校内教育模式难以与之相适应,它必须以师范大学为基地,在联合各地区优秀教师教育机构、聚合各地优质教师教育资源、整合各地优秀教师教育队伍的基础上,坚持强强合作、优势互补的原则,重新组建强大的优质教师教育联盟,以胜任免费师范生区域分散、追求品质的特殊需要。

优秀教师教育联盟势必具有跨学科、跨地域、跨学校的特点,它是对全国各地优质教师教育资源与队伍的一次优化重组。在该联盟中,它客观上要求采取市场化的资源配置原则,即将有限的教育经费配置到最富效力、最为关键的教师教育环节、教师教育人事中去,确保一切有助于师范生专业发展的教师教育人才、教师教育资源为我所用。进一步讲,服务于免费师范生的教师教育联盟起码包括三大联盟:其一是教师教育人才联盟,主要通过针对两类教育专家,即教育理论方面的教育学专家和教育实践方面的教育专家,依托教师教育联盟组织来网罗所有教育专家,为之在免费师范生教育工作上发挥才能提供平台支持;其二是教师教育资源联盟,即通过优质教师课程、文献、视频、网站、资料、文本、课件等的共享,建立网络社区、专题网站等形式,扩大免费师范生教师教育资源容量,孕育优质教师教育资源;其三是教师教育机构联盟,即依托委托培养、合作指导、共同参与等途径,在合作协议、共同培养制度的框架内实现多所教师教育机构、师范大学之间横向联合。

在具体实施中,在教师教育联盟中应该积极推进"区域连片联动"式发展。一方面,师范大学要以免费师范生的教师教育综合服务功能区为基本单位,实现区域内所有教师教育资源、人事、财力、机构的全面整合,组建相对独立的区域教师教育联盟组织;另一方面,师范大学要充分发挥协调功能,促使各区域教师教育联盟组织之间定期开展工作经验交流活动,促进区域教师教育联盟之间的联动与互促,确保教师教育联盟的科学运转与工作方式优化。只有这样，免费师范生职后教育的质量才会有保障。

（五）培养机制突破：多元参与、灵活开放、优势联合的教师教育机制

免费师范生在职读研制度的建立是对师范大学教师教育制度综合创新能力的一次检阅，它势必涉及教师教育改革的方方面面。这些改革的实质就是实现教师培养机制的变革与创新。无疑，大学教师教育模式对免费师范生在职读研教育而言已经失效，尤其是在师范生走上工作岗位，分配到祖国的角角落落之后，这种教师教育模式势必宣告解体。显然，函授教育不适合免费师范生职后教育，因为它只完成了教育理论向师范生投放的任务，这些理论能否在他们的教育实践中生根开花，教育者似乎对之关注不够；网络教育也不适合免费师范生职后教育，因为这种教育只适合理论教育，不适合以发展实践技艺为主的师范生职后教育。这两类教育的共同特点是：教师教育者与学习者之间的个性化"对接"机会极端匮乏，无法适应高端教师教育的需要。因此，建立多元参与、灵活开放、优势联合的教师教育新机制，是克服传统的教师职后教育模式局限性的必由之路。

多元参与是扩大教师教育队伍的保障。要从根本上克服免费师范生教育中势必发生的导师与学生"一对十"、"一对百"的现象，就必须大力扩大教师教育队伍，吸引各类教师教育精英加入免费师范生职后教育阵营。这就要求师范大学要始终把各方教师教育主体的积极性激发放在首位，鼓励他们在免费师范生教育的各个环节上释放潜力、发挥创造力，让免费师范生教育成为全国所有优秀教师教育工作者施展才华的共同舞台。

灵活开放是壮大教师教育组织的需要。师范大学突破自身作为封闭教师教育机构的缺陷，自觉实现与一切优秀教师教育机构之间的携手、联手，尽可能把每一所免费师范生任职学校都建设成为教师专业发展学校，将之纳入由自身主导的教师教育联盟组织，创办开放的免费师范生教师教育体系，是免费师范生教育彰显生机与活力的出路。

优势联合是提升教师教育质量的后盾。不同教师教育地域、机构、个体的业务水平发展总是具有不平衡性的，每一所教师教育机构、每一个教师教育者都有其教育优势与"拿手戏"，师范大学要做的主要工作是推进教师教育资源、机构、个体之间的强强联合、优势荟萃。在某种意义上，免费师范生教育就是最优秀的教师教育理论与实践的"展示台"与"聚宝盆"，是国家优质教师教育样式、理念的吸附器，它不单单是为免费师范生提供职后的跟踪教育服务，不单单是职前教师教育的延伸与翻版。

（六）培养质量突破：实践导向的质量监控体系（摈弃指标式质量控制）

过硬的培养质量是免费师范生职后教育的落脚点，培养质量的突破是这一教育工作的最终目标。在本科阶段学习中，免费师范生教育质量的保障主要借助的手段是考试，是综合素质评价，学业成绩就是培养质量的直接标尺。显然，这种培养质量观只适合理论学习、接受性学习，而无法适应对实践学习、创造性学习的质量监控。所以，免费师范生在职读研教育需要全新的培养质量保障体系，以此实现教师培养质量的突破。

在以往的教师培养质量观中，学业成绩、论文等级、评价指标高低、教师评语是培养质量的核心与关键，其主要缺陷是：对师范生培养质量的评价是分维度、单项化地进行的，学生的"毕业成绩单"就是这种培养质量观的外显。免费师范生的职后教育则不一样，它有两个鲜明的特点：其一，实践技艺表现成为社会、学校、同行评价师范生最具公信力与认可度的评价依据；其二，教育教学改革的创举及与之相配套的创造性实践研究论文成为行业内最具说服力与影响力的评价尺度。在这种情势下，实践重于理论、情商重于智商、智慧重于技能、表现重于空谈日益成为免费师范生职后培养质量观的主要特点。这就迫切需要师范大学在教师培养质量及其保障体系上实现突破。

显然，免费师范生教育质量不适合基于分项评估的静态质量观，如"分数质量观"、"指标质量观"等，与之相适合的是动态的"整体质量观"，即以师范生教育教学实践表现为焦点的"实践质量观"，一切教师教育活动与服务向师范生的教育实践表现改进倾斜，把教育知识理论学习对其教育实践的贡献率作为教师教育质量评量的核心依据。教育实践是师范生各种专业德行、专业知识、专业艺能的综合舞台，也是职后教师教育的唯一目标与聚力方向，瞄准这一师范生专业发展的终端目标来出点子、想办法、搞研修、讲理论才是免费师范生在职读研教育达成国家政策意图的路径。

由此，在教师培养质量保障体系建设上，师范大学必须努力构建一种教育实践导向的质量体系，将师范生真实、鲜活、立体的教育实践技艺表现及其发展变化视为培养质量评估的首要评价信息。在新的培养质量体系中，最了解师范生的实践导师是主要评价者，师范生的课堂教学状态是培养质量评价的基本评价对象，师范生的教学绩效与改革成果是培养质量评价的重要参照，师范生的创造性教学成果与毕业论文是培养质量的直观体现。

四　"一核三极"式教师教育：免费师范生在职读研的理想模式

所谓模式，就是开展一种活动的大致行动思路与基本实践框架，是确保该活动整体推进、有序展开的初始性工作蓝图。模式有定型模式与非定型模式之分，完全定型化的培养模式是束缚免费师范生职后教育的理想工作模式产生的障碍与"套子"，而非定型化的模式是确保免费师范生职后教育迅速展开的助推器。尽管许多学者反对将丰富多变的教育教学活动模式化，但我们认为：没有基本模式做基础，不以基本模式为起点的教育教学探索与改革更令人担忧，一种有生命力、有潜力的教育教学活动的探索必须发端于理想化、一般化工作模式的探寻。结合上述分析，我们发现：免费师范生在职读研的培养模式由三大要素构成，即师范生基于教育实践的自学、基于网络资源的网学与基于教师教育课程的教学，它们构成了师范生的三大学习"发生极"。科学培养模式的建立实际上是将免费师范生的这三种学习方式科学、合理地配置起来，努力达到最优化的学习结果。我们认为，围绕师范生的教育实践，以师范生的专业发展为核心，开展"三学统筹联动、三极联合互助"，促使师范生的专业执行力、专业创造力与专业素养的持续、迅速提升，是一种较为理想的在职读研培养方式。这就是本文所言的"一核三极"式教师教育，其基本框架如下：

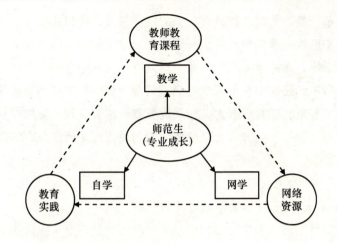

（一）自学、网学、教学的责任优化

与其他教师培养模式不同，免费师范生在职读研培养模式的显著特点是"三极性"，它是由三大"学习极"，即师范生基于教育实践的自学极、基于网络的网学极与基于教师教育课程的教学极驱动与构成的。每个学习极，就是教师专业素养的发展中心，它们以各自的方式服务于教师不同方面的发展，故承担着不同的教师发展重任。要确保免费师范生在职读研模式的顺利运转，首要的条件是对其各自责任与功能形成明确规定，确保三个学习极在各自的教育功能区域内正常运转。

首先，教学极是免费师范生在职读研教育的条件性要素，是"一核三极"教师培养体系的驱动系统。没有先进教师教育理念的嵌入，就无法打破免费师范生的专业平衡态，刺激其产生学习意识；没有优质教师教育课程资源的引入，就无法启动免费师范生专业高速发展进程，推进他们专业素养的提升。对师范生而言，教师教育课程就是一种高理论营养、高理论含金量的学习内容，是增加师范生教育实践中的理论浓度的物质资源。因之，免费师范生只有在教师教育联盟的指导下，通过参加区域学习中心与师范大学面授课程，才能够从根本上改变自己的教育认识图式与认识立场，促使自己的专业思维范式发生结构性的转变。

其次，自学极是免费师范生在职教育的主体构成，是三极教师培养体系的操作系统。在参与了教学极的学习活动之后，免费师范生必须将之和自己的教育教学实践关联起来，在尝试性的实践、应用中形成个性化、具体化的实践性认识，生成相应的实践智慧，并据此开展拓展性研究与创造性教学改革，最终实现对新教育认识的融会贯通、转识成智。

最后，网学极是免费师范生在职教育的重要构成，是三极教师培养体系的辅助系统。在该学习极中，免费师范生不仅从中获得了广泛、优质的课程拓展资源，还从中获得了学习交流机会与合作探究空间。从这一意义上看，网络担负着储存、放大、拓展优质教师教育课程资源的重任，网学或在线学习是弥补、延伸、强化师范大学的教育理论教学效力的重要辅助系统。

（二）促进"三极"教师教育间的联动

免费师范生的三个学习极之间相对明晰的功能划分只是表明了各种教师教育活动的主责，但开展这种各自为政的教师教育活动显然无法确保免费师范生在职读研教育的预期效能。换言之，仅仅把这三种教师学习活动简单拼合在预期尚无法实现师范生职后教育的整体效能，只有在相互联动、协作沟通中才可能产生效能"突生"效应，产生整体大于部分之和的"系统"效应。在三极教师教育中，如何以免费师范生为轴心，开展各极教师教育形态之间的联合、互动与功能整合，是一个非常需要免费师范生职后教育的主导者——师范大学集中思考的问题。我们认为，在教育实践中，师范大学应该着力推进以下三种整合，促使免费师范生在职读研教育内在系统整合、结构优化与效能聚合。

1. 基于教师教育资源中心的联动

教师教育资源中心是免费师范生在职读研教育资源的集中提供者，组建或利用功能齐全、区域联合、专业化运作的教师教育资源中心是确保免费师范生职后教育富有成效的关键。在在职读研教育中，师范大学实际上要着力解决的三个问题是：师范生高级专业学习需求的激励、优质教师教育资源的提供（即开发与投放）、学习过程质量的监控。至于其他的活动则主要是：免费师范生自觉搜索、接近教师教育资源，产生专业学习活动。从这个意义上看，基于教师教育资源中心的联动是确保教师教育质量持续攀升的一个关节点。这一联动实际上包括三项内容：大学教师教育资源中心与各教师教育功能服务区之间的资源互动与整合、教师教育课程资源与网络资源间的分工与整合、学习者自有教育资源（如教材、教学视频光盘、教学改革课题、自身的教育教学体验与反思、自己创造的优质教学案例与教育个案等）与教师教育机构提供的教师教育资源之间的互补与整合。通过这一整合，免费师范生的课程资源就可能得到系统化的开发、拓展与应用，优质的教师教育资源才会在相互参照中"浮出水面"，教师教育资源的综合品质与整体效能自然会得到提升。同时，也只有利用这种方式，师范大学才可能不断增强自身的优质教育资源研发与供给能力，才能够肩负起师范生在职读研这一庞大的教育工程。

2. 基于大学教师教育学院的联动

实际上，教师教育系统的整合有两种形式：自然整合和自觉整合。对前者而言，只需要提供一种整合对象进行公共交流的展台与平台即可，比如，教师教育资源的整合就属于这一种，只需要给广大教师、学生、教育机构提供一个基于网络、交流活动的公共展台，这种资源整合活动就会自然产生。对后者而言，则需要相关教育主体的主动参与与科学组织。基于大学教师教育学院的教师教育服务联动就属于这一整合。显然，大学教师教育学院是整个免费师范生在职读研教育的总司令部，是整个职后教育的指挥系统，它必须具备对全国免费师范生教育活动、教育机构、教育进程的全局指挥能力。在免费师范生的培养过程中，大学教师教育学院承担的协调责任主要有：基于免费师范生培养方案设计的教育活动总体规划，统一安排师范生网学、教学与自学间的进度，构建自身与区域教师教育功能服务区的良好协作关系，立足培养合作单位定期联席会的教育经验共享活动，定期组织开展师范生各类教育教学竞技活动等。在大学教师教育学院的主导、指导、督导下，免费师范生负担自学、网学与教学才可能统一步调、有序推进、整体协调，才可能在整个教师教育服务系统内部打通经络、构建通联渠道，促使其彼此间交互促进、相互强化，确保整体教育效能不断增强。可以说，大学教师教育学院就是免费师范生在职读研教育的立交桥。

3. 基于区域学习中心的联动

在免费师范生的在职读研教育中，基于区域学习中心的整合与联动同样至关重要，对该中心的建设是整个免费师范生教育质量工程的一块基石。区域学习中心与教师教育综合服务功能区一样，同属于大学教师教育学院领导下的基层教师教育机构，是师范大学教育功能向基层的延伸。但在功能上，区域学习中心建设在免费师范生教育系统中发挥的协调教育功能更为基础，更为实际，它是将服务区内的免费师范生积聚起来，对之进行经常化的专业指导的重要机构。在该学习中心中，自学互学、网络学习、教师教学就可能共处一室，从而为各类教师学习形态的沟通与交融提供公共时空。显然，师范大学建立区域学习中心的主要目的是方便学生学习，以解决免费师范生区域分布广袤的这一现实问题。这就从客观上要求将它建设成为一所缩微式的"小型教师教育机构"，进而以承担起大学的几乎大多数教师教育功能。因此，免费师范生区域学习中心的建设必须以"学习型组织"为雏形，尽力朝着功能齐全、资源丰富的方向发展，以为师范生的三种学习形态的交互并进、相互关联、互促共进提供坚实的实体性平台。

（三）"三学"间的统筹与联动形式

在"一核三极"式教师教育体系中，"三学"之间的统筹与关联方式更显得引人注目。显然，这一关联与统筹方式主要是通过师范生在各类学习形态之间的游弋实现的。师范生是将各类教师教育形态关联起来的一条主线，是沟通各类学习形态的通道。围绕师范生的专业成长开展各类学习活动，是"一核三极"式教师教育体系的关联枢纽。在职读研学习中，我们认为，在三类教师学习形态中可以自由穿行、有序流动的是师范生的身体、教育信息、教育技能与教育经验。与之相应，师范生的"三学"，即自学、教学、网学活动之间实现协调并举、交流互促的具体形式有四种：定期走学、信息互联、竞技活动和经验共享。

1. 定期走学

免费师范生在职读研首先需要"人流"的支撑。师范生的日常学习形式是基于工作实践的自学与基于网络课程资源的网学，这两种学习形式的缺陷是：容易导致闭门造车的窘境，容易使学习活动变成死板教条，陷入自我封闭的怪圈。"独学而无友，则孤陋而寡闻。"要走出这一学习怪圈，就必须走出任职学校，走出虚拟的网络空间，来到免费师范生区域学习中心，回归师范大学的教师教育学院，定期参与同学间基于学习中心的研学，参与基于大学教师教育学院的面授教学。这就需要建立免费师范生的定期走学制度。比较理想的方式是，安排师范生节假日在学习中心开展研学，参加以专家主持的专题研究活动，而在长假，如寒暑假，则安排免费师范生回到师范大学，接受大学精神教育学院组织的系统化、学科化的先进教育教学理论面授。通过这种方式，各种学习方式的局限就可能得到扬弃，如个体化的自学、网学中出现的弊病就可能在集中面授教学和学习中心学习中得到矫正，而基于学习中心与师范大学的集中面授、集体学习的整体划一性弊病就可能得到有力克服。

2. 信息互联

免费师范生的在职读研信息还离不开教育信息流的促进。从某种意义上说，学习就是学习者之间的知识、学习、情感的沟通与分享，促进最新教育信息流在免费师范生之间的流通与传输是免费师范生教育活动的实质。在在职读研学习中，教育信息互联的主要任务是把最新的教育理论与教育知识借助于一系列信息载体，将之送到每一名师范生的学习活动中，把基础教育实践改革的新动向、新做法等最新教育实践信息收集起来传达给每一名师范生。这就要求在教育活动中，大学必须依托免费师范生的三个学习极，努力构建并完善教育信息网络，搭建服务于免费师范生的综合教育信息服务平台，促使优质教育信息资源在三个学习极之间自由穿行、畅通无阻。实际上，在这一教育信息网络中，师范大学是教育理论信息的主要提供者、生发源与发布者，网上学习平台是各类教育信息的汇聚者、传输者、展示者，师范生基于教育实践的自学是教育信息的终端接受者与教育实践新信息的生产者（通过参与网上讨论与发表教育经验、体会等形式实现）。在这一信息网络中，教育理论信息的流向是下传给师范生，教育实践学习的流向是上传给精神教育者，网上平台是教育信息的中转者与暂存点，构成了一条教育信息的双向流程图。无论是教育信息的上传还是下行，它们都有助于教师教育系统的内在优化与教师教育目的的实现。教师教育者必须根据师范生的基层反馈信息来调整教育内容与课程，选择教育实践最需要的教育理论来组织教学；师范生也应该尽可能在上层教育理论的引导下来更新教育实践、开展教育改革与教育探索。这样，整个教师教育系统就可能在信息流通中融为一体，并具有了自我更新、自我组织与自我进化的能力。

3. 竞技活动

免费师范生教育的最终目标是造就大批教育技艺娴熟、能够引领教育改革的高端教育人才，这就决定了它必须为师范生的高水平教育技艺孕育提供舞台，必须引入教育技艺比拼机制，努力推进高超教育实践智慧在免费师范生群体中的涌现扩散与推陈出新，为教育新星、教育新秀、教育精英、拔尖人才的露头创造契机。教育是一个实践性很强的行业，课堂教学是一门复杂多变的教育艺术，它最为钟爱的是教育实践专家而非"述而不作"的教育理论专家。师范生竞技舞台就是这种实践专家型人才的甄别手段与成长摇篮。在逐层教育教学技艺竞技活动中，教育专家与大学教师教育者亲临现场进行点评，所有免费师范生通过现场参与和视频直播参与高实践技艺的学习活动，整个竞技活动势必会产生评优促劣、现场指导、示范切磋等多项教师教育功能，其教育效益不可低估。鉴于此，在"一核三极"式教师教育体系中，师范大学要以师范生自身的教育实践揣摩改进为基础，积极建立"三级三类两形式"的免费师范生教育实践技艺竞技制度，即以说课、备课（教学设计）、讲课为内容（即"三类"），以网上竞技（通过个人提供视频，公众网上评选的形式进行）与现场竞技（通过开展区域性的教育教学技艺比赛进行）为基本形式，定期开展三级免费师范生竞技活动，即区级（以教师教育功能服务区所辐射的行政区划为基本单位组织的竞技活动）、省级（以省市所辖地区的免费师范生为中级单位组织的竞技活动）和校级（师范大学教师教育学院组织的竞技活动），层层筛选教育实践领域的精英，使之成为实现免费师范生教育技艺交流的重要舞台。

4. 经验共享

教育经验是师范生在将教育理论与教育实践结合中形成的一些富有效能、感悟深刻、个性色彩浓厚的教育认识、活动方式与实践策略的总称，是一种对教育实践改进具有立竿见影效力的教育实践智慧的结晶。客观地说，免费师范生的每一点专业成长都是借助经验，在经验中以经验积累与增长的方式来实现的。相对而言，教育理论、教育知识的学习只能起到一种拓展教育视野、提供改革思路、转变教育思维的辅助性作用，任何一种先进教育理论要对师范生的教育实践产生实质性效能都必须将之融入实践与个人经历，并借助师范生个人教育经验的新生与转变这一中介环节才可能实现。因之，将教育理论学习与教育经验分享同步展开，是免费师范生教育效能不断展开的重要思路。教育经验的原始生发地是师范生的一线教育实践，是其在自学自研中产生的。在"一核三极"式教师教育中，免费师范生要以网络平台与区域学习中心为平台，积极创建"网上论坛"、"心灵空间"、BBS、群体博客等网上交流空间，组织名师论坛、专题座谈会等现场交流舞台，让他们在这些空间中充分表达自己的教育经验、体验、见解、观点，推进各类教育经验推介活动与教育观点争鸣活动，加大师范生之间的教育经验交流活动，让自学、网学与教学建立在丰富的教育经验素材之上，加速免费师范生专业的迅速成熟与深入发展。

我们相信：借助于上述培养模式的帮助，在职读研学习一定能够成为免费师范生专业成长力持续提升的助推器，造就教育家型优秀教师的目标必将最终实现。

附　录

教师专业成长力调研问卷（测量表）

各位同学：

大家好！

为了跟踪了解免费师范生的职后成长状况，帮助师范生发现专业成长中存在的问题，更好地服务于师范生职后教育服务体系的建设，特开展本次调研活动。所有调研信息仅供研究之用，不会向任何机构、个人泄露，请配合调研的师范毕业生放心。您的回答对于确保本研究的可信性与研究结论的可靠性尤为重要，非常渴望能够得到您的真心支持。

谢谢参与，谢谢合作！

一、您的基本情况（请您在符合您情况的选项□上打"√"）

1. 性别：A. □男　　　B. □女

2. 大学毕业时间：A. □2011　　　B. □2012　　　C. □2013

3. 任教学科：＿＿＿＿＿＿＿＿＿＿＿＿＿＿＿＿

4. 工作单位：＿＿＿＿＿＿＿＿＿＿＿＿＿＿＿＿

5. 大学毕业学校：＿＿＿＿＿＿＿＿＿＿＿＿

6. 请给自己的问卷做一个标记或编码：＿＿＿＿＿＿＿＿＿＿＿＿＿＿＿

（说明：本项内容是为了方便将您的三次问卷回答进行对照，以更好地为您提出发展建议）

二、单项选择题（请您在您选择的选项□上打"√"或 删除 ）

参加教育工作以来，您对教育教学活动的基本看法如何？请配合完成下列表格：

	非常符合	符合	不符合	非常不符合
1.1.1 我希望通过自己的工作服务社会。	☐	☐	☐	☐
1.1.2 我想成为一名名师。	☐	☐	☐	☐
1.1.3 我想改行，离开教育行业。	☐	☐	☐	☐
1.2.1 我讨厌当教师。	☐	☐	☐	☐
1.2.2 一走上讲台我就有一种兴奋感。	☐	☐	☐	☐
1.2.3 见了我的学生始终会感到一种亲切感。	☐	☐	☐	☐
1.3.1 面对教育工作，我觉得自己还不成熟。	☐	☐	☐	☐
1.3.2 我要通过努力和学习提高自己的教学水平。	☐	☐	☐	☐
1.3.3 目前我自己的教学水平已有了明显长进。	☐	☐	☐	☐
1.4.1 学生经常和我交流。	☐	☐	☐	☐
1.4.2 我喜欢以朋友的身份和学生交往。	☐	☐	☐	☐
1.4.3 学生好像不大喜欢我的性格。	☐	☐	☐	☐

	非常符合	符合	不符合	非常不符合
2.1.1 我发现在大学学到的许多教育理论没用。	☐	☐	☐	☐
2.1.2 在工作中我才真正理解了一些教育理论。	☐	☐	☐	☐
2.1.3 想把教育理论运用到工作中去真不容易！	☐	☐	☐	☐

2.2.1 在教学中每失败一次我就会有一些感悟。 ☐ ☐ ☐ ☐

2.2.2 身边教师的优秀教学经验不怎么样！ ☐ ☐ ☐ ☐

2.2.3 我会把别人的好经验用到自己的课堂上。 ☐ ☐ ☐ ☐

2.3.1 在教学情境中我会用自己的眼光看问题。 ☐ ☐ ☐ ☐

2.3.2 课堂上我能自由作出自己的选择和判断，而且往往很有效。 ☐ ☐ ☐ ☐

2.4.1 我发觉自己的教学方式还有很多问题。 ☐ ☐ ☐ ☐

2.4.2 我会用自己对教育的理解来分析自己身上存在的问题。 ☐ ☐ ☐ ☐

2.4.3 每次遇到工作上的问题我都能作出合理的应对。 ☐ ☐ ☐ ☐

	非常符合	符合	不符合	非常不符合
3.1.1 我能够用自认为正确的理论知识来组织自己的教学。	☐	☐	☐	☐
3.1.2 书本上的教育理论不经过自己的改变是不能用的。	☐	☐	☐	☐
3.1.3 在具体教学问题上我能够在一般教育知识的指导下形成自己的想法。	☐	☐	☐	☐
3.2.1 我会将一个好想法落实到教学活动中去。	☐	☐	☐	☐
3.2.2 我无法在工作中将一个好做法持之以恒地坚持下去。	☐	☐	☐	☐

3.2.3 要落实一个好想法，我能想出很多做法。 □ □ □ □

3.3.1 在每一节课中我都会用一些小创意。 □ □ □ □

3.3.2 我会变像戏法一样不断改变我的教学套路。 □ □ □ □

3.3.3 我觉得只有彻底改变课堂教学结构才能上出一节好课。 □ □ □ □

3.4.1 我身上还存在一些不良教学习惯，会让学生讨厌。 □ □ □ □

3.4.2 我身上有一些好的教学习惯，应该继续坚持。 □ □ □ □

3.4.3 我要改掉我工作中的一些小毛病。 □ □ □ □

	非常符合	符合	不符合	非常不符合
4.1.1 在教学工作上我还是有许多优势的。	□	□	□	□
4.1.2 和同事相比，我还有许多劣势有待改变。	□	□	□	□
4.2.1 我要把自己的优势在自己的拿手工作上体现出来。	□	□	□	□
4.2.2 我要在教学上形成自己的强项。	□	□	□	□
4.3.1 我要保持我在工作中的强项。	□	□	□	□
4.3.2 我要从各个方面来加强我的强项。	□	□	□	□
4.3.3 我的工作强项还不稳定。	□	□	□	□

	非常符合	符合	不符合	非常不符合
5.1.1 我的教学能力能够满足教育工作的需要。	□	□	□	□

5.1.2 在课堂教学中我感到游刃有余。 □ □ □ □

5.2.1 我自己的许多想法都能投合教育活
动的需要。 □ □ □ □

5.2.2 我的每一个教学决定都能够在教学
活动中达到预期效果。 □ □ □ □

参考文献

［巴西］保罗·弗莱雷：《被压迫者教育学》，顾建新等译，华东师范大学
　　出版社 2001 年版。

［丹］扎哈维：《胡塞尔现象学》，李忠伟译，上海世纪出版集团 2007 年版。

［德］斐迪南·滕尼斯：《共同体与社会》，林荣远译，商务印书馆 1999
　　年版。

［德］伽达默尔：《真理与方法》，洪汉鼎译，上海译文出版社 1999 年版。

［德］马丁·布伯：《我与你》，陈维纲译，上海三联书店 2002 年版。

［法］布迪厄：《实践感》，蒋梓骅译，译林出版社 2003 年版。

［法］布迪厄：《实践与反思》，李猛等译，中央编译出版社 1998 年版。

［法］莫兰：《复杂性理论与教育问题》，陈一壮译，北京大学出版社 2004
　　年版。

［加］范梅南：《教学机智——教育智慧的意蕴》，李树英译，教育科学出
　　版社 2001 年版。

［美］阿吉里斯、［美］舍恩：《实践理论——提高专业效能》，邢清清、
　　赵宁宁译，教育科学出版社 2008 年版。

［美］保罗·托马斯：《成长力——寻求解决企业成长问题》，源泉译，国
　　际文化出版社 2004 年版。

［美］彼得·圣吉：《第五项修炼——学习型组织的艺术与实务》，郭进隆
　　译，上海三联书店 1998 年版。

［美］杜威：《杜威教育名篇》，王承绪等译，教育科学出版社 2006 年版。

［美］杜威：《民主主义与教育》，王承绪译，人民教育出版社 1990 年版。

［美］多尔：《后现代课程观》，王红宇译，教育科学出版社 2000 年版。

［美］多尔等：《课程愿景》，张文军译，教育科学出版社 2004 年版。

［美］菲利普·劳顿等：《生存的哲学》，胡建华等译，湖南人民出版社 1988 年版。

［美］怀特海：《过程与实在》，杨富斌译，中国城市出版社 2003 年版。

［美］莱夫等：《情境学习：合法的边缘性参与》，王文静译，华东师范大学出版社 2004 年版。

［美］梅斯勒：《过程—关系哲学——浅析怀特海》，周邦宪译，贵州人民出版社 2009 年版。

［日］佐藤·学：《课程与教师》，钟启泉等译，教育科学出版社 2003 年版。

［日］佐藤学：《学习的快乐——走向对话》，钟启泉译，教育科学出版社 2003 年版。

刘庆昌：《教育知识论》，山西教育出版社 2008 年版。

龙宝新：《教师教育文化创新研究》，教育科学出版社 2009 年版。

吕洪波：《教师反思的方法》，教育科学出版社 2006 年版。

饶见维：《教师专业发展》，台北五南图书出版公司 1996 年版。

阮成武：《主体性教师学》，安徽大学出版社 2005 年版。

吴鼎福等：《教育生态学》，江苏教育出版 2000 年版。

余清臣：《权力关系与师生交往》，北京师范大学出版社 2009 年版。

袁振国：《当代教育学》，教育科学出版社 2004 年版。

［美］琳达·达林—哈蒙德：《创建 21 世纪的教师教育》，《华东师范大学学报》（教育科学版）2008 年第 4 期。

［美］斯腾伯格等：《专家型教师教学的原型观》，《华东师范大学学报》（教育科学版）2009 年第 4 期。

陈向明：《对教师实践性知识构成要素的探讨》，《教育研究》2009 年第 10 期。

陈向明：《实践性知识：教师专业发展的知识基础》，《北京大学教育评论》2003 年第 1 期。

程红兵：《建构学校核心发展力》，《上海教育》2007 年第 3A 期。

程良宏：《论教师专业生活中的理论意识及其提升》，《全球教育展望》

2009 年第 12 期。

樊香兰等：《论现代教师教育道路的演变逻辑》，《教师教育研究》2009
年第 4 期。

方文敏、张晓林：《基于学习力的企业核心竞争力研究》，《商业时代》2007
年第 13 期。

郭法奇：《论教育观念转变中的"观念传授"现象》，《教育理论与实践》
2006 年第 4 期。

郭三娟：《从教育知识实在化看教育知识应具备的素质》，《教育理论与实
践》2007 年第 6 期。

胡东芳：《从"教"者走向"学"者》，《教育发展研究》2010 年第 12 期。

姜美玲：《论基于日常教育实践的教师研究》，《全球教育展望》2010 年
第 5 期。

金美福：《两种教师发展模式论比较——兼与台湾学者饶见维先生商榷》，
《东北师大学报》（哲学社会科学版）2004 年第 4 期。

雷云：《教育知识的探究——兴起、现状与研究取向的思考》，《东北师大
学报》（哲学社会科学版）2009 年第 2 期。

李冰：《教师学习共同体与校本培训方式初探》，《学校管理》2008 年第
3 期。

李兴洲：《好理论与当代教育实践——对教育学理论研究的反思》，《教育
发展研究》2007 年第 2A 期。

李震峰：《教育实践、教育理论与教育理念》，《西南民族大学学报》（人
文社会科学版）2009 年第 11 期。

李志厚：《论教师学习的基本追求》，《华南师范大学学报》（社会科学
版）2006 年第 4 期。

刘森林：《"实践"解释的方法论思考：从一种主体性到另一种主体性》，
《深圳大学学报》（人文社会科学版）2009 年第 5 期。

刘铁中等：《关于教师成长内涵的理性思考》，《开放教育研究》2005 年
第 10 期。

龙宝新：《论当代我国教师教育形态转换的路径》，《教育科学》2009 年
第 4 期。

龙宝新：《论教师学习的潜层机制与实践框架》，《中小学教师培训》2010

年第 2 期。

鲁洁：《教育：人之自我建构的实践活动》，《教育研究》1998 年第 9 期。

孟凡丽等：《教师专业发展路径的理论逻辑和实践逻辑及其批判》，《教师教育研究》2010 年第 4 期。

宁虹：《教师教育：教师专业意识品质的养成》，《教育研究》2009 年第 7 期。

任永泽：《教育知识的重新概念化》，《现代教育论丛》2010 年第 10 期。

石中英：《论教育实践的逻辑》，《教育研究》2006 年第 1 期。

王继新：《教育知识管理与教师专业发展》，《教育技术导刊》2005 年第 1 期。

王鹏：《论教育的有限性》，《现代教育管理》2010 年第 3 期。

王强：《走向融合的教师教育课程》，《全球教育展望》2006 年第 6 期。

吴岩、樊平军：《教育知识转化的现状研究》，《教育研究》2007 年第 5 期。

吴原、郭军：《教育知识与教育学知识》，《湖南师范大学教育科学学报》2008 年第 2 期。

叶澜：《思维在断裂处穿行——教育理论与教育实践关系的再寻找》，《中国教育学刊》2001 年第 4 期。

张进峰：《解析教育知识：发生在教育哲学领域的一种新思维》，《教育理论与实践》2008 年第 7 期。

郑金洲：《中国教育理论研究的世纪走向》，《华东师范大学学报》（教育科学版）2003 年第 6 期。

朱小蔓、严开宏：《论个人化教育知识及其建构》，《南京晓庄学院学报》2009 年第 4 期。

朱元春：《对教师教育中教育实践的重新审视》，《教师教育研究》2007 年第 5 期。

陈振华：《论教师成为教育知识的建构者》，博士学位论文，华东师范大学，2003 年。

金美福：《教师自主发展论》，博士学位论文，东北师范大学，2003 年。

周成海：《客观主义—主观主义连续统观点下的教师教育范式：理论基础与结构特征》，博士学位论文，东北师范大学，2007 年。

Bruner, *The culture of education*, Cambridge, Mass: Harvard University Press, 1996.

Cherry-holms andCleo, *Power and Criticism: Post-structural Investigations in Education.* New York: Teachers College Press, 1988.

Mc Clure R, *Individual growth and institutional renewal.* New York: Teachers College Press, 1991.

Pinar and William, *Currere: Toward Reconceptualization*, New York: Educator's International Press, 2000.

W Carr and S. Kemmis, *Becoming Critical: Knowing through Action Research*, Geelong Vic: Deakin University Press, 1933.

后　记

　　教师教育的原生点是教师专业发展问题，一切教师教育的体制、构架、系统都是为了促进、助推、加速教师专业发展目标的顺利实现。相对于教师专业发展而言，一切教师教育的理论与实践问题都是第二性的，都是衍生或推演出来的。应该说，教师专业成长力问题是教师专业发展的内驱力与动力源问题，事关教师专业发展过程的发动、延续与提升。在这一意义上，教师专业成长力问题比教师专业发展问题显得更为根本、更加基本、更为深刻。我们相信：教师专业成长力问题是推进教师教育改革深入发展的又一崭新理论话题与实践难题，正是在这一意义上，我们更加关注教师教育系统的核动力机制研究与重构问题。

　　在教师专业成长力研究中，许多免费师范生、教师教育理论工作者、"免费师范生专业成长力的职后发展研究"课题组对研究活动的顺利推进做出了大量的贡献与努力，他们是本研究成果得以与读者会面的重要研究力量。对他们的付出与奉献，我们在此致以崇高的敬意与深深的谢意！同时，本书在成稿过程中，许多编辑工作者，尤其是中国社会科学出版社的老师们付出了大量的辛劳与汗水，特此表示感谢！

　　需要声明的一点是，本书中的许多成果基本上已经正式发表，感谢相关刊物为本研究做出的贡献，有引用注释疏漏的地方，还望相关机构或工作人员海涵、见谅！

　　研究无止境，学习无止境，"研中学"、"学中研"才是研究者的日常生存状态。我们相信：教师发展的动力比发展的方式更重要，发展的热情比发展的结果更重要，教师专业成长力研究一定能够给我国教师教育改革注入一股鲜活的血液，赋予其日益坚挺的发展脉搏！

陕西师范大学　龙宝新

2013 年 11 月